Andreas Kriwan

GROW to FLOW

ANDREAS KRIWAN

ANDREAS KRIWAN

GROW TO FLOW

Wie Du Dein wahres Potenzial entfesselst und Dein Leben selbst in die Hand nimmst!

Impressum

Copyright:	Andreas Kriwan
Jahr:	2023
ISBN:	978-94-036-9953-0
Auflage:	1

Verlagsportal:	Bookmundo, Mijnbestseller Nederland B.V., Delftestraat 33, 3013AE Rotterdam
Coverdesign:	Kia Kahawa Verlagsdienstleistungen Elisa Engelhardt www.kiakahawa.de

Klimaneutral gedruckt in Deutschland

Die Deutsche Nationalbibliothek verzeichnet diese Publikation in der Deutschen Nationalbibliografie.

DANKE

Ich möchte einer sehr wichtigen Person danken,
und zwar *Dir*!

Dafür, dass Du die Entscheidung getroffen hast, dieses Buch zu kaufen und damit einen Beitrag zur Krebsforschung und -prävention leistest. Dafür, dass Du heute aufgestanden bist, dass Du etwas Neues lernen möchtest und dass Du neugierig bist.

Ich danke Dir, dass Du mutig bist und vor allem, dass Du in Dich investierst! Du könntest auch etwas anders lesen, oder etwas komplett anders machen. Du hast Dich hingegen dafür entschieden, jetzt dieses Buch zu lesen.

Andreas Kriwan

Dein Andreas Kriwan

INHALT

ERFOLG BEDEUTET

“

Oft und viel lachen;

Die Achtung intelligenter Menschen und die
Zuneigung von Kindern gewinnen;

Die Anerkennung aufrichtiger Kritiker verdienen
und den Verrat falscher Freunde ertragen;

Schönheit bewundern und
in anderen das Beste finden;

Die Welt ein wenig besser verlassen, ob durch ein
gesundes Kind, ein Stückchen Garten oder durch
einen kleinen Beitrag zur Verbesserung
der Gesellschaft;

Wissen, dass wenigstens das Leben eines anderen
Menschen leichter war, weil Du gelebt hast;

Das bedeutet, nicht umsonst gelebt zu haben.

Ralph Waldo Emerson

VORWORT VOM DKFZ

»Forschen für ein Leben ohne Krebs«
Motto des DKFZ

Andreas Kriwan ist ein Mensch der Tat. Beim Lesen seines Werdegangs wird deutlich, dass sein bisheriges Leben nicht einfach linear, sondern mit vielen Brüchen und Hürden verbunden war, oder wie er es selbst ausdrückt: »Mein Weg war sehr steinig und gespickt mit vielen Herausforderungen.« Diesen hat er sich gestellt und seine umfangreichen Erfahrungen als Vortragsredner, als Trainer und nicht zuletzt sein persönlicher Weg sind in sein neues Buch »GROW to FLOW« eingeflossen. Er hat auch den Mut aufgebracht, seine Krebserkrankungen offen anzusprechen und lässt wichtige Aspekte der Prävention, der mentalen und körperlichen Gesundheit in sein Buch einfließen.

Es gilt heute als gesichertes Wissen, dass ein erheblicher Teil der Krebserkrankungen durch Prävention zu verhindern wäre. Dazu gehören insbesondere das Nicht-Rauchen, Schutz vor UV-Strahlung, gesunde Ernährung und hinreichende Bewegung, um nur die Wichtigsten zu nennen, aber auch das Wahrnehmen von Vorsorgeuntersuchungen.

Andreas Kriwan gibt interessante Ratschläge, aber auch praktische Anleitungen, wie die körperliche und mentale Gesundheit gestärkt werden können und wie jede:r Einzelne ein höheres Maß an Resilienz aufbauen kann. Letztlich versucht Andreas Kriwan Hilfestellungen für ein erfülltes Leben zu geben.

Seit Jahren unterstützt Andreas Kriwan durch Spenden die wissenschaftliche Arbeit des Deutschen Krebsforschungszentrums (DKFZ) in dem Wissen, dass trotz deutlich erkennbarer Fortschritte in Forschung und Behandlung noch ein langer Weg zu gehen ist, um dem Motto des DKFZ »Forschen für ein Leben ohne Krebs« nahezukommen. Wir konnten ihn begrüßen und sind ins Gespräch gekommen anlässlich eines Fundraising-Dinners des DKFZ im Herbst 2022. Wir sind ihm für seine bisherige Unterstützung sehr dankbar, denn diese hilft uns, unsere Arbeiten mit noch mehr Ressourcen vorantreiben zu können.

Ihnen, liebe Leserinnen und Leser, wünsche ich eine anregende und bereichernde Lektüre und damit Unterstützung für ein Leben im Einklang mit Ihren persönlichen Wünschen und Zielen.

Prof. Dr. Josef Puchta

Leitung Private Forschungsförderung und Kaufmännischer Vorstand des DKFZ von 1996 - 2019

VORWORT

»Wenn wir im Einklang mit uns selbst sind und unser volles Potenzial entfalten, dann fließen Erfolg und Glück von selbst zu uns.«
Deepak Chopra

Dein Erfolg beginnt genau jetzt, in diesem Moment. Du hast es in Deiner Hand, einen Unterschied in Deinem Leben und im Leben von anderen zu machen und so die Lebensqualität zu steigern. Und das in jedem einzelnen Moment. Und zwar egal, was andere über Dich sagen oder von Dir denken.

Du bist die Schöpferin Deines Schicksals, die Kapitänin Deiner Seele, die Meisterin Deines Seins.

Du bist der Schöpfer Deines Schicksals, der Kapitän Deiner Seele, der Meister Deines Seins.

In diesem Buch wirst Du erleben, wie Du Dein volles Potenzial entfesselst, Dein Leben selbst in die Hand nimmst und Deine Träume verwirklichst. Du wirst erfahren, wie Du Hindernisse überwinden, Deine Herausforderungen meistern, Deine Ziele erreichen und Deine Vision leben kannst. Und dabei ein Leben der Fülle und des Erfülltseins führst.

Die Inhalte in diesem Buch haben bereits sehr vielen Menschen dabei geholfen, ihre Lebensqualität deutlich zu steigern und mehr aus sich zu machen. Ob Du nun Unternehmer:in, eine Führungskraft oder eben jemand bist, der oder die nach mehr im Leben strebt.

Dieses Buch wird Dir die Werkzeuge und Strategien an die Hand geben, die Du brauchst, um das Leben zu leben, das Du leben möchtest und um es dann auch in vollen Zügen zu genießen. Und das nicht als Schritt-für-Schritt-Anleitung, sondern in Form einer Geschichte, die Dich auf neue Ideen und Sichtweisen bringen wird.

Vielleicht bist Du auf der Suche nach mehr Zeit, mehr Energie und mehr Klarheit in Deinem Leben. Das erste Problem dabei ist, dass es mehr Zeit nicht gibt. Sorry, aber so ist es. Jeder Tag hat 24 Stunden, 1.440 Minuten oder 86.400 Sekunden. Alle Menschen auf diesem Planeten haben Tag für Tag exakt gleich viel Zeit, ob erfolgreich oder erfolglos, ob glücklich oder unglücklich, ob arm oder reich. Wir können jedoch beginnen, achtsamer mit unserer Zeit umzugehen, indem wir weniger von dem tun, was uns Zeit raubt und mehr von dem, was wirklich wichtig ist. Und das ist natürlich möglich! Eine langfristige und sinnvolle Strategie ist auch, einen gesunden Lebensstil zu wählen, sich gesund zu ernähren und sich viel zu bewegen. Das erhöht die Wahrscheinlichkeit für ein längeres Leben. Wie würde es sich anfühlen, wenn Du wieder Zeit für das Wesentliche in Deinem Leben hättest?

Mehr Energie zu wollen ist auch verständlich! Seit jeher suchen wir Menschen nach Möglichkeiten, unsere Energien zu steigern, sei es durch finanziellen Reichtum, verbesserte Leistungsfähigkeit, erhöhte Ausdauer oder einer gestärkten Gesundheit. Stell Dir ein Leben vor, in dem Du voller Energie und Tatkraft über Dich hinauswächst. Denn auch dafür gibt es funktionierende Strategien.

Ebenso führt eine erhöhte Klarheit zu mehr Fokus, gesteigerter Kreativität und verbessertem geistigen Durchblick, um zum Beispiel Deine Vision oder Deine Ziele zu verwirklichen. Dank diesem Buch kannst Du Dir bewusst werden, was Du erreichen möchtest, wozu es Dir wichtig ist und zu welchem Mensch Du werden müsstest, um eben genau dieses Leben zu führen.

DU BIST WERTVOLL, SO WIE DU BIST!

Es ist wichtig, dass Du das Folgende immer im Kopf behältst: Du bist wertvoll, so wie Du bist. Ich wiederhole es gerne noch einmal, weil es wirklich wichtig ist: DU BIST WERTVOLL, SO WIE DU BIST!

Nimm Dir die Zeit, diese Zeilen mehrmals durchzulesen, das wird Dir gut tun. Und Du hast auch alles bereits in Dir, was Du brauchst, um das Leben zu führen, das Du führen möchtest. Alles beginnt bei Dir und in Dir, und es beginnt mit einer Entscheidung. Erfolg ist und bleibt eine Entscheidung. Eine Entscheidung, die Dein Leben nachhaltig verändern wird. Wie wäre es für Dich, wenn Du jetzt diese Entscheidung treffen würdest? Wenn Du Dich dafür entscheidest, dass Du Dich nicht länger mit weniger zufriedengeben wirst, als möglich ist? Wie würde Dein Leben in einem, fünf oder sogar zehn Jahren aussehen, wenn Du jetzt eine solche Entscheidung triffst und jeden Tag nach dieser Entscheidung leben und handeln würdest?

Es mag sich vielleicht aus Deiner jetzigen Sicht unrealistisch anfühlen oder übertrieben und abgedroschen klingen. Ich weiß aus eigener Erfahrung, dass das leichter gesagt ist als getan - und noch leichter kann es aufgeschrieben werden. Dennoch ist es meine tiefe Überzeugung, dass jeder einzelne und jede einzelne von uns seine und ihre Lebensqualität massiv steigern und dabei sogar einen Unterschied für andere Menschen machen kann. Wir alle sind zu sehr viel mehr in der Lage, als wir uns selbst zutrauen, zu mehr als wir glauben!

Und dabei musst Du nicht gleich die ganze Welt retten, auch wenn das für den Einen oder die Andere ein erstrebenswertes Motiv ist. Es genügt, wenn Du im Kleinen beginnst und einfach einer fremden Person ein Lächeln ins Gesicht zauberst, Dich mit einer obdachlosen Person unterhältst oder einen Nachmittag im Altersheim verbringst und dort aus einem Buch vorliest, vielleicht ja sogar aus diesem.

Es gibt Menschen wie Dich und mich, die etwas bei sich und bei anderen verändern wollen. Der Wunsch nach Erfolg und Erfüllung kann jedoch zu einem Zustand der Überforderung, Erschöpfung und Stagnation führen, ja sogar Ängste schüren. Es wird Zeiten geben, wo Du keinen einzigen Schritt nach vorne machen, ja sogar gefühlt Rückschritte machen wirst. Vielleicht kennst Du das Gefühl, in einem Hamsterrad gefangen zu sein und nicht genügend Zeit zu haben, um Dich auf Deine persönliche und berufliche Entwicklung zu konzentrieren. Dann ist dieses Buch genau das Richtige für Dich.

In unserer heutigen Zeit wird fortwährend immer mehr von uns verlangt. Du kennst die Herausforderung, das Familienleben, soziale Beziehungen, Arbeit, Freizeit, Deine Finanzen und irgendwie auch noch Zeit für Dich selbst unter einen Hut zu bringen. Tag für Tag wird es schwieriger, diesen Spagat erfolgreich zu meistern. Im schlimmsten Fall vergeudest Du mehr und mehr Zeit und Energie in Dinge, die Dich eigentlich gar nicht weiterbringen.

Und vielleicht kennst Du ja Menschen, die eine innere Leere verspüren, einen Job haben, den sie hassen, nur um sich Dinge zu kaufen, die sie nicht brauchen, weil sie Menschen beeindrucken wollen, die sie entweder gar nicht kennen oder überhaupt nicht mögen. Das ist ein sehr trauriges Sein, das durch Social Media und andere Medien eher verstärkt als gemildert wird.

Durchbrich diesen Teufelskreis und beginne, einen Unterschied in Deinem Leben zu machen. Werde zu einem Vorbild für die unendlichen Möglichkeiten im Leben und verändere, was Du verändern kannst.

Denn im Leben geht es immer vorwärts! Alles strebt nach Entwicklung und Wachstum. Egal, ob es sich um das Universum, ein Unternehmen, um Menschen allgemein oder um Dich oder mich handelt. Ja sogar in der Tier- und Pflanzenwelt ist dies deutlich zu beobachten.

Unsere Bestimmung ist es, dass wir uns kontinuierlich und nachhaltig weiterentwickeln. Wir können diese Idee, dass die Bestimmung des Menschen darin besteht, sich kontinuierlich und nachhaltig weiterzuentwickeln, aus verschiedenen philosophischen, psychologischen und sogar biologischen Perspektiven betrachten:

- Die Theorie der Selbstverwirklichung von Abraham Maslow betont das Streben nach persönlichem Wachstum und der Erreichung des vollen Potenzials einer Person.

- Carl Rogers, ein humanistischer Psychologe, spricht über das Konzept der »Selbstaktualisierung« und wie Menschen danach streben, ihr wahres Selbst zu entdecken und zu verwirklichen.

- Obwohl Charles Darwin hauptsächlich die Entwicklung von Arten im Laufe der Zeit durch natürliche Selektion untersucht hat, kann die Idee der Evolution auch auf die persönliche Entwicklung angewendet werden.

Persönliches Wachstum kann Dich dabei unterstützen, ein noch tieferes Verständnis für Dich selbst und andere zu entwickeln. Wenn Du Dich auf Dein persönliches Wachstum konzentrierst, wirst Du Dir Deiner Werte, Überzeugungen und Bedürfnisse bewusster. Du kannst lernen, Deine Gefühle und Emotionen besser zu verstehen und zu kommunizieren, was wiederum in vielen anderen Lebensbereiche Vorteile haben wird. Auch Deine geistige und körperliche Gesundheit wird sich verbessern und Stress reduziert sich. Du wirst beginnen, Dich besser zu ernähren und mehr Bewegung ins Leben zu integrieren. Insgesamt wirst Du Dich gesünder und glücklicher fühlen.

Auf alle Fälle ist es so, dass alles im Leben entweder wächst oder stirbt - Stillstand ist praktisch unmöglich. Und wenn wir uns persönlich weiterentwickeln, dann am besten im Zustand des Flows, in dem uns alles zu gelingen scheint! Um in einen möglichst dauerhaften Zustand des Flows zu kommen, müssen wir kontinuierlich wachsen und uns weiterentwickeln.

Das ist der Grundgedanke hinter GROW to FLOW®. Und dabei ist GROW to FLOW® kein Konzept. Es ist eine Art zu leben, zu denken und zu handeln. Es zielt darauf ab, Deine Ressourcen zu aktivieren, um Dir mehr Zeit, mehr Energie und mehr Klarheit zu verschaffen. Es ist ein Abenteuer, auf dem Du Dich selbst herausforderst, Hindernisse überwindest und über Dich selbst hinauswächst. Sobald Du die tiefen Wahrheiten hinter GROW to FLOW® verstehst und anwendest, wirst Du in der Lage sein, Dein Leben (und solltest Du eins haben Dein Business) auf eine Weise so zu gestalten, dass sie Deinen Bedürfnissen, Werten und Zielen entsprechen.

WAS IST FLOW?

Flow ist ein unglaublich genialer Zustand mit sehr vielen positiven Effekten! Es ist ein Zustand, in dem Du Dich vollständig auf eine Aktivität konzentrierst und in einer Weise handelst, die absolut mühelos und energiespendend erscheint. Im Flow scheinen Minuten wie Sekunden, Stunden wie Minuten und Tage wie im Flug zu vergehen. Und Du fühlst Dich lebendig und verbunden mit etwas Größerem. Insgesamt ist dieser Zustand schwer zu beschreiben.

Erinnere Dich gerne an eine Zeit zurück, in der Du einmal völlig im Flow warst. Damals, als Essen und Trinken keine Rolle gespielt haben, als Schlaf nicht notwendig war, als Pausen als Empfehlung ignoriert wurden. Wie war das für Dich? Was hast Du damals gefühlt, gesehen und gedacht? Versuch es Dir so bildhaft wie möglich ins Gedächtnis zu rufen.

Du kannst den Zustand des Flows übrigens in jeder Aktivität erreichen! Sei es beim Sport, beim Schreiben oder beim Spielen eines Musikinstruments, in der Arbeit und sogar im Urlaub. Indem Du Dich auf den Flow-Zustand konzentrierst und ihn gezielt anstrebst, kannst Du Dein Leben auf eine Weise verbessern und Deine Lebensqualität steigern, sodass Du automatisch mit mehr Energie, Kreativität und Erfüllung durchs Leben gehst.

In diesem Buch werden wir uns damit beschäftigen, wie Du den Flow-Zustand erreichen kannst, wie Du ihn aufrechterhältst und wie Du ihn in allen Bereichen Deines Lebens nutzen kannst, um Dein volles Potenzial auszuschöpfen und zur besten Version Deiner selbst zu werden.

Wichtig ist hierbei auch, dass es kein wirkliches Endziel gibt. Denn wenn Du diesen Weg gehst, dann wirst Du von allein »am Ziel« ankommen und erkennen, dass es von dort weiter gehen wird. Es ist dabei vor allem auch nicht wichtig, was Du auf diesem Weg alles erreichen wirst, auch wenn es eine Menge sein wird. Es geht vielmehr darum, wer Du sein wirst, welchen Einfluss Du dabei auf Dich und andere Menschen haben wirst und was sich alles zum Positiven wenden wird.

Du hast das Potenzial, etwas Positives zu erschaffen, damit sich Vieles im Leben zum Besseren wendet. Und das sowohl in Deinem Leben als auch im Leben der Anderen. Vor allem hast Du das Potenzial zu einem inneren Erfülltsein, zu einem inneren Frieden und einem inneren Freisein. Also zögere nicht und beginne noch heute, Dich für diesen Weg zu entscheiden und wachse über Dich hinaus.

Entfessle Dein wahres Potenzial und nimm Dein Leben selbst in die Hand!

Bist Du bereit, aus Deiner Komfortzone herauszutreten, Dein Potenzial zu entfalten und ein Vorbild zu werden? Bist Du bereit, eine Entscheidung für Dein neues Leben zu treffen? Lass uns gemeinsam wachsen und die Reise von GROW to FLOW® antreten.

Ich wünsche Dir viel Spaß beim Lesen, viele Erkenntnisse und vor allem: Lass es Dir gut gehen!

Dein Andreas Kriwan

PS: Seit meiner ersten Krebsdiagnose engagiere ich mich aktiv für die Aufklärung über Krebs und Krebsprävention und unterstütze das Deutsche Krebsforschungszentrum (DKFZ) als Fördermitglied. Daher werden alle Gewinne, die meine Firma mit dem Verkauf dieses Buches erzielt, an das DKFZ gespendet.

Ein prägendes Erlebnis auf einer Urlaubsreise hat mein Engagement weiter verstärkt: Ich entdeckte plötzlich Blut auf meiner Kopfhaut und begab mich sofort ins nächste Krankenhaus. Dort wurde ein aufgeplatzter »erhabener Tumor«

diagnostiziert, der später glücklicherweise als gutartig identifiziert wurde.

Dennoch hatte ich bereits in der Vergangenheit positive Hautkrebsdiagnosen erhalten. Seitdem setze ich alles daran, durch Bewegung, Sport und einer gesunden Ernährung mein Risiko für weitere Krebserkrankungen zu minimieren. Als Fördermitglied des DKFZ weiß ich, dass 100 Prozent der Spenden direkt in die Forschung und Krebsprävention fließen, während alle weiteren Kosten staatlich gefördert werden. Hier kann ich sicher sein, dass Spendengelder nicht für teure Reisen und Unterkünfte verschwendet werden.

PPS: Greife auf weitere Ressourcen zu:
www.andreaskriwan.com/gtf-ressourcen

Hier kannst du zusätzliches Material herunterladen und von Bonusinhalten profitieren. Nutze den Gutscheincode:
GROW-2-FLOW

PROLOG

In diesem Buch wirst Du die Geschichte von David begleiten, der sich in einer ziemlich schwierigen Situation in seinem Leben befindet und wie er sich auf Änderungen in seinem Leben vorbereitet. David und alle anderen Personen in diesem Buch sind frei erfunden und es gibt keinerlei Referenzen zu echten Menschen.

David hat sich vor sechs Jahren selbstständig gemacht und sein eigenes Unternehmen gegründet. In den letzten Jahren hat er sehr hart gearbeitet, um das Geschäft aufzubauen und hat bereits erste Mitarbeitende eingestellt. Seine Erfahrungen aus dem Studium und aus seiner Anstellung bei einer weltweit tätigen Unternehmensberatung haben ihm geholfen, schnell seine ersten Klient:innen zu finden und erfolgreich zu begleiten.

Doch jetzt fühlt er sich zunehmend überfordert und gestresst. Die täglichen Anforderungen, die mit dem Aufbau und dem Führen seines Unternehmens einhergehen, scheinen ihn zunehmend zu überwältigen. In den letzten Jahren hat er eine Reihe von Mitarbeitenden eingestellt, die ihm bei der Arbeit helfen sollten. Er musste diesen jedoch immer wieder kündigen, weil diese nicht seinen Ansprüchen genügten oder er sie nicht das taten, was er wollte. Insgesamt fühlt er sich zunehmend allein gelassen und ist ziemlich überfordert, vor allem mit der Verantwortung, die er tragen muss.

Zu sehr auf die Arbeit konzentriert hat er vergessen, was ihm wichtig ist. Der Druck, den er sich selbst auferlegt, beginnt sich auch auf seine Gesundheit auszuwirken. David schläft zunehmend schlechter, was sich negativ auf seine Stimmung und Energie auswirkt. Seine Partnerin Lena hat ihn vor kurzem verlassen, was die Situation noch verschlimmert. Er fühlt sich allein und unzufrieden mit sich und seinem Leben.

David weiß, dass er etwas ändern muss, um aus dieser Situation herauszukommen. Er weiß aber nicht, wo er anfangen soll, da ihm insgesamt alles zu viel ist. Bereits Kleinigkeiten überfordern und stressen ihn. Hier könnte auch stehen, dass er am Zahnfleisch geht. Er hat das Gefühl, dass er in einer Sackgasse steckt und nicht weiß, wie er weitermachen soll. Und daher schleppt er sich von Tag zu Tag, ohne etwas zu ändern.

Auch wenn Du vielleicht gerade nicht in einer solchen Situation bist oder Dein eigenes Unternehmen haben solltest, die Tools und Strategien in diesem Buch können Dich dabei unterstützen, ein erfülltes und erfolgreiches Leben zu führen.

KAPITEL 1

WENN DU DENKST, ES GEHT NICHT MEHR

»Auch in den dunkelsten Zeiten
gibt es immer einen Funken Hoffnung,
der uns den Weg weist.«
Dalai Lama

EIN WOCHENENDE WIE JEDES ANDERE

Ich wache auf und merke sofort, dass ich eine unruhige Nacht hinter mir habe. Hab ich überhaupt geschlafen? Ich blinzle und langsam gewöhnen sich meine Augen an das helle Licht. Ich schaue auf meinen Wecker, die roten Ziffern zeigen 9 Uhr 27. So spät schon und trotzdem fühle ich mich erschöpft und extrem müde. Die unruhige Nacht liegt schwer auf meinen verspannten Schultern. Ich hab kaum geschlafen, mein Körper fühlt sich einfach nur K.O. an.

Ich bleibe noch eine Weile liegen und versuche, mich zum Aufstehen zu motivieren und den Tag zu beginnen. Mein

Kopf pocht und meine Gedanken rasen wie ein Wirbelsturm.

Langsam richte ich mich auf und lasse meine Füße auf den Boden fallen. Zusammengesackt schaue ich meine Zehen an, und doch schaue ich ins Nichts. Wie ein Zombie quäle ich mich aus dem Bett, meine Augenlider fühlen sich schwer an und schmerzen. Ich muss heute dringend etwas für meine Firma machen. Ich weiß einfach nicht, wo ich anfangen soll. Alles ist so extrem chaotisch und es ist alles zu viel. Viel zu viel.

In der Küche mache ich mir wie jeden Tag meine erste Kanne Kaffee. Heute zittern meine Hände aber so stark, dass ich das Kaffeepulver nicht nur in die Kaffeemaschine schütte, sondern auch auf der Küchenplatte und dem Küchenboden verteile. Ich ärgere mich so sehr darüber, dass ich aus Unachtsamkeit die ganze Packung umschmeiße. Ich fülle die restliche Maschine mit dem Kaffee, dass sich auf der Küchenplatte verteilt hat, da die Packung jetzt komplett leer ist und ich jetzt keine neue aufmachen will. Mir ist das einfach zu viel. Ich entscheide mich dazu, es später aufzuräumen, ich will jetzt erst meinen Kaffee trinken. Noch ein Punkt auf der viel zu langen Liste von unerledigten und sinnlosen Aufgaben, die dieses Wochenende vor mir liegen und mir immer wieder im Kopf rumschwirren werden.

Trotzdem schaffe ich es irgendwie, mir die erste Kanne für heute zu machen. Der erste Schluck hilft mir bereits, ein wenig wacher zu werden. Ich halte den Kaffee in meiner Hand und starre hinaus auf die Straße. Es fahren ein paar Autos vorbei, Fußgänger[1] spazieren unbekümmert vorbei, ich sehe Kinder mit einem Ball spielen. Rotzgören, denke ich mir. Ich frage mich, was ich tun soll. Wie mein Leben weitergehen wird. Was ist eigentlich der Sinn des Ganzen? Ich habe so viel Arbeit vor mir, und doch fühle ich mich unfähig, mich zu konzentrieren. Ich merke, dass ich immer wieder den gleichen Gedanken durchgehe, ohne zu einer Lösung zu kommen.

Absolutes Chaos

Seufzend setze ich mich an meinen unaufgeräumten Schreibtisch. Briefe, Blätter, Bücher, Notizen, ungeöffnete Rechnungen, Mahnungen alles liegt kreuz und quer herum. Nicht nur auf dem Schreibtisch, auch auf dem Boden und den Stühlen, überall liegen irgendwelche Sachen rum. Mein Computer ist noch immer ausgeschaltet. Ich fühle mich, als ob ich gleich von einem Haufen neuen Aufgaben begraben werde. Ich weiß, dass ich heute etwas tun

[1] Anmerkung vom Autor: Genderneutral ist das nicht, ich weiß. Es geht aber um die Gedanken, die David hat. Und er hat momentan andere Sorgen, als sich um eine korrekte genderneutrale Sprache zu kümmern. Die Welt besteht aus allen möglichen Menschen, und er meint natürlich alle davon, wenn er an sie denkt oder von ihnen spricht. Bitte hab Verständnis für ihn.

muss, um für die nächste Woche gerüstet zu sein. Und doch habe ich das Gefühl, dass ich mich einfach nicht konzentrieren kann. Ich brauche eine Pause, aber dafür hab ich einfach keine Zeit. So geht das nun schon seit Wochen. Ich kann mich nur schwer an eine Zeit erinnern, wo es einmal anders war. Und ich finde auch nichts, was der Ursprung meiner derzeitigen Situation sein könnte.

Ich überlege, rauszugehen und eine Runde zu laufen. Doch schon die Gedanken daran, dass ich jetzt entscheiden muss, wohin ich laufen oder welche Hose und Schuhe ich anziehen soll, überfordern mich. Ich kann jetzt nicht laufen gehen und verwerfe den Gedanken schnell wieder.

Also starte ich meinen PC, arbeite ziemlich demotiviert, beantworte E-Mails, plane kommende Projekte und kontrolliere die Arbeit meiner Mitarbeiter. Gefühlt bin ich die ganze Zeit beschäftigt, doch irgendwie gehts nicht voran. Mein Geist scheint nicht wirklich dabei zu sein. Ich kann mich nicht konzentrieren und meine Gedanken schweifen immer wieder ab.

Ich ertappe mich dabei, wie ich immer wieder den Facebook-Feed stumpfsinnig rauf und runterscrolle, wie ich dauernd meine E-Mails checke, obwohl ich weiß, dass ich am Wochenende keine wichtigen E-Mails bekomme oder wie ich einfach minutenlang aus dem Fenster starre. Dabei beobachte ich die Passanten, das lenkt mich ein bisschen ab. Ich fühle mich, als ob ich in einem Nebel gefangen wäre und komplett den Überblick verloren habe. Ich bin so extrem überfordert, dass ich nicht weiß, was ich tun soll. Es ist mir einfach zu viel. Ich weiß nicht weiter.

Eine kurze Pause

Irgendwann mache ich dann doch eine kurze Pause und versuche, mich zu entspannen. Ich schließe meine Augen und versuche, meinen Atem zu kontrollieren. Mein Kopf pocht, meine Augen schmerzen. Ich konzentriere mich darauf, tief durch die Nase einzuatmen und langsam durch den Mund auszuatmen. Irgendwann hab ich mal gehört, dass das helfen soll. Es fällt mir aber extrem schwer, meinen Geist zu beruhigen. Meine Gedanken drehen sich unaufhörlich um die Arbeit, mein Team und all die Probleme, die es zu lösen gibt. Ich versuche, diese Gedanken loszulassen und mich auf meine Atmung zu konzentrieren, aber es hilft einfach nicht. Also höre ich auf damit. Irgendwie fühle ich mich lächerlich, als würden sich die Leute auf der Straße über mich lustig machen, die mich ja auch durch das Fenster sehen können.

Ich spüre, wie sich meine Nacken- und Schultermuskeln nur noch weiter anspannen und ich massiere sie mit meinen Händen. Ich fühle mich noch müder als heute früh und meine Gedanken scheinen noch unkontrollierbarer zu sein. Ich frage mich, ob ich heute Nacht überhaupt geschlafen habe. Es fühlt sich an, als ob ich mich seit Wochen nicht richtig ausgeruht habe. Wie auch, in meiner Firma ist einfach so extrem viel los, da kann ich nicht einfach auf Stopp drücken.

Ich erinnere mich an die Empfehlung meines Freundes Thomas. Aus irgendeinem Grund ist er extrem erfolgreich, egal was er anfasst. Er würde mir jetzt mit Sicherheit raten, einfach eine Pause in der Natur zu machen, um den Geist zu klären. Ich stehe auf und verlasse geknickt mein Arbeitszimmer, um den nahegelegenen Park aufzusuchen. Fast hätte ich meinen Schlüssel vergessen, und natürlich bin ich viel zu warm angezogen. An meinem Schreibtisch habe ich fast die ganze Zeit gefroren. Und doch spüre ich jetzt die herrlichen Sonnenstrahlen auf meinem Gesicht und atme die frische Luft ein. Der Anblick der Natur lässt mich für einen Moment vergessen, was mit mir los ist. Ich setze mich auf eine Bank und schließe erneut meine Augen. Diesmal fällt es mir ein bisschen leichter, meine Gedanken zu beruhigen und ich spüre, wie sich mein Körper langsam entspannt. Ich höre mein Herz, das ziemlich schnell schlägt und die Vögel, die in der Nähe zwitschern.

Ich realisiere, dass ich in letzter Zeit viel zu wenig Zeit in der Natur verbracht habe und dass das ein wichtiger Faktor ist, um mich zu erden und meinen Geist zu klären. Früher war ich täglich draußen, egal bei welchem Wetter. Auch war ich oft mit meiner Partnerin in den nahegelegenen Bergen wandern, wir waren regelmäßig laufen und haben diese Zeit genossen. Aber seit ich die Firma gegründet habe, liegt einfach viel zu viel Verantwortung bei mir und ich kann mir nicht einfach so Zeit nehmen.

Dennoch entscheide ich mich, dass ich mir in Zukunft wieder öfter Zeit nehmen sollte, um rauszugehen und mich zu erholen. Ich öffne meine Augen und schaue auf die Uhr auf meinem Handy. Dabei sehe ich eine Benachrichtigung von einer lokalen Zeitung, dass die Steuerlast in Deutschland so hoch ist, wie noch nie. Sofort drehen meine Gedanken wieder auf und ich spüre, wie sich mein Magen verkrampft. Vermutlich habe ich einfach nur Hunger bekommen, aber über solche Nachrichten muss ich mich jedes Mal ärgern. Ich gehe wieder nach Hause, um mir etwas zu kochen, und lese auf dem Weg den Zeitungsartikel und die Kommentare, die andere Leser hinterlassen haben.

Ein Unglück kommt selten allein ...

Ich entscheide mich für eine einfache Mahlzeit: Nudeln mit Tomatensauce. Als ich zu Hause angekommen bin, starte ich den Herd und bring das Wasser zum Kochen, während ich die Sauce vorbereite. Das Kaffeepulver von heute früh ist immer noch wie ein brauner Teppich auf der Küchenplatte und dem Boden verteilt. Ich hab keine Kraft, das jetzt wegzumachen. Beim Kochen versuche ich mich auf das Schneiden und Rühren zu konzentrieren, um meinen Geist zu beruhigen, aber meine Gedanken kreisen ständig um meine Arbeit.

Ich gieße die Nudeln ab und füge die Sauce hinzu. Natürlich schütte ich die Sauce viel zu schnell auf den Teller und sie vermischt sich farbenfroh mit dem Kaffeepulver auf der Küchenplatte von heute früh. Das wird ja bald ein richtiger Gaumenschmaus. Ich ignoriere die Kaffeetomatensauce, setze mich an den Tisch und beginne zu essen. Aber auch während des Essens bleiben meine Gedanken chaotisch und ich bin enorm gestresst. Es ist, als ob ich gegen eine unsichtbare Wand kämpfe und einfach nicht weiterkomme. Eine leichte Panik durchströmt meinen gesamten verspannten Körper. Während ich esse, beginne ich unter anderem ein paar Briefe vom Finanzamt und meinem Steuerberater zu lesen. Ich verstehe einfach nicht, was die da wieder fabriziert haben. Unglaublich, wie viel Geld ich da wieder zahlen muss. Die haben sich mit Sicherheit komplett vertan. Ich hätte mich vielleicht doch mehr darum kümmern müssen und nicht einfach alles komplett abgeben sollen.

Ich seufze und versuche, mich zu erinnern, was ich früher in solchen Situationen getan habe, um mich zu beruhigen. Vielleicht könnte ich später am Abend eine entspannende Musik hören oder ein Buch lesen. Jetzt lasse ich mir aber erstmal meine Nudeln schmecken.

Nachdem ich aufgegessen habe, brauche ich erst einmal einen Kaffee. Ich mache mir eine neue Kanne Kaffee, diesmal ohne einer Panne und ohne den Schmutz in der Küche noch zu verschlimmern.

Ich bin zu müde, um aufzuräumen, das kann ich auch später irgendwann noch machen. Jetzt brauche ich erst einmal eine Pause. Irgendwie werde ich gerade ziemlich müde und ich fühle mich träge. Eigentlich müsste ich mich erstmal auf die Arbeit konzentrieren, die noch vor mir liegt. Doch ich gehe ins Wohnzimmer und flacke mich auf die Couch.

Ablenkung

Ich schalte den Fernseher ein und zappe durch die Kanäle. Es gibt nichts wirklich Interessantes, also zappe ich weiter. Ich weiß, dass ich eigentlich etwas anderes tun sollte, vielleicht dann doch mal die Buchhaltung kontrollieren oder ein paar E-Mails bearbeiten, aber ich kann mich einfach nicht dazu bringen, mich für die Arbeit aufzuraffen.

Ich lasse meinen Kopf auf die Rückenlehne fallen. Meine Gedanken wandern immer wieder zurück zu meiner Arbeit, meinen Finanzen und meiner Ex-Partnerin. Im Fernseher läuft eine Reality-Show, die ich normalerweise niemals schauen würde, und doch lass ich sie einfach weiterlaufen. Es scheint mir einfacher zu sein, in die Welt anderer Menschen einzutauchen, auch wenn es nur für eine kurze Zeit ist und meine Probleme nicht löst.

Ich spüre nicht, wie die Zeit vergeht und ich merke auch nicht, dass ich nun schon für mehrere Stunden vor dem Fernseher sitze, es ist bereits dunkel geworden. Ich schalte den Fernseher aus und will aufstehen. Ich weiß, dass ich noch viel zu tun habe und ich muss mich wirklich zusammenreißen, um heute noch etwas zu schaffen. Aber im Moment scheint es mir fast unmöglich zu sein, meine Gedanken in den Griff zu bekommen und mich auf meine Arbeit zu konzentrieren. Ich sage mir selbst: »David, morgen wird ein besserer Tag« und schalte den Fernseher wieder ein, schaue stumpfsinnig weiter und bestelle mir online eine Salamipizza.

Und so vergeht auch der restliche Samstag und der komplette Sonntag. Die Reste der kalten Pizza und dem, was ich noch im Kühlschrank zusammenkratzen kann, reichen mir, um meine kleine Wohnung an diesem Wochenende nicht noch einmal verlassen zu müssen. Meine Couch hab ich nur noch für die lebensnotwendigsten Dinge verlassen. Am Sonntag quäle ich mich dann spätabends ins Bett, um wenigstens ein bisschen Energie für die nächste Woche zu tanken.

Der Traum

Die Wände stehen wie eine undurchdringliche Festung vor mir. Ich weiß nicht, wie ich hierhergekommen bin und habe keine Ahnung, wie ich wieder herausfinde. Ich laufe, biege ab, laufe und biege ab, aber der Weg stellt sich irgendwann als ein Labyrinth aus endlosen dunklen Gängen dar. Ich höre den Hall meiner eigenen Schritte auf der Suche nach einem Ausgang. Die Stunden vergehen und ich werde immer erschöpfter. Aber ich muss weiterlaufen, ich hab keine Zeit für eine Pause.

Mit einem Mal höre ich ein bedrohliches Krabbeln. Ich drehe mich um und sehe, wie sich unzählige Spinnen auf mich zu bewegen. Sie sind überall! An den Wänden, auf dem Boden, nur Millimeter von mir entfernt. Ich versuche wegzurennen, aber es ist, als ob meine Glieder auf einmal aus Blei bestünden. Ich komme kaum vorwärts, muss mich auf allen Vieren vorwärts schleppen. Es ist ein Kampf gegen meine eigene Trägheit, ein Kampf gegen meine Unfähigkeit zu laufen.

Die Spinnen sind überall, sie kriechen meinen Körper hinauf und hinunter, ihre Beine kratzen über meine Haut. Ich will schreien, aber meine Stimme erstickt in meiner Kehle und eine der Spinnen krabbelt in meinen Mund. Ich muss würgen. Eingesperrt in diesem Labyrinth, versuche ich verzweifelt, vor ihnen zu entkommen. Ich bin machtlos in ihren Fängen und gefangen. Gefangen in diesem Labyrinth, zusammen mit den Spinnen, die mich verfolgen. Gefangen in der Dunkelheit und in meinem Körper.

Auf einmal verwandeln sich die Spinnen und das Labyrinth in einen Käfig, in dem ich mich immerhin frei bewegen kann. Ich sehe ein Hamsterrad in der Ecke stehen und möchte weg von hier. Aber es zieht mich wie ein sehr starker Magnet zu dem Hamsterrad und ich beginne zu laufen.

Erst langsam und es scheint auch Spaß zu machen. Dann immer schneller und schneller, bis ich wie der schnellste Mann der Welt renne. Auf einmal stürze ich und ...

In Schweiß gebadet fahre ich hoch, setze mich kerzengerade auf und atme hastig und flach. Ich benötige einen Moment, um zur Ruhe zu kommen und zu erkennen, dass es nur ein Albtraum war. Gefangen in meinem Leben, sind nun auch meine Träume betroffen. Mein Herz schlägt wie wild, mein Körper zittert vor Furcht. Ich werfe einen Blick auf die Uhr - es ist kurz nach Mitternacht.

Das Gefühl, gefangen und machtlos zu sein, lässt mich einfach nicht los. Ich frage mich, ob das vielleicht eine Metapher für mein Leben sein könnte. Bin ich in einem Labyrinth gefangen, aus dem ich nicht ausbrechen kann? Werden mich meine Ängste und Sorgen am Ende wie Spinnen verfolgen und mich besiegen? Versuche ich, dem Ganzen zu entfliehen, aber schaffe es vielleicht niemals? Diese Gedanken kreisen noch, bis ich von meinem Wecker geweckt werde. Es scheint so, als sei ich irgendwann dann doch noch eingeschlafen.

NEUE WOCHE, NEUES GLÜCK?

So wirklich erholsam war das Wochenende nicht. Dennoch hab ich keine Zeit, eine Pause zu machen, zu viel hängt von mir ab. Und dabei muss ich mir größte Mühe geben, dass meine Mitarbeiter nichts davon mitbekommen. Denn das würde nur zu viel Unruhe und Unsicherheit reinbringen. Daher mache ich gute Miene zum bösen Spiel und starte die neue Woche mit neuer aufgespielter Energie.

Ich begrüße mein Team, sie unterhalten sich in der Küche, lachen viel und es scheint, als würde es ihnen ganz gut gehen. Langsam steigt in mir jedoch der Druck und ich versuche mich auf meine Arbeit zu konzentrieren. Jeder Anruf, jede E-Mail, jede Anfrage zieht mich nur weiter in die Tiefe. Ich frage mich, ob es jemals ein Ende haben wird, ob ich jemals eine Pause einlegen kann.

Als ich auf mein Handy schaue, sehe ich, dass es nur noch eine halbe Stunde bis zu meinem Banktermin ist. Ich schnappe mir meine Unterlagen und mache mich auf den Weg. Unterwegs versuche ich, meinen Kopf aufzuräumen und mich auf das Gespräch vorzubereiten. Eigentlich wollte ich am Wochenende noch einiges dafür erledigen, aber nichts davon habe ich geschafft. Je näher ich der Bank komme, desto nervöser werde ich. Was, wenn ich etwas vergessen habe, was, wenn ich die falschen Worte wähle? Ich weiß, dass sich unsere Geschäftszahlen in den letzten Monaten ziemlich verschlechtert haben. Deshalb hat mich meine Bankberaterin auch zu diesem Termin eingeladen.

Endlich stehe ich vor der Bank und betrete das Gebäude. Ich atme tief durch und versuche, mich zu beruhigen. Doch als ich den Raum betrete, sehe ich meine Bankberaterin bereits wartend auf mich. Ihr strenger Blick und ihre schnellen Fragen bringen mich ziemlich schnell aus der Fassung. Ich versuche, ruhig zu bleiben, aber jedes Mal, wenn ich antworte, fühle ich mich mehr und mehr wie ein Schuljunge, der vor der Direktorin sitzt.

Als ich endlich die Bank verlassen habe, fühle ich mich völlig erschöpft und enttäuscht von mir selbst. Wie konnte ich so schlecht vorbereitet sein? Die Bank kürzt meine Kreditlinie, jetzt muss ich noch vorsichtiger sein, mein Gehalt kürzen und vielleicht sogar Mitarbeiter kündigen.

Ich gehe nicht mehr ins Büro, sondern zum Bahnhof, setze mich in die nächste S-Bahn und fahre einfach weg. Ich kaufe mir nicht einmal ein Ticket. Die Umgebung um mich herum ist mir völlig egal, apathisch schaue ich ins Nichts, meine Gedanken rasen. Irgendwann steige ich aus und atme die frische Landluft ein, die Sonne scheint mir ins Gesicht. Ich spaziere in Richtung des kleinen Waldes, den ich in der Nähe sehe. Irgendwie kommt mir diese Gegend bekannt vor. Auf einer kleinen Bank am Waldesrand lasse ich mich sacken und beginne zu weinen.

Zwischenspiel

Oje, das ist ja eine ziemlich beschissene Situation, in der sich unser David da befindet. Gibt es Parallelen zu Dir und Deinem Leben? Wenn, dann hoffentlich nicht genau so wie bei David und nicht so schlimm. Aber vielleicht warst Du auch schon einmal überfordert und gestresst.

Vielleicht gab es irgendwann einmal in Deinem Leben eine Phase, in der Du das Gefühl hattest, dass alles auf einmal auf Dich einstürzt und Du keine Kontrolle mehr hast? Eine Phase, in der Du Dich gefragt hast, wie Du all diese Herausforderungen bewältigen sollst und ob Du überhaupt dazu in der Lage bist, irgendwas zu ändern? Du hast hier Platz, Dir ein paar Stichpunkte zu Deinen Gedanken aufzuschreiben.

Es ist normal, dass wir uns manchmal überfordert fühlen, besonders in Zeiten großer Veränderungen oder wenn wir vor großen Herausforderungen stehen. Doch so viel auf einmal ist ungesund und es ist - wenn überhaupt - nur kurzfristig zu ertragen.

In diesem Buch gibt es im Übrigen immer wieder Passagen wie diese, in der Du als Lesende:r direkt angesprochen wirst, das sogenannte »*Zwischenspiel*«. Hier findest Du unter anderem Wiederholungen, Übungen und weiterführende Informationen.

In unserer heutigen Welt werden viele von uns ständig gefordert, sei es auf der Arbeit oder im privaten Leben. Oft haben wir das Gefühl, dass wir immer mehr Aufgaben bewältigen müssen und uns noch schneller bewegen müssen. Und was passiert, wenn wir das Gefühl bekommen, nicht mehr mithalten zu können? Wenn wir überfordert sind und uns erschöpft und ausgebrannt fühlen?

Vielleicht ist aber Überforderung gar nicht Dein Thema, sondern eher das andere Extrem: Unterforderung. Unterforderung kann genauso belastend sein wie Überforderung, jedoch wird es oft nicht als ein so ernstes Problem wahrgenommen. Die Symptome von Überforderung und Unterforderung manifestieren sich auf verschiedene Arten und können sogar von Person zu Person unterschiedlich sein.

Mehr Informationen und weitere Details dazu findest Du auf www.andreaskriwan.com/gtf-ressourcen. Hier kannst du zusätzliches Material herunterladen und von Bonusinhalten profitieren. Nutze diese Ressourcen, um Deine persönliche und berufliche Weiterentwicklung zu unterstützen.

Denke an den Gutscheincode:
GROW-2-FLOW

Auf den folgenden Seiten findest Du eine Reihe von Fragen, die Dir bei einer ersten Selbsteinschätzung behilflich sein können. Kreuze »Ja« an, wenn Du Dich von der Frage angesprochen fühlst, und »Nein«, wenn nicht.

Es ist wichtig, dass Du ehrlich zu Dir selbst bist und die Fragen wahrheitsgemäß beantwortest, weil dies für Dich die Grundlage für eine authentische und aussagekräftige Selbsteinschätzung bildet. Die Ergebnisse sind außerdem ausschließlich für Dich bestimmt. Wenn Du möchtest, dass Du die Antworten für Dich behältst, kannst Du auch auf einem separaten Blatt Papier oder in einem Erfolgsjournal festhalten. Oder Du nutzt dafür das Arbeitsbuch, dass es zusätzlich zu diesem Buch gibt.

Selbstcheck	Ja	Nein
Hast Du manchmal Das Gefühl, dass Dein Potenzial nicht ausgeschöpft wird und dass Du unter Deinen Möglichkeiten lebst oder arbeitest?		
Zögerst Du bei der Erledigung von Aufgaben, obwohl Du weißt, dass Du sie erledigen musst (Stichwort Prokrastination)?		
Vermeidest Du Verantwortung oder pflegst Du das Nicht-Annehmen von neuen Aufgaben?		
Hast Du Schlafstörungen oder bist trotz ausreichendem Schlaf müde und erschöpft?		
Verspürst Du eine verminderte Leistungsfähigkeit oder Konzentrationsschwierigkeiten?		
Stellst Du bzw. stellen andere bei Dir oder dem, was Du machst, vermehrt Fehler und Unachtsamkeit fest?		
Erkennst Du bei Dir eine erhöhte Reizbarkeit und schlechte Laune?		
Ziehst Du Dich zunehmend zurück, isolierst Dich und meidest soziale Kontakte?		

Selbstcheck	Ja	Nein
Vernachlässigst Du Deine Hobbys und andere Freizeitaktivitäten?		
Hast Du das Gefühl, dass Deine Arbeit zu einfach oder zu monoton ist?		
Siehst Du einen Mangel an Herausforderungen und Abwechslung im Arbeitsalltag?		
Hat sich bei Dir das Gefühl der Stagnation in Deiner Karriere oder in Deinem persönlichen Wachstum eingestellt?		
Ertappst Du Dich häufig in Tagträumen und Gedanken an andere Dinge, die Dich ablenken?		
Verspürst Du ein geringes Selbstbewusstsein und Selbstzweifel aufgrund Deiner aktuellen Herausforderungen oder anderen Gründen?		
Hast Du körperliche Symptome wie Kopfschmerzen, Rückenschmerzen, Sodbrennen oder Magenbeschwerden?		
Benötigst Du einen übermäßigen Konsum von Alkohol oder anderen Substanzen, um mit Deinem Stress und Deiner aktuellen Situation zurecht zu kommen?		

Bereits ein einziges Ja ist ein Anzeichen dafür, dass Du etwas in Deinem Leben ändern musst. Es kann natürlich sein, dass Du nichts davon kennst und vielleicht hast Du kein einziges Mal ein Ja bei der obigen Checkliste angekreuzt. Dann beinhaltet dieses Buch vermutlich nichts Neues für Dich. Und doch könnte es ein Anzeichen dafür sein, dass es in Deiner Komfortzone allzu komfortabel ist und Du neue Inspiration, neue Handlungen und neue Strategien nutzen könntest.

Wenn Du etwas in Deinem Leben ändern möchtest, dann ist es essenziell zu wissen, wo Du gerade bist. Dabei ist es wichtig, ehrlich zu sich selbst zu sein und nichts zu verschönen. Aber auch die Dinge nicht schlimmer zu machen, als sie sind. Es gibt die ewigen Schwarzmalenden und die Nörgelnden, die in allem immer in allem nur das Negative sehen. Klar, es gibt auch die Optimist:innen, die mit einem Strahlen durch eine Welt laufen, in der es kein Leid und keine Sorgen gibt.

Beide Sichtweisen können uns jedoch daran hindern, eine realistische Einschätzung unserer Situation zu treffen und uns dazu verleiten, Entscheidungen zu treffen, die nicht zu unseren Zielen passen.

In Bezug auf Nörgelei und Optimismus ist Dir sicherlich die Metapher des halb gefüllten Wasserglases bekannt. Betrachtest Du es als halb-voll oder als halb-leer?

☐ Das Glas ist halb-voll

☐ Das Glas ist halb-leer

Lass Dich von dieser Frage künftig übrigens nicht weiter in die Ecke treiben. Es gibt immer mehr als nur zwei Möglichkeiten. Beginne, über den Tellerrand zu schauen und mach Dich immer auf die Suche nach einer *»dritten Alternative«*[2]. Im Fall des Wasserglases: Es ist immer voll! Und zwar ist es zu einer Hälfte mit Wasser und zur anderen Hälfte mit Sauerstoff gefüllt. Besonders wenn Du gerade unter Wasser ertrinken solltest, wäre doch ein halbes Glas Sauerstoff ganz praktisch, oder?

---

[2] In Stephen Coveys Buch »Die 7 Wege zur Effektivität« (The 7 Habits of Highly Effective People) bezieht sich die »dritte Alternative« auf das Konzept der »synergistischen Kommunikation« oder »Synergie«. Es ist im fünften Grundsatz verankert: »Streben nach synergetischer Kommunikation« (Seek First to Understand, Then to Be Understood). Die dritte Alternative geht über den klassischen Kompromiss hinaus und sucht nach einer Lösung, die für beide Parteien besser ist als die ursprünglichen Vorschläge.

Eine wichtige Fähigkeit im Prozess der Veränderung von einem ungewollten zu einem gewollten Zustand ist es, die eigenen Bedürfnisse und Fähigkeiten zu erkennen und daraus die richtigen Schlüsse zu ziehen. Es empfiehlt sich, dass Du Dir Deiner jetzigen Situation bewusst wirst und es zum Positiven änderst. Dazu kann Dir folgende Sichtweise helfen:

1. Betrachte die Dinge, wie sie sind.
   Und auf keinen Fall schlechter!

2. Sehe die Dinge besser, als sie sind!

3. Mache die Dinge so, wie Du sie haben möchtest!

Bei diesen drei Schritten kann es hilfreich sein, eine neutrale Person zur Seite zu haben, die sich Deine aktuelle Situation anhört, dieser eine Struktur gibt und dann gemeinsam mit Dir Lösungen erarbeitet. Dafür gibt es unzählige Methoden und Ansätze.

Vielleicht bist Du gespannt, wie es mit David weitergeht, also lass uns wieder zurück in die Geschichte eintauchen, bei der David auf der Bank im Grünen sitzt und weint.

ZUFALL ODER BESTIMMUNG?

Als ich so auf meiner Bank sitze und meinen Kopf in meine Hände vergrabe, höre ich einen Läufer auf mich zulaufen. Es sind starke und schnelle Schritte, der Schotter unter seinen Füßen spritzt laut weg. Dieser Läufer muss ein ziemliche hohes Tempo draufhaben. Doch er wird aus irgendeinem Grund immer langsamer und kommt neben mir zum Stehen. Was will der bloß von mir?

»Hey David«, sagte der Läufer, als er neben mir zum Stehen gekommen ist. »Was machst du denn hier? Du siehst aus, als könntest du etwas Aufmunterung brauchen, gerade an einem so schönen Tag wie heute.«

Ich blicke auf und erkenne Thomas vor mir, schlank und athletisch, leicht verschwitzt vom Laufen und kaum außer Atem. Wie hat er mich nur erkannt? In mir baut sich eine ziemliche Wut auf. Er schaut mich freundlich durch seine stylische Sonnenbrille an und klopft mir aufmunternd auf die Schulter.

Ohne ihn anzuschauen, antworte ich ihm: »Ich musste einfach mal raus, Thomas. Ich habe mich in die nächste S-Bahn gesetzt und bin hier gelandet, ohne groß darüber nachzudenken. Heute ist einfach ein ziemlich beschissener Tag. Es ist Zufall, dass ich hier sitze.«

»Nun, David«, entgegnete Thomas lächelnd. »Ich bin davon überzeugt, dass es keine Zufälle gibt. Alles passiert aus irgendeinem bestimmten Grund. Vielleicht ist es genau richtig, dass wir uns hier und jetzt treffen. Komm, lass uns ein wenig spazieren gehen, sonst kühle ich noch aus«, antwortet Thomas sehr aufmunternd und energiegeladen.

Während wir also spazieren, gebe ich Thomas einen kleinen Einblick in mein Leben und meine gegenwärtige Lage, wobei ich bewusst nur an der Oberfläche kratzte.

Der Spaziergang ist schön und anstrengend, die frische Luft und die Bewegung tun gut. Wieder einmal bin ich viel zu warm angezogen, ich hab meinen schwarzen Anorak und meinen blauen Pullover um meine Hüfte gebunden. Das flotte Tempo von Thomas ist ziemlich fordernd, auch wenn es bei ihm aussieht, als würde er gemütlich schlendern. Es ist aber auch ein schönes Gefühl, seit langem mal wieder einen höheren Puls zu spüren.

Dann nähern wir uns seinem Anwesen und ich bin sichtlich beeindruckt. Das Anwesen wirkt wie ein Gemälde, ein Bild der Ruhe und Harmonie und ist richtig schön in die hügelige Landschaft eingebettet. Das alte Haus selbst strahlt eine warme, einladende Atmosphäre aus und die Fassade ist von dichten Efeuranken umschlungen. Der ziemlich gut gepflegte Garten ist durchzogen von gewundenen Kieswegen und gesäumt von alten Bäumen.

Ich bemerke Details wie den hübschen Springbrunnen, der in der Mitte des Gartens plätschert, der von farbenprächtigen Rosenbeeten umgeben ist. Die schweren Holztüren sind ziemlich hübsch verziert, und die großzügigen Fenster lassen einen Blick auf das geschmackvoll eingerichtete Interieur zu.

Ich wende mich an Thomas und sage: »Du hast wirklich ein bemerkenswertes Zuhause. Als wir uns das letzte Mal getroffen haben, stand gerade deine Beförderung an, oder?«

»Stimmt, ist das schon wieder so lange her?«, antwortet Thomas nachdenklich. »Seitdem hat sich in meinem Leben einiges verändert. Mein Job hat mir einfach keinen Spaß mehr gemacht, also habe ich mich entschieden zu kündigen und bin dann erstmal auf Weltreise gegangen. Das war ein unglaubliches Abenteuer, das kannst du mir glauben. Ich habe so viel erlebt, gelernt und natürlich auch gesehen. Einmal wäre ich fast gestorben«, erzählt Thomas mit einem Hauch von Bedauern und auch irgendwie mit einem leichten Schmunzeln. Nach einer kurzen Pause fährt er fort.

»Vielleicht erzähle ich Dir ein anderes Mal die ganze Geschichte. Jedenfalls wurde mir damals klar, dass ich etwas in meinem Leben ändern muss. Als ich wieder zurückkehrte, habe ich mich sofort selbstständig gemacht. Seitdem teile ich meine Erfahrungen aus dieser Reise und inspiriere andere Menschen, mehr aus sich und ihrem Leben herauszuholen.«

»Wow, das klingt wirklich faszinierend! Das hätte ich auch gerne, diese Freiheit, deine Energie und so ein großartiges Haus.«

»Weißt du, es war damals so, als würde ich auf einmal das erste Mal in meinem Leben Licht sehen. Heute stehe ich in voller Blüte, wie diese Rosen da in dem Beet. Zu Beginn war jede Rose nur eine Zwiebel, die noch ganz eng verschlossen und eingewickelt ist und ihr volles Potenzial versteckt. So ging es mir in meinem damaligen Leben. Und so glaube ich, geht es dir gerade. Wie eine Zwiebel, die in der Erde eingegraben ist, es ist kalt und dunkel.«

»Das ist eine schöne Metapher, die mein Leben ziemlich gut beschreibt. Und es stinkt mir auch, um in dem Bild der Zwiebel zu bleiben.«

»Naja, eine Rosenzwiebel riecht eher blumig als eine normale Zwiebel. Aber egal. Ich will dir da noch etwas mitgeben, denn auch eine kleine Rosenzwiebel ist wertvoll, liebens- und schützenswert, auch wenn sie noch nicht erblüht ist. Die Zwiebel ruht still und geduldig in der Erde, bis sie irgendwann das erste Licht erblickt, eine Knospe auf einem Stängel formt und nur auf den richtigen Zeitpunkt wartet, um sich zu öffnen. Die Sonne, der Regen, die Luft und der Boden, alle arbeiten zusammen, um die Knospe zu nähren und zu stärken, damit sie blühen und gedeihen kann.«

Echt schön, welche Bilder mir Thomas ins Gedächtnis ruft.

»Langsam beginnt die Knospe ihre Blätter zu entfalten, ein Blättchen nach dem anderen. Ganz langsam und vorsichtig streckt sie ihre Blätter aus. Die Blütenblätter sind noch ganz zart und sie sind schützend zusammengelegt. Doch nach und nach strecken sie sich allmählich aus und entfalten ihre volle Schönheit. Riechst Du den Duft der Rosen? Kannst Du die kräftigen Farben sehen? Mit jedem Tag werden die Blütenblätter kräftiger und leuchtender, die Farben intensiver und die Form perfekter. Die Rose beginnt, ihren betörenden Duft zu verbreiten und lockt mit ihrer Schönheit Bienen und andere Insekten an. Die Rose ist wertvoll - genauso wie Du! Und alles begann mit einer unscheinbaren Zwiebel, die im Boden vergraben war.«

Ich mache einen tiefen Atemzug und rieche tatsächlich den Duft der Rosen, obwohl sie dafür eigentlich zu weit weg sind. Vielleicht bilde ich mir den Geruch auch einfach nur ein.

Thomas lächelt und antwortet: »Komm, lass uns reingehen. Ich mach uns schnell einen Tee und ziehe mich gleich noch kurz um.«

Mit diesen Worten führt er mich auf den breiten Steinstufen zur massiven Eingangstür. Sie ist ein Kunstwerk für sich, gesäumt von geschnitzten Holzdetails und Buntglasfenstern. Als wir eintreten, bin ich sofort von der warmen und einladenden Atmosphäre des Hauses umgeben.

Der Eingangsbereich ist offen und einladend gestaltet. Ein imposanter Kronleuchter hängt von der hohen Decke herab und wirft sein Licht auf den dunklen Eichenparkettboden. Eine breite Treppe führt zu den oberen Etagen, und die Wände sind mit kunstvoll gerahmten Bildern geschmückt, die ziemlich beeindruckende Momente zeigen.

Thomas führt mich durch den breiten Flur zur Küche, ein Traum für jeden Hobbykoch. Sie ist geräumig und strahlt durch die Kombination von rustikalen Holzoberflächen und modernen Edelstahlelementen eine gemütliche Atmosphäre aus. Der große Küchenblock mit einer glänzenden Marmorplatte steht in der Mitte und ist von allen Seiten zugänglich. Hochwertige Küchengeräte wurden sorgfältig in die Struktur integriert.

Während Thomas den Wasserkocher aufsetzt, nehme ich einen Moment, um die Details zu bewundern und den einzigartigen Charakter des Hauses in mich aufzusaugen. Es ist offensichtlich, dass jedes Element sorgfältig ausgewählt und mit großer Sorgfalt arrangiert wurde. Dieser Ort ist nicht nur ein Zuhause, sondern ein Ausdruck von Thomas Persönlichkeit und seinem Geschmack.

»Weißt du David, für mich warst du immer ein Vorbild«, sagt Thomas. »Damals habe ich dich bewundert, mit deiner eigenen Firma, deinen engagierten Mitarbeiterinnen und

Mitarbeitern[3] und deiner wunderbaren Partnerin. Wie gehts ihr eigentlich?«, fragt mich Thomas.

»Naja, Lena und ich haben uns getrennt« antworte ich geknickt. »Ich arbeite einfach viel zu viel und hatte einfach keine Zeit mehr für sie. Und wenn, dann hat sie mich nicht verstanden und ich habe nie einen Kopf für ihre Sorgen gehabt.«

»Das tut mir leid. Dennoch, du warst einer der Gründe, warum ich meinen Job gekündigt und meinen eigenen Weg eingeschlagen habe. Und dafür werde ich dir ewig dankbar sein.«

Ich kann es kaum glauben, was er da sagt. Nachdenklich nehme ich einen Schluck von meinem Tee, er schmeckt leicht süßlich und lieblich. Um ehrlich zu sein, konnte ich mir nie etwas aus grünem Tee machen, aber nein sagen wollte ich auch nicht. Meine Gedanken schweifen ab und ich verliere mich in meiner Vergangenheit. Ich muss an Lena denken und wie schön die Zeit mir ihr früher einmal war. Ob es ein Fehler war, mich für die Firma und nicht für sie zu entscheiden? Doch Thomas durchbricht meine Gedanken.

---

[3] Immerhin achtet Thomas auf eine gendergerechte Sprache. Vielleicht kann er ja David mit der Zeit als Vorbild dahin bringen, dass er das auch irgendwann macht.

»Ich will dir etwas zurückgeben. Komm, lass uns in mein Arbeitszimmer gehen und an deiner jetzigen Situation arbeiten!«

»Ich weiß nicht. Du hast sicher Besseres zu tun, als dich mit meinen Problemen auseinanderzusetzen. Außerdem bin ich schon viel zu lange weg von der Firma, da wird sicher schon Land unter sein. Wir haben einen großen Auftrag, da muss ich noch extrem viel machen und meine Mitarbeiter antreiben, damit die mir noch alles fertigstellen, was ich brauche.«

Um ehrlich zu sein habe ich keine Lust, mich mit dem Ganzen auseinanderzusetzen. Es ist einfach zu viel und ich will auch nicht, dass Thomas erfährt, wie es insgesamt um mich steht. Beim Spazierengehen bin ich recht oberflächlich geblieben. Und mit meinen Kunden hab ich auch einige extrem starke Geheimhaltungsverträge, dass ich gar nicht so detailliert über meine Firma sprechen kann. Es hängt einfach zu viel von mir ab. Daher ergänze ich:

»Danke auf alle Fälle für den Tee und dein Angebot, vielleicht ein anderes Mal. Ich werde mich jetzt wieder auf den Heimweg machen. Vielleicht ergibt sich ja bald mal wieder was.«

»Ok, das kann ich verstehen und das Angebot steht weiterhin. Ich will dir aber etwas mitgeben, über das du dir Gedanken machen kannst. Auf alle Fälle ist es wichtig, dass du aus dieser negativen Teufelsspirale rauskommst. Also versuch, deine Situation mal neutral zu betrachten, so wie sie tatsächlich aktuell ist und nicht schlimmer. Nimm die ganzen negativen Bewertungen raus. Und dann mach dir über diese Fragen Gedanken: Was ist positiv an deiner jetzigen Situation?«

»Nichts, darüber brauche ich mir keine Gedanken machen. Es ist einfach beschissen, zum Haare raufen. Das hab ich dir doch schon erzählt. Ich muss jetzt wirklich los.«

»Hm, das mag ja sein. Dann lass es mich noch schnell anders formulieren. Was könnte positiv an deiner jetzigen Situation sein? Mach dir bitte darüber Gedanken und lass uns gleich einen Termin fürs kommende Wochenende ausmachen, damit wir da weitermachen können.«

In meinem ganzen Körper sträubt es sich und ich spüre eine extreme Verspannung im Nacken und in den Schultern. Mir wird fast schlecht, wenn ich daran denke, mich mit solchen Fragen auseinanderzusetzen und mit ihm an meinen Problemen zu arbeiten. Am liebsten würde ich mich in meiner Wohnung verkriechen. Thomas hat in der Zwischenzeit sein Handy rausgeholt und seinen Kalender geöffnet.

»Am Samstag kann ich mir den ganzen Tag Zeit nehmen, wie sieht es bei dir ab 9 Uhr aus? Oder wäre 10 Uhr besser?«

Weil ich nicht weiter mit ihm diskutieren möchte, hole ich auch mein Handy raus, auch wenn ich weiß, dass ich an den Wochenenden eh nichts vorhabe. »Am Samstag hab ich bereits was vor«, log ich, um aus der Situation zu entkommen.

»Wird dir dieser Termin neuen Schwung geben und etwas an deiner Situation ändern? Ist er eine neue Chance für dich? Kann er deinen Blickwinkel verändern?«

Immer diese nervigen Gegenfragen. Was mach ich jetzt? Vor allem, weil ich ja gar keinen Termin geplant habe.

»Na gut, du hast gewonnen. Lass uns am Samstag um 10 Uhr treffen. Ich trage es mir gleich ein.«

Zur Not kann ich den Termin immer noch absagen. Thomas trägt sich den Termin auch ein. Und jetzt werde ich es aber wirklich packen, um wieder zurück ins Büro zu fahren. Heute wird noch ein langer Tag werden, sicher liegt wieder extrem viel auf meinem Schreibtisch.

»Passt, hab es mir auch notiert. Was können wir machen, dass du den Termin auch wirklich wahrnimmst und nicht kurzfristig absagst?«

Verdammt, da will er mir doch glatt die Hintertür verschließen.

»Nichts, da müssen wir nichts machen. Ich hab ihn mir notiert und das wird dann schon passen. Du hast mein Wort«, antworte ich leicht verärgert.

»Na gut, ich will mal nicht so sein. Dann treffen wir uns nächste Woche wieder hier. Soll ich dich noch zum Bahnhof bringen?«

»Nein danke, ich hab dich schon genug aufgehalten. Ich bin schon gespannt aufs Wochenende.«

Genervt gehe ich zurück zum Bahnhof. Irgendwie seltsam, vermutlich gibt es wirklich keine Zufälle. Irgendwas hat mich nach dem Banktermin dazu bewogen, zum Bahnhof zu gehen und in die nächste S-Bahn zu steigen. War das wirklich erst vor nicht einmal zwei Stunden? Es hätte wirklich jede S-Bahn sein können, in die ich nach dem desaströsen Banktermin eingestiegen bin. Ich hätte auch bei irgendeinem anderen Bahnhof aussteigen können. Auch dass ich mich auf der Bank niedergelassen habe, war ohne Hintergedanke und Sinn passiert. Dass dann auch Thomas vorbeigelaufen kommt, mich erkannt und angesprochen hat, alles purer Zufall. Und doch kam es irgendwie genau zur richtigen Zeit. Vielleicht sollte ich mich dann doch einfach mal mit meinen Themen auseinandersetzen. Was könnte positiv an meiner Situation sein? Eigentlich nichts, aber vielleicht kann es ja sein, dass es da irgendwas Positives gibt.

Gedankenverloren warte ich auf den nächsten Zug. In knapp 20 Minuten soll er kommen. Vor dem Banktermin hatte ich mein Handy in den Flugmodus gesetzt und hab bis jetzt einfach vergessen, es wieder anzumachen. Ich schalte es also wieder an und sofort fängt es an, zu vibrieren und zu klingen. 34 verpasste Anrufe und unzählige Nachrichten, E-Mails, Benachrichtigungen und nach weniger als 30 Sekunden kommt schon der erste Anruf rein. Es ist Lena, meine Medienkoordinatorin, sie erzählt mir von einer Idee, die sie hatte und die sie gerne umsetzen möchte. Es ist irgendwas von einer brandneuen Methode, wie in Amerika megagenial Grafiken und Designs umgesetzt werden. Ich kann mich kaum konzentrieren und ihr folgen. Sie klingt in ihrer Begeisterung schon fast hysterisch, spricht von Künstlicher Intelligenz und Quantensprüngen. Ich schnauze sie an, dass das nichts für uns ist und lege genervt auf. Wieso macht sie nicht einfach ihren Job?

Ich hätte mir diese Auszeit nicht nehmen dürfen. Frustriert fahre ich zurück ins Büro, führe unzählige Telefonate und versuche, etwas Ordnung ins Chaos zu bringen. Es ist einfach zu viel, um das ich mich jetzt kümmern muss. Heute wird vermutlich ein sehr sehr langer Tag. Ich hoffe, dass ich vor Mitternacht das Büro verlasse. Am Bahnhof angekommen, kaufe ich mir noch schnell etwas zum Essen auf die Hand und esse es, während ich ins Büro gehe. Dabei patze ich mir auch noch mein Hemd voll. Ich fluche und muss mich extrem über alles aufregen. Und die ganzen Menschen um mich herum stressen mich noch mehr.

Zwischenspiel

In jeder Abenteuergeschichte stößt der Protagonist bzw. die Protagonistin früher oder später auf eine Person (oder mehrere), die ihn oder ihr unterstützend zur Seite steht (stehen): Gandalf bei Herr der Ringe, Yoda und Obi-Wan bei Star Wars, Hagrid und Dumbledore bei Harry Potter, Morpheus in Matrix, Mary Poppins im gleichnamigen Film, Merlin in den Sagen von König Artus oder Aslan in den Chroniken von Narnia.

Und auch im wahren Leben finden sich häufig solche Konstellationen. Im Sport ist es absolut normal, sich von verschiedensten Expert:innen unterstützen zu lassen. Ein prominentes Beispiel ist der langjährige Coach Patrick Mouratoglou von Tennis-Superstar Serena Williams.

Oder in der Geschäftswelt, in der sich häufig mehrere Personen zusammenschließen, um ein erfolgreiches Unternehmen aufzubauen. Während ihrer Zeit bei Apple halfen sich Steve Jobs und Steve Wozniak auf unterschiedliche Weise. Wozniak hatte die technischen Fähigkeiten, um die Computer zu bauen, während Jobs das Geschäft leitete und den Markt dafür schuf.

Genauso war im Fall von Walt Disney und Ub Iwerks. Diese beiden Männer waren die treibenden Kräfte hinter der Entstehung von Disney. Der Visionär und kreative Genius Walt Disney träumte von einer Welt voller

Zeichentrickfiguren, die das Publikum begeistern würden. Und Ub Iwerks war der technische Kopf, der diese Träume in die Realität umsetzte. Er war verantwortlich für die Erfindung und Perfektionierung vieler der Animationstechniken, die Disney zum Erfolg verhalfen.

Immer ist es ein:e Berater:in, ein:e Coach:in, ein:e Meister:in, ein:e Sparringspartner:in, eben ein:e Mentor:in, die dem Helden oder der Heldin bei seinen oder ihren Herausforderungen beisteht. Im Folgenden wird der geschlechtsneutrale Archetyp »Mentor« verwendet, womit weniger die Person als mehr die Rolle gemeint wird.

Einen Mentor zur Seite zu haben ist extrem wichtig, denn meistens können wir unsere Probleme nur mit Hilfe von externen Unterstützungen meistern. Albert Einstein hat es einmal so ausgedrückt

»Probleme können niemals mit derselben Denkweise gelöst werden, durch die sie entstanden sind.«

Da unsere aktuellen Herausforderungen durch unser eigenes Denken entstanden sind, brauchen wir ein anderes und neues Denken, um diese zu überwinden. Und eben dieses andere Denken bekommen wir zum Beispiel über Mentoren. Denn ein Mentor stellt Dir oftmals Fragen, die Dir wehtun können (und vielleicht auch sollen, um den Schmerz zu erhöhen) und die Dir die blinden Flecken aufzeigen, die Du ansonsten lange Zeit übersiehst und die Dich an Deinem nächsten Wachstumsschritt hindern.

Und meistens wird es so sein, dass der Mentor Deinen Weg kreuzt, ohne dass Du Dich bewusst auf die Suche gemacht hast. Laotse[4] hat es damals so ausgedrückt:

»Wenn der Schüler bereit ist,
erscheint der Lehrer.«[5]

Also wie bei unserem Protagonisten David, als er einen Tiefpunkt erreicht hat und auf einmal auf Thomas trifft, an den er noch vor ein paar Tagen gedacht hatte. Ob Du Dich gegen die Unterstützung des Mentors wehrst (so wie es David in unserer Geschichte macht) oder ob Du sofort mit voller Energie reingehst, es liegt natürlich ganz bei Dir, wie Du mit Deinem Mentor umgehst.

---

[4] Laotse, auch Laozi oder Lao-Tzu genannt, war ein chinesischer Philosoph, der vermutlich im 6. Jahrhundert v. Chr. lebte. Seine Lehren sind im Daodejing (Tao Te Ching) zusammengefasst, einem klassischen chinesischen Text, der die Grundlage für den Daoismus bildet.

[5] bzw. »wenn die Schülerin bereit ist« usw. Hier gibt es insgesamt sechs plus eine Kombinationen, also inklusive »Wenn die lernende Person bereit ist, erscheint die lehrende Person.«

Ohne dem Mentor wirst Du nicht so schnell aus Deiner jetzigen Situation rauskommen, wie es mit einem Mentor möglich wäre. Du wirst weiter in der aktuellen Situation verharren. Vielleicht hattest Du ja schon einmal so eine Erscheinung mit einem Menschen, der genau zur richtigen Zeit am richtigen Ort war, um Dir bei einer besonders schweren Situation geholfen hat.

Ein Mentor ist idealerweise den Weg schon gegangen, den Du gehen möchtest. Deshalb kann und wird er Dir Abkürzungen, Tipps und Tricks zeigen, die Du sonst selbst herausfinden müsstest. Auf jeden Fall hat er bereits Erfahrungen gemacht, die Deinen sehr ähnlich sind. Wenn Du selbst herausfinden möchtest, wie es geht, dann kannst Du das natürlich machen. Es wird Dich dann auf jeden Fall Zeit, Geld, Energie und Dein Durchhaltevermögen kosten.

Wen bewunderst Du in Deinem Leben und wer davon könnte Dir ein guter Mentor bzw. eine gute Mentorin sein?

Wie ist es denn bei Dir und Deiner aktuellen Situation? Was für ein »Thema« hast Du?

___

___

___

Was ist positiv an Deinem Problem? Und wenn Du Dir jetzt denkst: »gar nichts ...«, dann stell Dir die Frage: Was könnte positiv an Deinem Problem sein?

___

___

___

Was ist an dieser Situation bzw. an diesem Problem noch nicht perfekt, was soll sich ändern?

Natürlich sind das Fragen, die Du Dir natürlich auch ohne Mentor stellen und beantworten kannst. Es geht hier zunächst darum, einen Perspektivwechsel zu bekommen und mehrere Möglichkeiten für ein und dieselbe Situation zu erhalten, eine »dritte Alternative«. Nichts ist entweder schwarz oder weiß, es gibt unzählige Farben und Grautöne, die wir sehen können. Und manchmal sind wir Farbenblind, wenn wir uns immer im selben Trott bewegen. Du kennst das Sprichwort »den Wald vor lauter Bäumen übersehen«. Und so ist das eben auch bei diesem Thema.

Und mit Sicherheit kennst Du auch das Sprichwort: »Wenn Du denkst, es geht nicht mehr, kommt von irgendwo ein Lichtlein her«, nur müssen wir eben bereit sein, um dieses Lichtlein zu sehen. Und manchmal blendet das Licht so stark, dass wir es gar nicht übersehen können. Wie bei unserem David, der von Thomas sprichwörtlich überrannt wurde. Glück passiert angelehnt an Seneca dann, wenn ein reifer Geist auf eine gute Gelegenheit trifft.

KAPITEL 2

DER ERSTE TAG

»Das Experimentieren mit neuen Bedingungen ist der einzige Weg, um neue Ergebnisse zu erzielen.«
Richard Branson

KRANKHEIT ALS WEG

Unglaublich, wie schnell die Woche mal wieder vergangen ist. Die letzten Tage sind wie im Flug verflogen und ich habe mich wie in einer Art Trance gefühlt. Im Verlauf der Woche fühlte ich mich von Tag zu Tag schlechter und bin am Freitag sogar zu Hause geblieben, weil es einfach nicht mehr ging. Zwar hab ich an ein paar Termine aus dem Homeoffice teilgenommen, aber so richtig bei der Sache war ich nicht. Die letzte Nacht von Freitag auf Samstag war besonders schlimm: Ich hatte heftige Kopf- und Bauchschmerzen, bin ständig aufgewacht und musste mich sogar einmal übergeben.

Während ich im Bett liege, vibriert mein Handy auf dem Nachttisch. Ich greife danach und sehe, dass mich mein Handy an den Termin bei Thomas erinnern möchte. Und zwar an den heutigen. Verdammt, das hab ich völlig vergessen. Die ganze Woche hatte ich keine Zeit, an den Termin zu denken. Und ehrlich gesagt wollte ich es auch irgendwie verdrängen. Um ehrlich zu sein fühle ich mich viel zu krank, um heute zu ihm zu fahren. Also beschließe ich, ihn anzurufen, um unseren Termin abzusagen...

»Hey David, du Sportskanone, wie gehts, wie stehts?« Mit vollem Elan und guter Laune begrüßt mich Thomas, der vermutlich schon seit Stunden wach ist und schon seine erste Trainingseinheit für heute hinter sich hat.

»Hallo Thomas«, begrüße ich ihn mit kränklicher Stimme. »Ich glaube, ich kann heute nicht zu dir kommen. Ich bin krank, ich war die ganze Nacht wach und musste mich ständig übergeben.«

»Das verstehe ich. Aber weißt du, es könnte doch sein, dass du krank wurdest, um heute nicht kommen zu müssen.«

»Nein, ich hab die ganze Woche nicht an unseren Termin gedacht ...«, ich machte eine kurze Pause. »Erst mein Handy hat mich daran erinnert. ... Ich hab mich im Verlauf der Woche einfach zu sehr verausgabt und es ging mir von Tag zu Tag einfach immer schlechter.«

»Kennst du den Ansatz von Rüdiger Dahlke *Krankheit als Weg*?«, fragt mich Thomas, ohne wirklich auf das einzugehen, was ich ihm sage. Als würde er es einfach ignorieren.

»Nein, noch nie davon gehört.«

»Nun, es geht darum, dass unser Körper uns durch körperliche Symptome und Krankheiten eine Botschaft übermitteln möchte. Indem wir diese Botschaft verstehen und entschlüsseln, können wir auf eine tiefere Ebene unseres Seins gelangen und uns weiterentwickeln. Es hängt auch mit dem zusammen, was hinter der Philosophie von Alfred Adler steckt, nämlich dass wir alles tun, um ein bestimmtes Ziel zu erreichen. Also zum Beispiel krank werden, um nicht zu einem Termin zu müssen. Oder als Kind an der Kasse quengeln, um die Süßigkeiten zu bekommen. Und ich vermute, dass du dich vor unserem Termin heute drücken möchtest.«

Wieder gehen mir 1000 Gedanken durch den Kopf. Irgendwie macht es ja schon Sinn, was er da sagt, denke ich mir. Kann es sein, dass ich mich im Verlauf der Woche immer kränklicher gefühlt habe, weil ich insgeheim wollte, heute nicht zu Thomas zu müssen. Kann eigentlich nicht sein, weil ich den Termin ja nichtmehr im Kopf hatte. Aber vielleicht wollte ich mich einfach nur nicht mit meinen Themen auseinandersetzten? Ich hab mich ja auch nicht weiter mit den Fragen von Thomas beschäftigt, die er mir letzte Woche noch aufgetragen hat. Aber was ist, wenn ich Thomas anstecke? Das will ich ja auch nicht. Oder wenn ich keine Kraft für den Termin heute habe?

»Um ehrlich zu sein, kann ich das nicht glauben. Ich kann mir doch nicht aussuchen, ob ich krank werde und das dann zu meinem Vorteil nutzen. Vor allem, weil ich den Termin mit dir ja ursprünglich machen wollte.«

»Dann komm vorbei«, sagte Thomas energisch.

»Das geht nicht, ich bin krank und will dich nicht anstecken«, widersprach ich.

»Ich lass mich von deiner Angst doch nicht anstecken.«

»Das geht jetzt echt zu weit. Ich bin krank, ich hab keine Angst!«

»Ich bin davon überzeugt, dass du an einem wichtigen Punkt in deinem Leben stehst. Du kannst so weitermachen, wie bisher. Du kannst dich übers Wochenende auskurieren und am Montag wieder ins Büro gehen. Wird sich dann etwas ändern? Nein, ich denke nicht! Du kannst dir aber auch einen Ruck geben und zu mir fahren. Ich bin mir absolut sicher, dass du dich sofort gesünder fühlen wirst, sobald du dich überwindest und wir an den Ursachen deiner jetzigen Situation arbeiten. Lass uns nicht die Symptome behandeln! Lass uns gemeinsam etwas bewirken und schauen, wie wir dein Leben zu etwas größerem machen. Du hast viel mehr in dir, als du heute überhaupt für möglich hältst.«

Das saß und gab mir einen Ruck, also antworte ich ihm: »Danke für deine harten Worte. Ich war kurz davor, einfach aufzulegen und deine Nummer zu blockieren. Und doch hast du etwas in mir getroffen. Ich werde mich gleich fertigmachen und komm dann mit dem nächsten Zug zu dir.«

»Ok, das freut mich. Ich werde jetzt noch ein bisschen lesen. Komm einfach vorbei, ich warte auf dich.«

»Passt, dann bis gleich.«

Irgendwie fühle ich mich jetzt nach dem Telefonat auch schon besser. Als hätte sich ein Stöpsel gelöst, der schmutziges Abwasser aufgehalten hat und das jetzt abfließen kann. Nach dem Telefonat stehe ich auf, mache mir einen Kaffee und ein schönes Frühstück, diesmal ohne ein Massaker mit dem Pulver anzurichten. Nach einer heißen Dusche fahre wieder mit der S-Bahn zu Thomas. Das ungute Gefühl in meinem Magen bleibt, doch so krank wie noch heute Nacht und die letzten Tage fühle ich mich nicht mehr - zum Glück. Oder hatte Thomas letztens doch recht, als er meinte, so etwas wie Glück gibt es nicht ...

Zwischenspiel

Der menschliche Körper ist schon ein ziemlich faszinierender Organismus. Ein Zusammenspiel aus unzähligen Organen, Knochen, Muskeln und Zellen, das uns am Leben hält. Unser Körper ist in der Lage, sich zum großen Teil selbst zu regenerieren. Doch auch unser Geist und unsere Emotionen haben einen großen Einfluss auf unseren Körper. Stress, Angst und negative Gedanken können sich auf unsere körperliche Gesundheit auswirken und sogar zu Krankheiten führen. Deshalb ist es wichtig, sowohl auf unseren Körper als auch auf unsere geistige und emotionale Gesundheit zu achten und sie in Einklang zu bringen.

Warst Du schon einmal krank, weil Du auf etwas keine Lust oder vielleicht sogar Angst hattest? Krank, weil Du Dich vor etwas oder jemandem schützen wolltest?

____

____

____

Ein Kind, das gemobbt wird und nicht mehr zur Schule möchte, bekommt vielleicht Bauchschmerzen und wird öfter krank, um sich vor den Mitschüler:innen zu schützen. Oder die unzähligen Arbeitsunfähigkeiten, die durch schlechte Führung entstehen, durch falschen, unangebrachten Druck, durch schlechte Kommunikation oder durch mangelndem Einfühlungsvermögen. Oder einfach nur die »Männergrippe«, weil jemand abends zum Beispiel nicht ins Kino möchte.

Es kann natürlich sein, dass die Krankheit nur vorgeschoben und erfunden wird. Es kann aber auch sein, dass echte Krankheitssymptome auftreten. Darüber gibt es zahlreiche Studien und Experimente:

- Placebo-Effekt: In klinischen Studien zeigt sich oft, dass Patienten, die ein Placebo (eine wirkungslose Substanz) erhalten, ähnliche Verbesserungen ihrer Symptome erfahren wie diejenigen, die das tatsächliche Medikament erhalten. Dies liegt daran, dass ihre Erwartung einer Verbesserung allein ausreicht, um tatsächliche Veränderungen in ihrem Zustand herbeizuführen.
  In einer Studie zur Behandlung von Depressionen erhielt eine Gruppe von Patient:innen ein Antidepressivum, während eine andere Gruppe eine Zuckerpille erhielt. Die Studie ergab, dass beide Gruppen ähnliche Verbesserungen in ihren Symptomen

- Nocebo-Effekt: Im Gegensatz zum Placebo-Effekt führt der Nocebo-Effekt dazu, dass Menschen negative Nebenwirkungen oder Symptome erleben, wenn sie glauben, ein schädliches Medikament oder eine schädliche Behandlung erhalten zu haben, obwohl sie tatsächlich ein Placebo erhalten haben.
  In einer anderen Studie wurden die Teilnehmenden darüber informiert, dass sie Schlafmedikation bekommen, um tiefer schlafen zu können. Jedoch bekamen sie ein Aufputschmittel, welches erstaunlicherweise genau die gegenteilige, eben die von den Teilnehmenden erwartete Wirkung hatte.

- Hypnose: Unter Hypnose sind Menschen oft in der Lage, körperliche Empfindungen zu verändern oder sogar Schmerzen zu unterdrücken, indem sie ihren Geist darauf konzentrieren, Schmerzempfindungen zu blockieren oder eine andere Körperempfindung zu erzeugen.
  Es gibt Fallbeispiele, in denen hypnotisierten Menschen ein kalter Eisenstab an den Arm gehalten wird. Die Hypnose war jedoch so ausgelegt, dass der Eisenstab glühend heiß sei, und es entstanden Brandblasen an der Haut.

- Psychosomatische Symptome: Manchmal entwickeln Menschen körperliche Symptome, die keine organische Ursache haben, sondern auf psychologische Faktoren zurückzuführen sind. Diese Symptome können Schmerzen, Müdigkeit, Übelkeit oder sogar auch Lähmungen umfassen.
  Es gibt einige Fälle, in denen Menschen körperliche Symptome wie Bauchschmerzen oder Kopfschmerzen entwickeln, die nach umfangreichen medizinischen Tests keine organische Ursache haben, sondern auf Stress oder emotionale Belastungen zurückzuführen sind.

- Voodoo-Zauber und Flüche: In einigen Kulturen können Menschen körperliche Symptome entwickeln oder sogar sterben, wenn sie fest daran glauben und überzeugt sind, dass sie verflucht wurden oder unter dem Einfluss eines bösen Zaubers stehen.
  Ein bekanntes Phänomen ist das sogenannte Voodoo-Tod-Syndrom, bei dem Personen, insbesondere in Kulturen, die stark an Hexerei und Flüche glauben, ernsthafte gesundheitliche Probleme oder sogar den Tod erleiden, nachdem sie verflucht wurden. Dies ist wohl eines der extremeren Beispiele für die Kraft des Geistes über den Körper.

Dies sind einige Beispiele dafür, wie unser Glaube an etwas eine starke Wirkung auf unseren Körper haben kann.

DER SCHÖNSTE ZUSTAND DER WELT

Ich sitze im Zug und mache mir über den Austausch mit Thomas Gedanken. Wie wird es ablaufen? Kann er mir wirklich weiterhelfen? Wie konnte es nur so weit kommen, dass ich jetzt in dieser Situation bin? Während der Fahrt haben sich meine Symptome weiter verbessert, ich fühle mich fast schon wieder gesund. Obwohl ich nicht viel geschlafen habe, fühle ich mich doch relativ wach. Vermutlich gibt mir die Aufregung genügend Energie, oder der Kaffee. Ich beobachte die anderen Fahrgäste und frage mich, wohin die heute alle fahren. Eine junge Familie sitzt mir gegenüber, die Kinder spielen ruhig. Sie sind völlig vertieft und bekommen von der Zugfahrt und ihrer Umgebung nichts mit. Wie schön das doch als Kind war, ohne den ganzen Sorgen und Problemen des Alltags. Wahrscheinlich fahren sie zu einem Ausflug aufs Land.

Ich muss dabei an einen Ausflug denken, den ich mit meiner Exfreundin Lena gemacht habe. Wir sind damals in die Berge gefahren und wollten eine mehrtägige Bergtour machen. Das Wetter war nur nicht so schön, wie es vorhergesagt war, also blieben wir im Tal und haben die Tage in einem Wellnesshotel verbracht. Ich wollte zwar viel lieber die Tour machen, aber ihr war das mit dem Wetter zu unsicher.

Die Ansage holt mich wieder aus meiner Gedankenwelt zurück. In der nächsten Haltestelle muss ich raus und mein Magen beginnt wieder, sich zu verkrampfen. Während ich noch überlege, ob ich mit dem nächsten Zug zurückfahren und ob ich Thomas dann doch noch absagen soll, sehe ich ihn schon am Bahnsteig. Hochgewachsen steht er da, wie eine Erscheinung hebt er sich deutlich von den anderen an der Plattform ab. Er hat mich nicht gesehen, ich könnte also einfach weiterfahren. Doch irgendwas in mir lässt mich dann doch aussteigen. Ich winke Thomas zu, als er in meine Richtung schaut.

»Hey David, schön dich zu sehen. Du siehst ziemlich müde aus«, sagt er zu mir, als er zu mir gekommen ist.

»Hallo Thomas. Ja, ich hab ziemlich schlecht geschlafen.«

»Ja, das sieht man. Komm, lass uns zu mir ins Büro gehen.«

Wir gehen also zu ihm und unterhalten uns darüber, wie die Fahrt und meine letzte Woche so waren. Bei ihm angekommen, bietet er mir wieder einen grünen Tee an. Nachdem er mir meinen Tee gegeben hat, gehen wir gemeinsam in sein Arbeitszimmer. Das Büro liegt im ersten Stock seines Anwesens und ist geräumig, lichtdurchflutet und komfortabel eingerichtet.

Das erste, das mir den Atem raubt, ist das raumhohe Panoramafenster, das sich über zwei Wände erstreckt und einen herrlichen Blick zu seinem Garten und dem angrenzenden Wald bietet. Ich bewundere für einige Zeit den Ausblick. Der Springbrunnen seines Teichs plätschert vor sich hin und verwirbelt die Wasseroberfläche, durch die einige Fische zu sehen sind. Ich beobachte, wie sie sich im Wasser bewegen, voll in ihrem Element und unbeirrt von den Ereignissen auf dieser Welt.

In mir stellt sich ein sehr angenehmes Gefühl ein. Als ob hier alles in Ordnung wäre, als ob die Welt hier ein schönerer Ort ist. Irgendwie fühle ich mich hier lebendiger, wenn ich einfach nur hier stehe und auf diesen wunderschönen Garten schaue.

Mein Blick wandert wieder ins Zimmer. Vor der einen Fensterfront steht sein großer und aufgeräumter Schreibtisch, der viel Platz fürs Arbeiten bietet, mit einem beeindruckenden Monitor, so einem, der richtig breit und gekurvt ist.

Vor der anderen Wand lädt eine Wohnlandschaft zum Verweilen ein, am besten mit einem der unzähligen Bücher der Bibliothek, die sich über die komplette Rückwand des Büros erstreckt. Die vierte Wand zeichnet sich durch ihre Schlichtheit aus. Ein einziges rahmenloses Gemälde, schlicht in Form und Farbe, zeigt eine Abenddämmerung am See an einem nebligen Herbsttag, graublau und verträumt.

Mitten im Raum steht ein freistehender Fernseher auf einem Gestell. Auf den zweiten Blick fällt mir auf, dass es sich nicht um einen gewöhnlichen Fernseher handelt. Thomas beobachtet mich, während ich sein Arbeitszimmer erkunde. Kurz bevor ich den Fernseher anfasse, durchbricht er die Stille.

»Kannst du dich an einen Moment in deinem Leben erinnern, in dem du völlig im Hier und Jetzt versunken warst und in dem Zeit und Raum keine Bedeutung mehr hatten? War es vielleicht ein Moment, in dem das Wetter und andere äußere Umstände keinerlei Rolle spielten und du alles um dich herum vergessen und ignorieren konntest? Hast du in diesem Moment weder Hunger noch Durst wahrgenommen? War es ein Moment, in dem du grundlegende menschliche Bedürfnisse, wie den Gang zur Toilette oder Schlaf, so lange hinausgezögert hast, bis es wirklich nicht mehr anders ging? Kannst du dich daran erinnern, wie es sich angefühlt hat, vollkommen in dieser Erfahrung vertieft zu sein und wie du mit deinen Fähigkeiten und Talenten absolut im Einklang mit den Anforderungen der aktuellen Situation warst?«

Wow, was für ein Einstieg. Bis vor wenigen Minuten war ich noch ziemlich in meiner Müdigkeit gefangen. Doch diese Fragen weckten meine Erinnerung an eine Zeit, als ich noch nicht die vielen Probleme hatte und tatsächlich sehr viel mehr Freude an meiner Arbeit hatte. Also antworte ich Thomas:

»Ja, natürlich kann ich mich an so eine Situation erinnern. Das war wirklich ein geniales Gefühl. Nur leider hab ich das seit Ewigkeiten nicht mehr gefühlt. Ich hatte sogar für eine sehr lange Zeit vergessen, dass es so etwas überhaupt gibt.«

»Wie wäre es, wenn wir in den nächsten Stunden gemeinsam daran arbeiten, einen Weg zu finden, um dieses Gefühl wieder in deinen Alltag zu integrieren und so weit wie möglich im Flow zu leben?«, fragt mich mit Thomas.

»Das klingt großartig, Thomas! Wenn wir das wirklich erreichen könnten, würde es mein Leben definitiv positiv verändern. Ich bin echt gespannt darauf, wie ich das wieder häufiger erleben kann. Aber ich kann mir nicht vorstellen, wie das gehen soll.«

»Ich kann gut verstehen, dass du es dir heute noch nicht vorstellen kannst, öfter im Flow zu sein. Das wäre, also müsstest du dir jetzt vorstellen, einen 100 Kilometer-Wettkampf zu laufen. Vermutlich würde dich schon allein die Vorstellung daran überfordern. Wenn du es aber langsam angehst und durch Training nach und nach kleine Fortschritte machst, dann wird es mit der Zeit immer realistischer, oder?«

»Ja, vermutlich«, antworte ich. »Mit meinem jetzigen Gewicht würde ich nicht einmal einen fünf Kilometerlauf überstehen.«

»Damit du also häufiger im Flow sein kannst, ist es zunächst wichtig, so viel wie möglich über Flow zu lernen, so viel wie möglich zu üben und dein Handeln immer wieder zu optimieren. Ich habe in den letzten Jahren einige wichtige Prinzipien kennengelernt, zum Beispiel dass ich das studiere und zu verstehen versuche, was ich erreichen möchte. Wenn du zum Beispiel ein großartiger Pianist werden möchtest, dann ist es einerseits natürlich wichtig, Klavier spielen zu können.«

Thomas macht eine kurze Pause, um zu sehen, ob ich ihm noch folgen kann. Ich nicke leicht und er fährt mit seiner Erklärung fort.

»Du wirst vermutlich täglich üben, um deine eigenen Fähigkeiten zu verbessern. Die besten Ergebnisse wirst du erzielen, wenn du für dich selbst jeden Tag besser werden willst, wenn du dein Ziel immer im Auge behältst und das Klavierspielen voll und ganz genießt, die Zeit vergisst und absolut mit dem Instrument verschmilzt. Andererseits ist es auch essenziell, alles über sein Instrument zu lernen. Du wirst dich mit anderen Pianist:innen und anderen Musiker:innen vernetzen, Zeitschiften über das Thema lesen, Newsletter abonnieren und dir die besten Lehrer:innen und Coaches suchen, um das Thema vollumfänglich zu durchdringen.«

»Das macht natürlich Sinn«, überlege ich laut.

»Also lass uns mit den Basics beginnen. Wie würdest du denn den Zustand von Flow definieren?«, fragt mich Thomas.

»Bei der Fahrt heute zu dir habe ich zum Beispiel Kinder beim Spielen beobachtet. Die waren voll vertieft in ihrer Tätigkeit und haben nichts anderes mitbekommen. Die waren glaube ich im Flow. Es ist für mich dieser besondere Moment, in dem ich völlig in einer Tätigkeit aufgehe und mich dabei vollkommen konzentriert und fokussiert fühle. Es ist, als würde die Zeit stillstehen oder wie im Flug vergehen. Im Flow vergesse ich meine Sorgen und bin einfach nur im Hier und Jetzt. Mir ist bewusst, dass ich etwas tue, das ich gut kann und ich spüre, dass mir das auch noch Spaß macht. «

»Schön. Ja, Kinder sind oft in diesem Zustand, wo sie voll in einer Sache aufgehen. Lass mir dir noch eine kürzere Definition geben«, sagte Thomas. »Flow ist der Zustand optimaler Leistungsfähigkeit und Konzentration, in dem wir ganz im Hier und Jetzt sind, unsere Fähigkeiten optimal nutzen und eins mit unserem Denken und Handeln sind.«

»Klingt ziemlich genial! Wie kann ich denn öfter in den Flow kommen?«

Zwischenspiel

Flow ist der Zustand optimaler Leistungsfähigkeit und Konzentration, in dem wir ganz im Hier und Jetzt sind, unsere Fähigkeiten optimal nutzen und eins mit unserem Denken und Handeln sind.

Erinnere Dich zurück an eine Zeit, in der Du völlig im Flow versunken warst, und weder Zeit noch Raum irgendeine Bedeutung hatten. Eine Zeit, in der Du Dich völlig auf das konzentrieren konntest, was Du gerade getan hast, ohne von äußeren Umständen oder anderen Menschen abgelenkt zu werden. Du warst vollkommen in der Aktivität vertieft, die Du ausgeführt hast, und du hattest ein tiefes Gefühl der Zufriedenheit und des Einklangs mit Dir selbst und Deinem Tun.

Mach Dir ein paar Notizen über die Situation, in der Du schon einmal im Flow warst.

Wie definierst Du Flow für Dich?

»Ja, das ist es auch. Ich hab in den letzten Jahren viel darüber gelernt, weil ich wissen wollte, was diesen Zustand so besonders macht und wie ich ihn für mich nutzen kann. Ich bin dabei auf eine interessante Idee gestoßen. Aus Japan gibt es dafür ein schönes Konzept namens Ikigai, schon einmal gehört?«

»Ikigai? Nein, davon hab ich noch nichts gehört. Worum geht es da?«

»Ikigai ist ein japanisches Konzept, das sich auf die Suche nach dem Sinn und Zweck des Lebens bezieht. Es geht darum, herauszufinden, was dich wirklich erfüllt und begeistert. Ikigai setzt sich aus vier Hauptelementen zusammen: Leidenschaft, Berufung, Beruf und Vision. Wenn du diese vier Aspekte in Einklang bringst, bist du in deinem Ikigai, also dort, wo du morgens motiviert aufstehst und sogar durch die Tätigkeit Energie für den Tag bekommst. Es hilft dir, ein erfülltes und glückliches Leben zu führen und den Flow-Zustand häufiger zu erreichen, indem du deine Tätigkeiten mit Sinn, Freude und Leidenschaft ausführst.«

»Das klingt irgendwie nach einem spannenden Konzept, erzähl mir mehr«, sage ich zu Thomas.

»Im Grunde geht es darum, eine Antwort auf diese vier Fragen zu finden. Erstens, worin bist du besonders gut? Zweitens, was machst du besonders gerne? Drittens, womit lässt sich Geld verdienen? Und Viertens, was braucht die Welt?«

Während Thomas mir die vier Fragen vorstellt, zählt er mit seinen Fingern mit.

Nach der Idee von Ikigai ist die eine Antwort, also die Schnittmenge dieser vier Fragen, das Zentrum für Erfolg und Erfüllung. Bei dieser Tätigkeit bist du automatisch im Flow. Lass mich das kurz hier auf mein digitales Whiteboard malen.«

Thomas schaltet den Fernseher an und es erscheint eine weiße Fläche. Er beginnt, mit seinen Fingern auf der Oberfläche zu klicken und zu zeichnen. Nach kurzer Zeit hat er seine Grafik fertig.

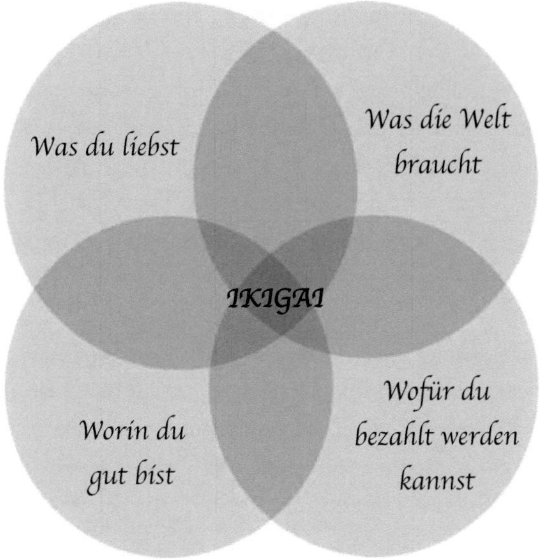

»Das klingt sehr spannend, und sieht auch interessant aus. Aber gibt es nicht auch Tätigkeiten, bei denen ich im Flow bin, die aber nicht in diese Kategorien passen?«

»Ja, das stimmt, David. Zum Beispiel kannst du deine Hobbies voll im Flow machen, ohne dass du dafür bezahlt wirst, oder dir ist es in dem Moment egal ist, ob es die Welt braucht oder nicht. Du gehst einfach voll in deinem Hobby auf.« Thomas macht eine ausladende Geste, als er *die Welt* sagt.

»Das ist meiner Meinung nach auch der interessante Teil von Ikigai. Es geht nämlich nicht zwingend darum, eine perfekte Übereinstimmung in allen vier Bereichen zu erzielen. Es geht eher darum, sich der verschiedenen Elemente bewusst zu sein, die zu einem erfüllten Leben beitragen und zu erkennen, dass es vielleicht in dem einen oder anderen Bereich mehr Balance oder Weiterentwicklung benötigt. Ikigai ist kein Endziel, sondern sollte eher als ein Prozess, eine Reise der Selbstentdeckung und Selbstverbesserung angesehen werden.«

Thomas fährt fort und erklärt: »Wenn du etwas tust, das du liebst und worin du wirklich richtig gut bist, aber noch nicht dafür bezahlt wirst, könntest du dies als deine Leidenschaft betrachten. Wenn du dich voll und ganz darauf kontentierst und dich in dem Bereich selbstständig machst oder ein Unternehmen gründest, kann es sein, dass du über kurz oder lang Wege findest, wie du damit bezahlt werden kannst. Der Punkt ist, dass es viele verschiedene Möglichkeiten gibt, den Zustand von Flow zu erreichen, und dass es viele verschiedene Arten von Tätigkeiten gibt, die dich erfüllen können. Ikigai ist dabei nur ein Modell, um eine erste Richtung zu ermöglichen.«

Zwischenspiel

Nutze die Zeit und finde Dein Ikigai. Gibt es etwas in Deinem Leben, mit dem Du die vier Fragen von Ikigai beantworten könntest?

Worin bist Du besonders gut:

Was machst Du besonders gerne:

Wofür Du bezahlt wirst bzw. werden kannst:

Was braucht die Welt davon:

ÜBER- UND UNTERFORDERUNG

Thomas fragt mich, ob ich noch Fragen zum Thema Ikigai habe. Da ich soweit alles verstanden habe, fährt er fort: »Ikigai ist also nur eine Möglichkeit, um den Zustand des Flows zu kommen. Ich will dir jetzt aber noch etwas mehr darüber erzählen. Vielleicht kennst du das ursprüngliche Flow-Modell von Mihály Csíkszentmihályi (kann so ausgesprochen werden: *Chick-sent-me-high-ee)*. Dort wurden die zwei Dimensionen Kompetenz und Herausforderung im Modell betrachtet.«

»Von dem hab ich schon einmal was gehört. Wenn unsere Kompetenz zur aktuellen Herausforderung passt, dann sind wir im Flow. Wenn hingegen unsere Kompetenz für die Herausforderung nicht ausreicht, dann sind wir überfordert. Und bei zu viel Kompetenz fühlen wir uns unterfordert, richtig?«

»So ist es«, bestätigt Thomas. »Auch dieses Modell stößt meiner Meinung nach schnell an seine Grenzen. Vielleicht kennst du das ja, an einem Tag gehst du in einer Tätigkeit voll auf. An nächsten fällt es dir völlig schwer, überhaupt reinzukommen. Weder an deiner grundsätzlichen Kompetenz noch an der Herausforderung hat sich etwas geändert.«

»Oh ja, das kenne ich. Vor allem letzteres.«

Thomas musste lachen. »Ich glaube, das ist bei uns allen so. Manchmal können wir eben unsere Ressourcen abrufen, manchmal fällt es uns schwerer. Dennoch ist das Modell von Csíkszentmihályi für eine grundlegende Betrachtung sehr hilfreich. Es beschreibt zum Beispiel sehr einfach Unter- bzw. Überforderung.«

»Wir sind dann überfordert, wenn die Herausforderung für unsere derzeitige Kompetent zu groß ist«, erkläre ich. »Und unterfordert, wenn die Herausforderung für unsere Kompetenz zu niedrig ist. Das macht auf alle Fälle Sinn.«

Ich probiere mich am Whiteboard aus und male es so auf, wie ich das Konzept im Kopf sehe.

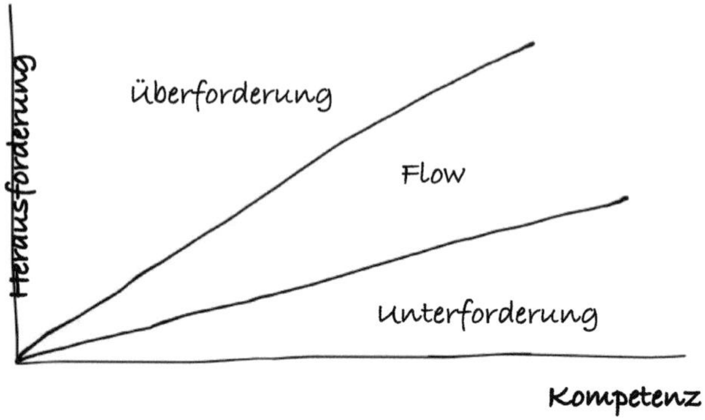

»Ja, so ist es«, antwortet Thomas. »Kannst du auch erkennen, welche Möglichkeiten sich daraus ergeben, um aus der Über- oder Unterforderung in den Flow zu kommen?«

»Nach dem Modell ist es eigentlich recht einfach, um aus der Überforderung in Flow zu kommen. Ich kann entweder an meinen Kompetenzen arbeiten und diese an die Herausforderung anpassen«, überlege ich laut. »Oder ich senke die Herausforderung. Und um aus der Unterforderung in den Flow zu kommen, brauche ich einfach eine etwas größere Herausforderung. Oder ich betrinke mich, sodass ich nicht mehr Herr meiner Sinne bin und meine Kompetenz sinkt«, sage ich lachend und mit einer Prise Sarkasmus. »Vermutlich fühlt sich deshalb ein Rausch so gut an.«

»Ich trinke schon ewig keinen Alkohol mehr. Aber ich kann verstehen, was du sagen willst. Das ist aber auch etwas, das ich an diesem Konzept so schade finde. Es vereinfacht die Realität viel zu stark, es eröffnet die Möglichkeit, dass wir unsere Herausforderungen senken sollen, um aus der Überforderung rauszukommen.

Sobald wir nämlich aufhören, unsere Herausforderungen anzugehen, verfallen wir in eine abwärts-gerichtete Teufelsspirale. Sobald wir lernen, so mit unserer Überforderung umzugehen, wenn also etwas auch nur ein bisschen schwerer wird und wir unsere Ansprüche senken und uns zurückziehen, sind wir um Untergang geweiht. Wie bei einem Muskel, der nur durch regelmäßige Belastung und

Entlastung wächst, so brauchen auch wir immer wieder neue und größere Herausforderungen. Soweit ich das Konzept verstehe, wird das jedoch in diesem Modell nicht betrachtet, bzw. ist nicht sofort ersichtlich«, sagt Thomas.

»Ok, kann ich verstehen. Was ich beim näheren Betrachten übrigens auch interessant finde, ist die Frage, was ich zuerst verändern soll, um mich weiterzuentwickeln. Ich kann nämlich zuerst die Herausforderung steigern, und dann versuchen, mit meiner Kompetenz hinterherzukommen. Oder eben zuerst Neues lernen, um mich danach der größeren Herausforderung zu stellen. Bei der einen Vorgehensweise komme ich immer wieder in die Überforderung, bei der anderen in die Unterforderung.«

»Stimmt, so hab ich das selbst noch gar nicht gesehen«, antwortet Thomas. Fühlt sich gut an, wenn Thomas durch mich noch etwas lernen kann. »Ich weiß ja nicht, wie es bei dir ist, David. Aber ich springe lieber ins kalte Wasser und lerne dann schwimmen, als vorher bereits alle möglichen Eventualitäten überdacht und abgesichert zu haben. Ich will einfach vermeiden, dass ich etwas lerne und dann später gar nicht benötige. Versteh mich nicht falsch, ich lerne gerne und viel. Aber ich schau trotzdem, dass das, was ich lerne, von hoher Qualität ist und mich langfristig auch weiterbringt.«

»Du meintest also, dass das Modell genauso wie Ikigai seine Grenzen hat?«, frage ich Thomas.

»Ja, so ist es. Daher nutze ich für mich ein umfangreicheres Modell, das ich einmal bei einem Seminar kennengelernt habe und das meiner Meinung nach stimmiger und vollständiger ist«, sagt Thomas und malt das Modell auf eine neue Seite des digitalen Whiteboards.

Im Grunde benötigst du neben einer Herausforderung und Kompetenz noch sehr viel mehr, um in den Flow zu kommen«, sagt Thomas, während er das Modell aufmalt. »Auch dein aktuelles Befinden, deine Bedürfnisse und deine Ressourcen müssen passen.«

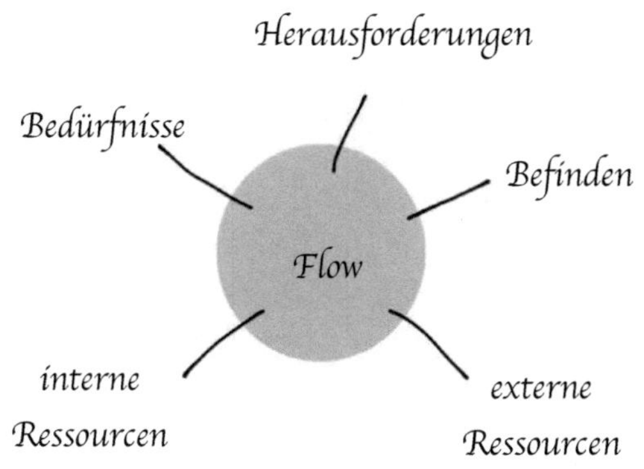

Thomas stellt mir das Modell weiter vor: »Es muss dir in dem Moment, in dem du im Flow sein möchtest vom Befinden her gut gehen, du benötigst bestimmte Ressourcen sowohl intern als auch extern und die Tätigkeit muss deine Bedürfnisse erfüllen.«

»Mit äußeren Ressourcen sind vermutlich sowas wie Zeit, Geld, Materialien und vielleicht auch andere Menschen gemeint, oder? Wie dein aufgeräumter Schreibtisch mit dem coolen Monitor. Da lässt es sich garantiert viel leichter arbeiten als in meinem Saustall mit meinem viel zu kleinen Bildschirm bei mir zu Hause oder im Büro«, mutmaßte ich.

Thomas erklärt: »Genau, die äußeren Ressourcen sind all die Dinge, die dir in der äußeren Welt zur Verfügung stehen. Und unter den inneren Ressourcen verstehe ich all die Fähigkeiten, Kenntnisse, Kompetenzen, Stärken, Schwächen und persönlichen Eigenschaften, die dir dabei helfen können, deine Ziele zu erreichen. Dazu gehören zum Beispiel auch dein Selbstbewusstsein, dein Wissen sowie deine Disziplin, Kreativität und Erfahrungen. Deine inneren Ressourcen sind also die inneren Werkzeuge, die dir dabei helfen, Herausforderungen zu bewältigen und deine Fähigkeiten optimal einzusetzen. Es gibt unglaublich viele innere Ressourcen, die du anzapfen kannst wie auch deine Glaubenssätze, deine Intelligenz, dein Durchhaltevermögen.«

»Ok, verstehe«, unterbreche ich Thomas. »Herausforderung versteht sich ja von selbst, das ist vermutlich identisch zum ursprünglichen Modell. Ohne einer Aufgabe oder einem Ziel ist Flow nicht möglich. Und Befinden ist meine aktuelle Stimmung, also ob ich mich gut oder schlecht fühle, ob ich krank oder gesund bin, energiegeladen oder ausgelaugt. Was genau meinst du mit Bedürfnissen?

»Bevor ich näher auf die Bedürfnisse eingehe, will ich noch kurz auf die Herausforderung eingehen. Das ist ja oft so eine Umschreibung für ein Problem. Und genau darum geht es, dass wir eben dann im Flow sind, wenn wir ein Problem haben, dass wir lösen können und das wir lösen wollen. Und das Schöne dabei ist, es kann auch gerne ein Problem sein, dass wir uns selbst auferlegt haben. Dann wird es nämlich als Ziel bezeichnet«, sagt Thomas mit einem Lächeln. »Und das Thema Ziele werden wir uns heute noch genauer anschauen. Vor allem geht es darum, niemals die Herausforderung zu reduzieren, sondern sich persönlich so weiterzuentwickeln, damit du die Herausforderung bzw. das Ziel oder das Problem auch meistern kannst. Deshalb heißt das Modell übrigens Grow to Flow. Genial, oder? Jetzt aber zu den Bedürfnissen.«

Ich stimme Thomas nickend zu und wiederhole: »Dass Ziele Probleme sein sollen, die wir uns selbst stecken, hab ich noch nie gehört. Aber klingt irgendwie nach einem interessanten Ansatz. Darüber möchte ich mehr erfahren«, sage ich.

»Sowohl Probleme als auch Ziele erfordern Lösungsstrategien und Ressourcen, um sie zu bewältigen oder zu erreichen. Beide können Motivation und Antrieb bieten, um Veränderungen und Verbesserungen voranzutreiben. Wir werden uns heute noch den ganzen Tag damit beschäftigen«, antwortet Thomas mit einem energiegeladenen Lächeln.

Nach einer kurzen Pause fährt Thomas fort. »Gut, also zu den Bedürfnissen. Die Psychologin Cloé Madanes hat sechs grundlegende menschliche Bedürfnisse identifiziert. Sie ist der Ansicht, dass diese Bedürfnisse universell und die treibenden Kräfte hinter all unseren Handlungen, Entscheidungen und Verhaltensweisen sind. Die sechs Bedürfnisse sind: Sicherheit, Abwechslung, Bedeutsamkeit, Verbundenheit, Wachstum und Beitrag.«

Ich höre gespannt zu. »Kannst du mir bitte etwas mehr über jedes dieser Bedürfnisse erzählen?«, fragte ich neugierig.

»Natürlich«, antwortet Thomas. »Das erste Bedürfnis ist das Bedürfnis nach Sicherheit. Jeder Mensch hat ein grundlegendes Bedürfnis nach Stabilität, Schutz und Sicherheit in den verschiedenen Lebensbereichen wie Gesundheit, Beziehungen, Finanzen und so weiter. Zu denen kommen wir später noch. Und um in den Flow zu kommen und vor allem, dort zu bleiben, ist es wichtig, dass wir uns sicher fühlen. Was passiert aber, wenn wir uns zu sicher fühlen? Wenn wir heute schon wissen, was morgen passiert? Wenn wir jeden Schritt vorhersagen können?«

»Dann wird uns langweilig«, antworte ich.

»So ist es. Und damit es uns nicht langweilig wird, haben wir neben Sicherheit auch noch das Bedürfnis nach Abwechslung. Während wir alle bis zu einem gewissen Grad Stabilität und Sicherheit benötigen, brauchen wir ebenso die Abwechslung, also Unsicherheit, Veränderung, Neues und eben Herausforderungen, um uns lebendig und erfüllt zu fühlen. Die Würze in unserem Alltag sozusagen.

Diese beiden Bedürfnisse Sicherheit und Abwechslung sind übrigens nie wirklich in Balance. Eines von beiden ist meistens stärker ausgeprägt und sie pendeln ständig hin und her. Mal fühlen wir uns eher sicher, dann wieder eher unsicher. Und für Flow brauchen wir eben auch Spannung, Ungewissheit, eben Abwechslung. Beide Pole sind wichtig für Flow.«

»Das macht absolut Sinn. Ich würde mir zurzeit mehr Sicherheit und Ruhe wünschen«, sage ich zu Thomas. »Früher hab ich mich nach mehr Abwechslung gesehnt und mich dann selbstständig gemacht. Jetzt fühle ich mich fast schon erschlagen von der ständigen Unruhe, den ständigen Unterbrechungen und Ablenkungen.«

»Deswegen sind wir ja heute hier«, antwortet Thomas. »Das dritte Bedürfnis ist das Bedürfnis nach Anerkennung. Jeder Mensch möchte sich wichtig, wertvoll, gesehen und anerkannt fühlen. Wir wollen einzigartig sein, und manchmal zumindest am liebsten im Mittelpunkt stehen. Solange wir durch eine Tätigkeit neben Sicherheit und Unsicherheit auch noch Anerkennung bekommen, steigt die Wahrscheinlichkeit, in den Flow zu kommen. Jedoch nur bis zu einem gewissen Punkt. Du kennst mit Sicherheit die tragischen Geschichten von den vielen Rockstars, die scheinbar alles haben und dann doch unglücklich sind, sich einsam und alleine fühlen, sich mit Drogen vollpumpen und sich irgendwann umbringen, weil sie keinen anderen Ausweg mehr sehen.«

»Natürlich fallen mir einige Rockstars ein. Hat das etwa etwas mit den Bedürfnissen zu tun?«, frage ich Thomas.

»Ja, in der Tat. Diese Rockstars haben extrem viel Sicherheit, Abwechslung und Anerkennung. In diesen Fällen ist dann in der Regel das vierte Bedürfnis verletzt, und zwar das Bedürfnis nach Liebe und Verbundenheit. Wir alle haben das Bedürfnis, geliebt zu werden und uns mit anderen Menschen verbunden zu fühlen. Babys sterben sogar, wenn sie in den ersten Wochen und Monaten keine Zuneigung bekommen[6].

---

[6] Es gibt Forschungsergebnisse, die zeigen, dass Säuglinge und Kleinkinder, die keine Zuneigung, Fürsorge oder emotionale Bindung erfahren, schwerwiegende körperliche und emotionale Folgen erleiden können, die in extremen Fällen sogar zum Tod führen können., siehe zum Beispiel: Nelson, C. A., Fox, N. A., & Zeanah, C. H. (2014). Romanias Abandoned Children: Deprivation, Brain Development, and the Struggle for Recovery. Harvard University Press.

Im Grunde ist es wie bei Sicherheit und Unsicherheit. Bei Anerkennung und Verbundenheit pendelt es ebenfalls immer hin und her. Wir können nicht gleichzeitig Teil einer Gruppe sein und aus der Gruppe hervorstechen und einzigartig sein. Für einen perfekten Flow-Zustand ist neben Anerkennung auch das Gefühl der Verbundenheit zu anderen sehr wichtig.«

»Das macht auf alle Fälle Sinn. In meiner Firma fühle ich mich auch immer mehr alleingelassen und ich hab das Gefühl, dass mich meine Mitarbeiter nicht verstehen oder nicht verstehen wollen. Das mit den Bedürfnissen klingt bis dahin schon ziemlich logisch. Was sind die letzten beiden?«

»Das fünfte Bedürfnis ist Wachstum. Um ein erfülltes Leben zu führen, müssen wir uns ständig weiterentwickeln, lernen und wachsen. Alles auf dieser Welt wächst oder stirbt. Es ist also extrem wichtig, dass wir immer wieder neues lernen, Fehler machen und über uns hinauswachsen. Hier gibt es übrigens eine weitere Überschneidung mit der Herausforderung aus dem Flow-Modell, an der wir wachsen und uns entwickeln, um regelmäßig das Gefühl von Flow zu spüren.«

»Ich verstehe, auch hier sehe ich in den letzten Monaten ein starkes Defizit. Ich hab eher das Gefühl, dass ich stagniere und mich immer weiter zurückentwickle, egal wie viel ich strample und mache. Das sehe ich ja schon allein an den Umsatz- und Gewinnzahlen. Schön langsam verstehe ich, wieso ich schon so lang nicht mehr im Flow war.«

»Lass uns einfach noch das sechste Bedürfnis anschauen, dann fügt sich alles zusammen. Wir Menschen wollen und müssen einen Beitrag leisten. Jeder Mensch hat es tief in sich verankert, einen positiven Einfluss auf andere Menschen und die Welt im Allgemeinen zu haben. Je mehr dieses Bedürfnis durch eine Tätigkeit ausgefüllt wird, desto leichter fällt es uns, im Flow zu sein.«

»Wow«, sagte ich. »Das ist wirklich ein beeindruckendes Konzept. Vor allem der letzte Punkt. Ich weiß einfach nicht mehr, wozu ich das Ganze mache.« Ich war fasziniert von der Klarheit und Einfachheit der sechs Bedürfnisse und konnte sofort sehen, wie sie in meinem eigenen Leben und in dem der Menschen um mich herum zum Tragen kommen. »Danke, Thomas«, sage ich. »Das gibt mir wirklich viel zum Nachdenken. Vor allem im Zusammenhang im Flow-Modell hört es sich absolut stimmig an. Ich glaube, ich brauche kurz eine Pause, um mir darüber Gedanken zu machen.«

»Passt, können wir machen. Jetzt wissen wir also, wie du in den Flow kommen kannst. Ich finde es extrem wichtig, dass wir diesen Zustand so häufig wie möglich herbeiführen und ihn für uns nutzen. Und deshalb ist es umso wichtiger, Herausforderungen zu haben, bei denen es sich auch lohnt, sie im Flow zu meistern. Und darum werden wir uns nach der Pause kümmern. Bevor wir jetzt aber gleich eine Pause machen, hab ich noch eine Frage an dich. Hast du eigentlich ein Notizheft zum Mitschreiben?«

»Nein, ich bin ja gleich nach unserem Telefonat in die nächste S-Bahn gestiegen. Ich hab nichts mitgenommen«, antworte ich.

Thomas geht zu seinem Bücherregal, holt ein großes schwarzes Buch und gibt es mir.

»Seit Jahren mache ich mir jeden Tag Notizen, schreibe meine Gedanken, Erfolge und Ideen auf, plane meine Ziele und nutze solche Notizbücher, um mein Leben zu organisieren. Hier hast du ein leeres, dass du beschreiben kannst.«

»Vielen Dank, kann ich da auch deine Gedanken zu den Themen reinschreiben, die wir heute schon alle durchgegangen sind?«

»Natürlich, es ist extrem hilfreich, das Gehörte aufzuschreiben. Denn so verfestigt es sich noch besser in dein Gedächtnis. Wenn du etwas nur hörst, hast du laut der sogenannten Lernpyramide eine Lerneffektivität von gerade einmal 20 Prozent. Wenn du es dir aufschreibst, dann steigt es auf ungefähr 70 bis 75 Prozent. Also mach dir so viele Notizen wie nur irgend möglich«, erklärt Thomas und verlässt den Raum.

Zwischenspiel

Du hat Dir bereits Gedanken gemacht, wann Du schon einmal im Flow warst. Gehe jetzt wieder zurück und tauche wieder in das Gefühl ein.

Wie war es damals, als Du völlig im Flow warst?

Was war damals Deine Herausforderung? Woran hast Du gearbeitet?

Welche äußeren Ressourcen standen Dir zur Verfügung?

Welche inneren Ressourcen standen Dir zur Verfügung?

Wie war Dein allgemeines Befinden während der Tätigkeit?

Inwieweit waren die sechs Bedürfnisse erfüllt?

Bedürfnis nach Sicherheit:

Bedürfnis nach Abwechslung:

Bedürfnis nach Bedeutsamkeit:

Bedürfnis nach Verbundenheit:

Bedürfnis nach Wachstum:

Bedürfnis nach Beitrag:

WAS IST EIN ZUSTAND?

Nach der Pause fragt mich Thomas: »Sind in der Pause noch Fragen aufgekommen?«

»Ja, in der Tat. Du sprichst im Zusammenhang mit Flow immer von einem Zustand. Was genau verstehst du darunter?«

»Das ist eine extrem gute Frage! Es ist sehr wichtig, dass wir uns darüber unterhalten«, antwortet Thomas. »Mit *›Zustand‹* beziehe ich mich auf ein Modell aus dem Neurolinguistischen Programmieren, kurz NLP, in dem von *›State‹* gesprochen wird. Der State wird von verschiedenen Faktoren beeinflusst, wie zum Beispiel, wie wir mit uns selbst und anderen sprechen, unserer Körperhaltung und das, worauf wir uns fokussieren. Der Begriff ›Zustand‹ ist also eine Ebene höher als ›Flow‹ und bezieht sich auf die momentane emotionale und mentale Verfassung. Es gibt viele verschiedene Zustände, und einer davon ist eben Flow. Die Art und Weise, wie wir die drei Komponenten Körper, Sprache und Fokus nutzen, hat einen großen Einfluss auf unser Wohlbefinden und unsere Leistungsfähigkeit.«

»Moment«, antworte ich. »Was ist mit dem Fokus? Ist das nicht ein anderes Wort für Flow? Beißt sich da nicht die

Katze in den berühmten Schwanz? Das verwirrt mich jetzt.«

Thomas lächelt und antwortet: »Ich verstehe, dass das verwirrend sein kann. Lass mich das klarstellen: Fokus und Flow sind eng miteinander verbunden, aber sie sind nicht dasselbe. Fokus bezieht sich auf das, worauf du deine aktuelle Aufmerksamkeit richtest, während Flow eben der Zustand ist, in dem du völlig in einer Aktivität aufgehst und ein Gefühl von Energie, Freude und müheloser Aufmerksamkeit erlebst.«

Ich nicke zustimmend und höre weiter aufmerksam zu.

»Fokus ist eine der Komponenten, die dir dabei helfen können, in den Flow-Zustand zu gelangen. Wenn du dich auf deine aktuelle Aufgabe oder dein Ziel konzentrierst und dabei deine Gedanken und Emotionen ausrichtest, kann das dazu führen, dass du in den Flow-Zustand kommst. Vielleicht muss ich es dir so beschreiben. Fokus ist eine Voraussetzung für den Flow. Und Flow ist dabei ein umfassenderes Erlebnis, das sich aus der perfekten Kombination aus verschiedenen Komponenten ergibt.«

Thomas macht eine kurze Pause, in der er einen Schluck von seinem Tee trinkt.

»Der Fokus, den ich im Zusammenhang mit dem NLP-Zustand erwähnte, bezieht sich auf das, worauf wir unsere aktuelle Aufmerksamkeit richten, um unseren emotionalen und mentalen Zustand zu beeinflussen. Vielleicht kennst du das aus dem Beispiel, wenn du dir ein neues Auto kaufst. Auf einmal siehst du auf einmal nur noch dieses Fabrikat auf den Straßen rumfahren, obwohl es vorher auch schon zu tausenden da war. Oder eben, dass Schwangere nur noch andere Schwangere sehen. Es kommt eben darauf an, worauf wir uns fokussieren.«

»Hast du dafür ein Beispiel?«, frage ich Thomas.

»Du kannst deinen Fokus voll und ganz auf die Vögel richten, die draußen im Teich baden, oder auf die vielen Bücher in meinen Buchregal. Du kannst dich aber auch auf das Jucken in deinem linken Ohr konzentrieren, oder eben auf das, was ich gerade sage.«

Thomas gibt mir eine kurze Pause, um zu überlegen.

»Ok, das hab ich jetzt verstanden. Jetzt bin ich aber auch gespannt, was es mit den anderen beiden Bestandteilen auf sich hat, die ein Zustand hat.«

»Der zweite Bestandteil eines Zustands ist unser Körper, also unsere Körperhaltung, Atmung und wie wir uns bewegen. Das alles beeinflusst unsere Gefühle und Gedanken und umgekehrt. Eine aufrechte Haltung zum Beispiel, eine tiefe Atmung und dynamische Bewegungen können dazu beitragen, dass wir uns energiegeladener und selbstbewusster fühlen. Wohingegen eine gekrümmte Haltung, langsame und träge Bewegungen hingegen eher unsere Müdigkeit und Ängste fördern.«

»Das leuchtet ein. Und wenn ich mich hängen lasse, und mich dann auch noch auf Dinge fokussiere, die gerade nicht funktionieren, dann bin ich in einem negativen Zustand. Spannend, wie das alles zusammenhängt. Schön langsam beginne ich zu verstehen. Wie steht es um die Sprache?«

Thomas antwortet: »Die Sprache beinhaltet natürlich die Art, wie wir uns mit anderen austauschen, was wir sagen und wie wir es sagen. Und dabei geht es nicht nur um die Worte, die wir verwenden. Es geht auch um Geschwindigkeit, Lautstärke, Tonalität, Rhythmus, Volumen und Betonung. Und natürlich spielt hier auch wieder die Körpersprache eine Rolle, also mit Blick auf Gestik, Mimik, Haltung und Blickkontakt. Kennst du die Verhältnisse, inwiefern die Wörter, Aussprache und Körpersprache eine Botschaft beeinflussen?«

»Ich hab das schon einmal gehört. Waren es nicht irgendwas um die 10 Prozent, dass Wörter eine Rolle spielen?«

Thomas erklärt präzise: »Laut den Studien von Albert Mehrabian spielen Worte in der Kommunikation nur zu etwa 7 Prozent eine Rolle. Rund 38 Prozent der Kommunikation sind der paraverbalen Kommunikation zuzuschreiben, das heißt, wie die Wörter ausgesprochen werden. Die verbleibenden 55 Prozent entfallen auf nonverbale Kommunikation, also Körpersprache.«

»Ich hätte nicht gedacht, dass meine Körpersprache einen so großen Einfluss hat.«

»Ja, das ist schon erstaunlich. Aber es kommt wirklich mehr drauf an, wie wir etwas sagen, als was wir sagen. Die Sprache in dem NLP-Konzept betrifft aber auch die Art und Weise, wie wir mit uns selbst sprechen, also unsere inneren Dialoge. Positive, bestärkende Worte und Gedanken können uns dabei helfen, uns motiviert und selbstsicher zu fühlen, während negative oder limitierende Sprache das Gegenteil bewirken kann. Und auch hier kommt es wieder darauf an, wie wir es uns im inneren sagen, ob wir schnell, laut und motivierend zu uns sprechen oder eben langsam, leiste und demotivierend. Lass mir dir das gesamte Konzept, die sogenannte Triade, kurz aufmalen.«

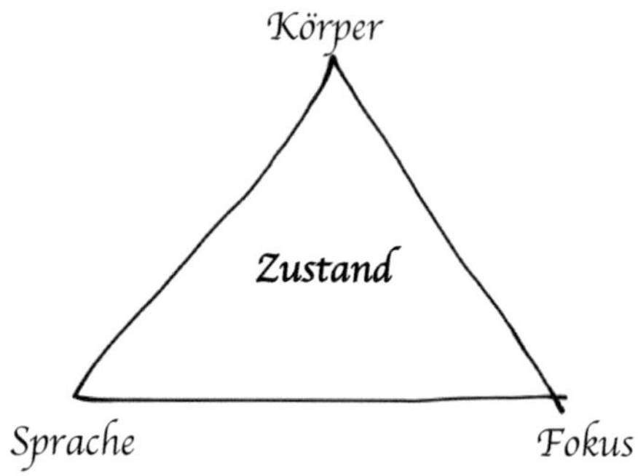

»Jetzt, wo ich die drei Bestandteile näher kennengelernt habe, kann ich besser verstehen, wie sich die einzelnen Komponenten gegeneinander beeinflussen. Ist das dann nicht das, was in deinem Modell als Befinden beschrieben wird?« Ich zeige auf das Modell, als ich Thomas die Frage stelle.

»In der Tat, so ist es. Darauf wollte ich eigentlich erst später kommen, aber du bist mir da jetzt mit deiner Frage einfach zuvorgekommen. Bevor wir weitermachen, möchtest du noch einmal das Flow-Modell zusammenfassen, damit du es es dir besser merken kannst?«, fragt mich Thomas.

Zwischenspiel

Stell Dir kurz vor, Du bist an der Stelle von David und er bittet Dich, das Flow-Modell mit den fünf Bestandteilen kurz zusammenzufassen.

WIE BEIM ARZTBESUCH

»Das hast du gut zusammengefasst. Ich denke, du hast das Flow-Modell sehr gut verstanden. Ich würde jetzt mit dir an deiner aktuellen Situation arbeiten und dafür sorgen, dass du künftig mehr im Flow sein kannst. Also genug mit der Theorie. Ich hab wieder eine Frage zum Einstieg an dich. Wie läuft eine typische ärztliche Behandlung ab?«

»Komische Frage, was genau meinst du?«

»Meine Methoden sind ungewöhnlich, genau wie meine Fragen. Also aus welchem Grund geht jemand in eine Arztpraxis?«

»Na, weil er krank ist und wieder gesund werden will.«

»Und was macht der Arzt bzw. die Ärztin, um dich wieder gesund zu machen?«

»Er stellt mir ein paar Fragen, untersucht mich und stellt mir dann ein Rezept aus oder verschreibt mir eine Behandlung. Dann macht er vielleicht auch noch ein paar Nachuntersuchungen und schaut, ob sich etwas verändert hat oder nicht.«

»Genau. Es läuft in vier Schritten ab: Analyse, Diagnose, Behandlung, Feedback. Das ist ähnlich zum Deming-Zyklus Plan, Do, Check, Act. Und genauso werden wir es auch machen. Mir ist wichtig, dass wir nicht irgendwelche Symptome behandeln, sondern die Ursache beseitigen. Dass wir deine aktuellen Herausforderungen identifizieren und diese so verändern, dass es genau für dich und deine jetzige Situation passt. Daher machen wir erstmal eine Bestandsaufnahme. Vieles an deiner aktuellen Situation sind vermutlich lediglich Symptome eines einzigen Problems.«

Thomas öffnet auf dem Whiteboard eine vorgefertigte Seite, auf der ein Baum zu sehen ist. Thomas erklärt mir, dass es sich dabei um den sogenannten Lebensbaum handelt.

Der Lebensbaum

Als ich mir den Lebensbaum kurz angeschaut habe, sagte Thomas auch schon zu mir: »Alles auf diesem Planeten wächst oder stirbt, das hatten wir heute ja schon. Wie bei einem Baum, der aus Wurzeln, einem Stamm, Ästen, Zweigen, Blättern und Früchten besteht, so ist auch unser Leben sehr vielschichtig und verästelt. Ich nutze dafür immer das Beispiel mit der Eichel und der Eiche.«

Ich bin gespannt, was Thomas über die Eiche erzählen wird.

»Eine Eichel hat noch nicht viel zu bieten und ist fast unscheinbar in ihrer Einfachheit. Tief in ihrem Inneren trägt sie jedoch bereits das Potenzial, zu etwas Größerem heranzuwachsen, zu einer prächtigen Eiche, die bis zu 35 Metern im Wald herausragt.«

Thomas unterstreicht das gesagte, in dem er mit den Händen eine kleine Kugel andeutet und sich dann komplett ausstreckt, um den ausgewachsenen Bauch zu symbolisieren und fährt fort. Ich höre ihm gespannt zu.

»Zunächst braucht die Eichel fruchtbaren Boden, wo sie genügend Nährstoffe und Feuchtigkeit erhält, um zu keimen und zu wachsen. Denn genau das ist es, was sie braucht. Auf einem trockenen Feld oder einem Steinboden würde die Eichel nicht keimen und jämmerlich eingehen. Ähnlich wie bei einem Menschen, der in einer förderlichen Umgebung aufwächst, um sich zu entwickeln und in einer hinderlichen Umgebung eingeht, also frustriert und unzufrieden wird.

Irgendwann beginnt die Eichel, Wurzeln zu schlagen und erste Keimblätter zu bilden. Sie wird langsam größer und stärker und beginnt, mit ihrem Wurzeln ihre Umgebung zu erkunden. Die Eichel ist beharrlich und unerschütterlich in ihrem Wunsch zu wachsen und sich zu entfalten, ähnlich wie eine Person, die hart arbeitet und stetig Fortschritte macht. Sie macht sich keine Gedanken darüber, woanders sein zu wollen, oder dass sie lieber ein anderer Baum wäre. Kannst Du Dir einen deprimierten Baum vorstellen?«

»Nein, um ehrlich zu sein, wäre das eine sehr komische Vorstellung«, antworte ich.

»Ich mir auch nicht. Während die Eichel also weiterwächst, entwickeln sich auf natürliche Weise Stamm und Zweige, die immer höher in den Himmel ragen. Blätter entfalten sich, und allmählich entsteht ein majestätischer Baum. Genauso kann ein Mensch, der kontinuierlich an sich arbeitet und seine Talente und Stärken nutzt, zu einem herausragenden Individuum heranwachsen.

Das Wachstum der Eichel zur Eiche dient nicht ihrem Selbstzweck, auch wenn das ihre primäre Bestimmung ist. Sie bietet außerdem Schutz und Nahrung für viele andere Lebewesen, sie gibt Sauerstoff ab und beeinflusst insgesamt ihre Umgebung positiv. Die Eiche hat ihre wahre Größe und Bedeutung erreicht, genau wie ein Mensch, der seine Bestimmung gefunden hat und die Welt um ihn herum zum Besseren verändert. Sobald die Eiche jedoch aufhören sollte zu wachsen, geht sie ein und stirbt ab. Sie lockt Parasiten an und kann sich immer weniger um andere kümmern, bis sie schließlich komplett ausgedorrt im nächsten Sturm umknickt.«

»Irgendwie erinnert mich das an die Bedürfnisse, die du mir vorhin vorgestellt hast.«

»Ja, so ist es«, antwortet Thomas. »Und je lebendiger die Eiche, desto mehr Eicheln kann sie tragen. Die Eicheln entsprechen den Resultaten, die wir in unserem Leben generieren. Die Äste und Zweige sind die einzelnen Lebensbereiche unseres Lebens. Und die Wurzeln sind unsere Werte, Bedürfnisse und Glaubenssätze. Ich will mit dir jetzt erstmal eine Bestandsaufnahme machen.«

Er berührte den Monitor und wischte zu einer neuen Seite. Die Grafik mit dem Baum zeigt nun auch Text, die wohl die verschiedenen Lebensbereiche sein sollen.

»Der Lebensbaum besteht aus sieben Lebensbereichen, deinem Körper, deinen Gedanken und Emotionen, deinen Beziehungen, deinem Umgang mit Zeit, deiner Mission, Arbeit und Karriere, deinen Finanzen und deine persönliche Weiterentwicklung. Jeder Ast steht für einen bestimmten

Lebensbereich. Je dicker der jeweilige Ast, desto besser geht es dir in diesem Lebensbereich und desto wohlschmeckendere Früchte kann und wird dieser Ast tragen. Und natürlich verzweigt sich ein Ast in weitere Äste, denn bei deinem Körper geht es natürlich im Detail um deine Gesundheit, deine Fitness, deine Ernährung und so weiter.«

»Mein Baum ist vermutlich ziemlich verdorrt, wenn ich mir mein Leben so anschaue« sagte ich bedrückt.

»Genau das ist jetzt deine Aufgabe, David. Nämlich die Dicke der Äste auf einer Skala von 1 bis 10 zu bestimmen, wobei 1 sehr sehr dünn ist und 10 sehr sehr dick und in voller Blüte. «

»Kann ich direkt auf den Bildschirm schreiben?«

»Ja, hier hast du sogar einen Stift dafür.«

Er gibt mir einen Stift für den Fernseher und ich beginne, die Zahlen einzutragen. Im Grunde ging die erste Analyse auch recht schnell, nach knapp zwei Minuten bin ich auch schon fertig.

»Wie fühlst du dich dabei, wenn du das so siehst?« fragt mich Thomas, nachdem ich fertig wurde.

»Beschissen. Ich weiß ja, dass mein Leben gerade sehr schlecht verläuft. Aber dass es wirklich überall so schlimm ist, das hätte ich nicht gedacht.«

Zwischenspiel

Jetzt ist es an Dir, Deinen Lebensbaum mit Deiner Bewertung auszufüllen. Du kannst dies direkt hier im Buch machen, Dir selbst eine Skizze in Deinem Erfolgsjournal malen oder Dir die Vorlage sowie weitere Materialien über die Website www.andreaskriwan.com/gtf-ressourcen herunterladen. Nutze den Gutscheincode: GROW-2-FLOW

Es gibt im Folgenden auch einige Fragen, die Dir bei der Analyse helfen können. Lies Dir zunächst nur die Fragen für die Lebensbereiche durch, der bei Dir am schlechtesten abgeschnitten haben, mach Dir Gedanken über die Fragen, mach Dir ein paar Notizen oder notiere Dir die Antworten auf die Fragen in Dein Erfolgsjournal. Mach nicht zu viele Lebensbereiche auf einmal, um Dich vor einer Überforderung zu schützen. Alle Lebensbereiche und Fragen auf einmal durchzugehen, benötigt einiges an Zeit und auch Durchhaltevermögen. Wenn ein Bereich auch besonders gut ausgeprägt ist, brauchst Du dem hier auch nicht viel Zeit widmen.

Dein Umgang mit Zeit
Deine Beziehungen
Deine Mission,
Arbeit & Karriere
Deine Gedanken &
Emotionen
Deine Finanzen
Dein Körper
Deine Weiterentwicklung

Dein Körper

Gesundheit

- Was machst Du für Deine körperliche Gesundheit?
- Welche Maßnahmen ergreifst Du, um gesund zu bleiben?
- Wie gehst Du mit Stress um?
- Welche Strategien hast Du entwickelt, um Stress zu reduzieren oder zu bewältigen?
- Wie oft gehst Du zum Arzt oder zu Vorsorgeuntersuchungen?
- Bist Du mit Deiner ärztlichen Betreuung zufrieden?

Fitness

- Wie oft bewegst Du Dich pro Woche körperlich?
- Welche Art von körperlicher Aktivität macht Dir am meisten Spaß?
- Wie schaffst Du es, Bewegung in Deinen Alltag zu integrieren?

- Wie gehst Du damit um, wenn Du aufgrund von Zeitmangel oder anderen Gründen nicht zum Sport kommst?

- Wie schaffst Du es, Sport in Deinem Leben langfristig beizubehalten?

- Wie zufrieden bist Du mit den Fortschritten, die Du bereits in Bezug auf Deine Fitness gemacht hast?

Ernährung

- Wie achtest Du auf eine ausgewogene Ernährung?

- Hast du Lebensmittelunverträglichkeiten und beachtest Du diese?

- Trinkst Du genügend Wasser am Tag?

- Wie oft isst Du Obst und Gemüse?

- Wie gehst Du mit Heißhungerattacken um?

- Bist Du eher der Typ »süß« oder »salzig«?

- Wie viele Mahlzeiten isst Du am Tag und welche Zwischenmahlzeiten bevorzugst Du?

Deine Gedanken & Emotionen

Emotionen

- Wie gehst Du mit Deinen Emotionen um?
- Welche Emotionen dominieren aktuell Dein Leben?
- Wie beeinflussen Deine Emotionen Deine Entscheidungen und Handlungen?
- Hast Du Strategien, um mit schwierigen Emotionen umzugehen?
- Wie kannst Du positive Emotionen in Deinem Leben fördern?
- Welche Verhaltensmuster könnten negative Emotionen bei Dir auslösen und wie kannst Du diese vermeiden?

Spiritualität

- Welche Bedeutung hat Spiritualität für Dich?
- Bist Du mit Deinem spirituellen Leben zufrieden oder gibt es Bereiche, die Du gerne weiterentwickeln möchtest?

- o Wie findest Du Zugang zur Spiritualität in Deinem Leben?
- o Welche Praktiken oder Rituale unterstützen Dich in Deiner spirituellen Entwicklung?
- o Was sind Deine spirituellen Überzeugungen und wie beeinflussen sie Dein tägliches Leben?

Deine Beziehungen

Freundschaften

- o Wie pflegst Du Deine Freundschaften?
- o Wie viel Zeit widmest Du Deinen Freundschaften und was könntest Du tun, um diese Zeit zu erhöhen?
- o Gibt es Freundschaften, die Du vernachlässigt hast oder mit denen Du Dich gerne wieder treffen würdest?
- o Gibt es Konflikte oder Probleme in Deinen Freundschaften?
- o Wie wichtig sind Dir Freundschaften in Deinem Leben und welche Rolle spielen sie für Dich?

Partnerschaft

Du bist in einer Partnerschaft:

- Wie steht es um Deine aktuelle Partnerschaft?
- Bist Du zufrieden oder gibt es Punkte, an denen ihr arbeiten müsst?
- Wie kommunizierst Du mit Deinem Partner/Deiner Partnerin?
- Wie verbringst Du Zeit mit Deinem Partner/Deiner Partnerin?
- Unternehmt ihr gemeinsame Aktivitäten und teilt ihr gemeinsame Interessen?

Du bist derzeit ohne Partnerschaft:

- Wie glücklich bist Du ohne Partnerschaft?
- Was hindert Dich daran, eine Beziehung einzugehen?
- Was waren die Gründe dafür, dass Deine letzten Beziehungen gescheitert sind?

Familie

- o Wie ist Deine Beziehung zu Deinen Eltern, Geschwistern und anderen Familienmitgliedern?
- o Fühlst Du Dich von Deiner Familie unterstützt und verstanden?
- o Gibt es Konflikte oder ungelöste Probleme in Deiner Familie, die Dich belasten?
- o Wie verbringst Du Zeit mit Deiner Familie und welche Aktivitäten unternehmt ihr gemeinsam?
- o Wie wichtig ist Dir die Bindung zu Deiner Familie und was tust Du, um diese zu stärken?
- o Hast Du das Gefühl, dass Du Dich in Deiner Familie entfalten und weiterentwickeln kannst?
- o Wie gehst Du mit unterschiedlichen Meinungen und Ansichten innerhalb Deiner Familie um?

Dein Umgang mit Zeit

- o Wie viel Zeit verbringst Du täglich mit Aktivitäten, die Dir wirklich wichtig sind?

- o Wie oft nimmst Du Dir Zeit, um Dich zu entspannen und abzuschalten?

- o Wie viel Zeit verbringst Du mit Tätigkeiten, die Du als sinnlos oder unproduktiv empfindest?

- o Wie oft fühlst Du Dich gestresst oder überfordert aufgrund von Zeitdruck?

- o Wie oft verschiebst Du wichtige Aufgaben oder Projekte auf später und warum?

- o Wie lässt Du Dich von Ablenkungen wie soziale Medien oder Fernsehen vom Erreichen Deiner Ziele abhalten?

- o Wie oft sagst Du »Ja« zu Aktivitäten oder Verpflichtungen, die Dir eigentlich gar nicht wichtig sind?

- o Was sind Deine Lieblingsaktivitäten in Deiner Freizeit?

- o Wie viel Zeit verbringst Du pro Woche mit Deinen Hobbys und Interessen?

- o Weißt Du, wozu Du machst, was Du machst?
- o Kennst Du Deine Mission, also Dein tiefgreifendes persönliches Ziel oder den Zweck, der Deinen Kurs und Deine Entscheidungen im Leben bestimmt?

Du bist selbstständig:

- o Wie lange könntest Du ohne Probleme Urlaub machen?
- o Wie zufrieden bist Du mit Deinem aktuellen Geschäftsmodell?
- o Hast Du ein System, um neue Klient:innen zu gewinnen und bestehende Klient:innen zu halten?

Du bist angestellt:

- o Bist Du mit deinem aktuellen Job zufrieden?
- o Bist Du im Zeitplan Deines Karriereziels?
- o Hast Du eine gute Beziehung zu Deinen Kolleg:innen?

Deine Finanzen

Umgang mit Geld

- Wie viele Tage, Wochen, Monate oder Jahre könntest Du weiterleben, ohne zusätzliches Geld zu verdienen?
- Wie lange würde Deine Firma weiter existieren, wenn keine Umsätze mehr reinkämen?
- Verdienst Du aktuell genügend Geld?
- Wie gehst Du mit Deinen Finanzen um? Hast Du ein Budget oder eine Sparstrategie?
- Gibt es Dinge, für die Du gerne mehr Geld ausgeben möchtest?
- Passt Deine Einstellung zum Thema Geld und Finanzen zu Deinen finanziellen Zielen?

Wohltätigkeit

- Wie oft spendest Du Geld oder Zeit für wohltätige Zwecke?
- Welche Organisationen oder Projekte liegen Dir besonders am Herzen?

- Bist Du mit Deinen Spenden zufrieden oder würdest Du gerne mehr beitragen?

- Inwiefern engagierst Du Dich persönlich für wohltätige Zwecke?

- Gibt es Bereiche, in denen Du gerne mehr über Wohltätigkeit lernen würdest?

Deine persönliche Weiterentwicklung

- Wie zufrieden bist Du aktuell mit Deiner persönlichen Weiterentwicklung?

- Welchen Stellenwert hat Deine persönliche Weiterentwicklung derzeit in Deinem Leben?

- Auf wie vielen Seminaren, Workshops oder Online-Kursen hast Du im letzten Jahr teilgenommen, um Deine persönliche Weiterentwicklung zu fördern?

- Wie viele Bücher, Artikel oder Podcasts hast Du im letzten Jahr konsumiert, die sich auf persönliche Weiterentwicklung beziehen?

- Welche Fortschritte hast Du in den letzten Monaten oder Jahren in Bezug auf Deine persönlichen Ziele und Wachstum gemacht?

- Wie engagiert und motiviert bist Du, Dich kontinuierlich weiterzuentwickeln und an Dir zu arbeiten?

- Wie häufig nimmst Du Dir Zeit für Selbstreflexion und Bewertung Deiner persönlichen Entwicklung?

- Welche Erfolge oder Errungenschaften in Deiner persönlichen Weiterentwicklung hast Du bisher erreicht, auf die Du besonders stolz bist bzw. sein könntest?

- Wie offen bist Du für Veränderungen, neue Ideen und Herausforderungen, die Dein persönliches Wachstum fördern könnten?

- Welche Ressourcen, Personen oder Netzwerke nutzt Du, um Dich bei Deiner persönlichen Weiterentwicklung zu unterstützen?

DU HAST ES IN DEINER HAND

Nachdem ich Thomas gesagt habe, wie es mir dabei geht, wenn ich mir den Lebensbaum anschaue, fuhr er recht unbeeindruckt fort:

»Du hast also 17 von maximal 70 möglichen Punkten. Das sind gerade einmal 25 Prozent. Ein Viertel eines erfüllten, glücklichen und genialen Lebens. Und du sagst, dass es sich beschissen anfühlt.«

»Das ist es ja auch, oder?«

»Wenn es wirklich so beschissen wäre, wie du sagst, wieso hast du es dann nicht längst geändert?«

Wieder beginnt mein Körper, sich zu verkrampfen. Mir wird schlecht und ich muss mir eine Träne verkneifen. Thomas schaut mich ruhig und offenherzig an. Irgendwie spüre ich, dass ich ihm vertrauen kann. Also sage ich:

»Es ist ja nicht so, dass ich es nicht ändern möchte. Ich weiß nur nicht, wo ich anfangen sollte. Und außerdem mache ich ja seit Jahren so extrem viel. Es sind einfach zu viele Baustellen, an denen ich ständig arbeite. Alles geht den Bach runter und nichts scheint zu funktionieren, egal wie viel ich mache.«

Daraufhin antwortet er: »Willst du überhaupt, dass sich etwas ändert?«

»Ja, natürlich. Ich kann so nicht weitermachen. Es kostet mich einfach zu viel Kraft, deswegen bin ich ja hier. Am liebsten würde ich alles wieder rückgängig machen und von ganz neu beginnen. Und wenn ich mir das so anschaue, war ich eh viel zu zuversichtlich mit meinen Bewertungen. Ich fühle mich, als wäre ich nur bei maximal zehn Prozent bei einem erfüllten Leben. Die Bank dreht mir den Hahn zu, das Finanzamt nimmt mir mein letztes Hemd, meine Mitarbeiter tanzen mir auf der Nase rum, meine Freundin hat mich verlassen, und ich muss schauen, dass ich das alles irgendwie zusammenhalte. Ich kann nicht mehr, es muss sich was ändern, so geht es nicht weiter.«

»Ich habe ja gesagt, dass wir gemeinsam an der Ursache und nicht an den Symptomen arbeiten werden. Und jetzt ist natürlich die Frage, was die Ursache für deine jetzige Situation ist. Was glaubst du, ist die Gemeinsamkeit von dem Ganzen?«

»Keine Ahnung, wenn ich das wüsste.«

Was würde Richard tun?

»Mal angenommen«, sagte Thomas, »ein Richard Branson[7] wäre in deiner Situation ...«

»... der würde einfach knallhart durchziehen, ein paar Risiken eingehen und in kürzester Zeit wäre der aus dem Schneider«, unterbrach ich ihn. »Ich bin aber nicht Richard Branson. Vermutlich würde ihn meine Situation nicht einmal kratzen, keine Ahnung.«

»Kann es also sein, dass ein anderer Mensch in der gleichen Situation anders denkt und handelt und anders mit dieser Situation umgeht, als du es machst?«

»Ja, aber was hab ich jetzt davon? Das löst nur meine Probleme nicht.«

»Glaubst du, dass die Politik dein Problem wirklich nachhaltig lösen könnte? Oder die Bank, deine Mitarbeiterinnen oder Mitarbeiter, deine Partnerin, oder sonst irgendjemand?«

---

[7] Richard Branson ist ein britischer Unternehmer und Investor. Er wurde am 18. Juli 1950 geboren und ist vor allem bekannt als Gründer der Virgin Group, einem Konglomerat von mehr als 400 Unternehmen in verschiedenen Branchen wie Musik, Luftfahrt, Telekommunikation, Reisen, Gesundheitswesen und vielem mehr. Branson ist bekannt für seinen unternehmerischen Geist, sein Risikobereitschaft und seine innovative Herangehensweise an Geschäftsmodelle. Er hat auch philanthropische Aktivitäten verfolgt und setzt sich für den Schutz der Umwelt ein.

»Naja, wenn mir die Bank wieder mehr Geld geben würde, dann würde es mir schon besser gehen. Oder wenn die Politik endlich einmal ein besseres Steuersystem entwickeln würde, dass mir nicht ständig die letzten Cent aus der Tasche zieht, wenn es meiner Firma gerade schlecht geht. Meine Partnerin hätte mehr zu mir stehen können und hätte bei mir bleiben können. Ich weiß nicht, worauf du hinauswillst. Die anderen sind ja schuld daran, dass ich jetzt in dieser Situation stecke.«

»Ist das so? Du meintest doch eben, ein Richard Branson wäre in kürzester Zeit aus dem Schneider, so hast du es glaube ich gesagt.«

»Ja, das hab ich gesagt. Ich bin aber nicht Richard Branson, das hab ich auch schon gesagt.«

Ich weiß nicht, wo mich Thomas da hinbringen will. Es macht mich auf jeden Fall ziemlich wütend, dass er mich nicht verstehen will und mich mit so einem Milliardär vergleichen will. Der hat es ja viel leichter. Wenn der ein paar Millionen verliert, spielt das ja auch keine Rolle. Das will Thomas vielleicht nicht verstehen, dass meine Existenz auf dem Spiel steht.

»Lass es mich mal anders versuchen«, fuhr Thomas fort. »Es gibt in unserem Leben unendlich viele Dinge, die wir weder kontrollieren noch beeinflussen können. Das Wetter, die Politik, das Steuersystem, ein Vulkanausbruch, Warnstreiks oder Zugverspätungen, das alles können wir weder kontrollieren noch direkt beeinflussen. Wenn du dich damit beschäftigst, ist es in deinem Interessensbereich, aber ändern kannst du daran nicht oder vielleicht nur sehr schwer und sehr langsam etwas. Natürlich haben wir die Möglichkeit, regelmäßig durch Wahlen und Volksabstimmungen Einfluss auf die Regierung zu nehmen, doch was die dann tatsächlich machen, das können wir nur schwer beeinflussen.

Du kannst jedoch deine Mitarbeiterinnen und Mitarbeiter beeinflussen, du hast Einfluss darauf, wie es deiner Partnerin geht oder wie du mit den Finanzen in deinem Unternehmen umgehst, mit welchen Mitarbeitenden oder Klient:innen du arbeitest und so weiter.

Und dann gibt es Dinge, die liegen direkt in deiner Kontrolle. Was du heute angezogen hast, dass du heute gekommen bist, dass du jetzt hier stehst und nicht den Raum verlässt. Darüber hast du die volle Kontrolle. Ich konnte es vielleicht beeinflussen, dass du gekommen bist, ich kann es jetzt beeinflussen, ob du gehst oder bleibst. Aber die finale Entscheidung liegt bei dir. Selbst wenn ich dir eine

Pistole an die Brust halte. Es wird immer deine Entscheidung sein, was du machst. Kein Mensch auf dieser Welt hat einen Einfluss darüber, was du denkst, fühlst und wie du handelst!«

Thomas machte dabei mit seiner Hand eine Pistole und hielt sie mir an die Brust. Ich antworte ihm: »Hm, das klingt irgendwie komisch, und doch macht es irgendwie Sinn.«

Ich möchte das, was Thomas mir da gerade erzählt hat, visualisieren und aufmalen. Ich hab vorhin gesehen, wie Thomas die neue Folie mit dem Baum hergewischt hat. Die Seite davor war leer, also gehe ich dahin zurück und male drei Kreise und beschrifte sie:

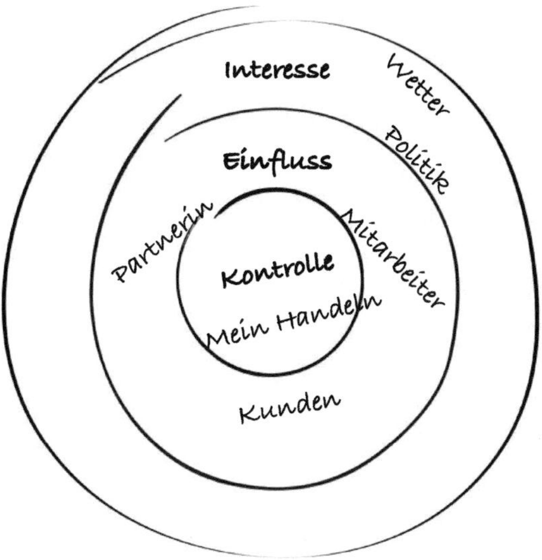

Nachdem ich meine Gedanken aufgezeichnet habe, sage ich zu Thomas: »Ich finde das total spannend. Im Grunde kann ich alles, was ein Teil von meinem Leben ist, in diese drei Bereiche einteilen.

Wenn ich einen Tag am See verbringen will, ist es in meinem Interesse, dass das Wetter schön ist. Beeinflussen kann ich es aber nicht. Ich kann mir wärmere Sachen mitnehmen, wenn es nicht so heiß werden sollte, wie ich es gerne hätte. Das hab ich unter Kontrolle. Oder dass ich mich eben in den Schatten lege, wenn es mir zu heiß wird. Wenn ich mit Freunden am See bin, und denen zu kalt wird, kann ich sie entweder beeinflussen, dass sie sich halt was

Wärmeres anziehen oder ihnen eine Decke geben. Aber wirklich machen müssen sie es dann auch selbst.

Wenn die Politiker in Berlin wieder einmal eine neue Reform rausbringen, die mehr Bürokratie für mein Unternehmen bedeuten, dann ist das ziemlich scheiße für mich. Nur dass ich daran direkt nichts ändern kann. Da hilft mir dann aber diese Darstellung nicht weiter, vor allem weil es eben nicht in meinem Interesse ist.«

»Wenn es nicht in deinem Interesse wäre, dann würdest du das gar nicht mitbekommen! Es gibt auf unserem Planeten so unendlich viele Sachen, die tagtäglich passieren, die bekommst du gar nicht mit. Und auch hier in diesem Raum gibt es unzählige Dinge, auf die du deine Aufmerksamkeit richten könntest. Aber wir fokussieren uns eben nur darauf, was uns gerade jetzt, in diesem Moment, interessiert. Über den Fokus haben wir ja schon gesprochen. Und es ist und bleibt an uns, welche Bedeutung wir dem geben, worauf wir unseren Fokus richten und was wir auf Basis der Bedeutung als nächstes machen. Und was wir tun können, das ergibt sich wiederum aus den drei Sphären Kontroll-, Einfluss- und Interessensbereich.«

Schön langsam beginne ich zu verstehen.

»Willst du damit sagen, dass wenn ich mich auf etwas fokussiere, das außerhalb von meinem Kontroll- oder Einflussbereich liegt und mich dann dabei schlecht fühle, es meine Schuld ist? Und nicht die Schuld der Politik?« fragte ich Thomas.

»Zwischen Reiz und Reaktion ist ein Raum. Je größer dieser Raum ist, desto größer sind dein Einfluss und deine Kontrolle auf dein Leben. So hat das damals Viktor Frankl gesagt, der es geschafft hat, sich frei zu fühlen, obwohl er in einem Konzentrationslager gefangen war. Er hat sich frei gefühlt, obwohl um ihn herum all seine Bekannten und seine Familie vergast wurden und gestorben sind. Also ja, es ist deine Schuld, wenn du dich wegen irgendwas schlecht fühlst. Es ist nicht das Ereignis, sondern du bist es, der das Gefühl erzeugt. Du hast es in deiner Hand, wie du dich fühlst«, sagt Thomas in einem sehr energischen Tonfall. »Abraham Lincoln soll es so ausgedrückt haben, Menschen sind genau so glücklich, wie sie sein wollen.«

In meinem Kopf schwirrt alles, ich brauche eine Pause. Ich wische noch einmal den Lebensbaum her und schaue ihn mir an. Aber eher, um Zeit zum Nachdenken zu bekommen. In mir dreht sich alles, und ich glaube, gleich weinen zu müssen.

Irgendwie merkt Thomas meinen Wunsch nach einer Pause und sagt: »Lass uns eine Pause machen, das war bis jetzt ziemlich viel und intensiv. Ich schlage vor, dass wir uns in einer halben Stunde wieder hier treffen. Geh am besten raus in den Wald, mach einen kurzen Spaziergang und genieße die frische Luft.«

Zwischenspiel

Du hast Dich bereits mit Deiner aktuellen Situation auseinandergesetzt und Deinen Lebensbaum mit Deinen Bewertungen ausgefüllt. Wenn Du bis jetzt noch warten wolltest und noch nichts eingetragen haben solltest, dann kannst Du jetzt noch einmal zu diesen Seiten zurückblättern und die Aufgaben erledigen. Denn es liegt an Dir, etwas in Deinem Leben zu ändern.

Du bist auch schon sehr weit in diesem Buch gekommen, das ist großartig!

Es ist in Deinem Kontrollbereich, worauf Du Deinen Fokus setzt, wie Du Dich dabei fühlst und was Du als nächstes machst. In jedem einzelnen Moment stellst Du Dir die folgenden drei Fragen:

- Worauf fokussiere ich mich?
- Was bedeutet das für mich?
- Was werde ich jetzt machen?

Erinnere Dich daran, dass Deine aktuelle Situation nicht Deine endgültige Bestimmung ist, sie ist nur der Ausgangspunkt für die Reise, die noch vor Dir liegt. Es sind Deine Entscheidungen, Dein Engagement und Dein Wille, die letztendlich den Unterschied ausmachen werden.

Und behalte dabei bitte eines immer im Hinterkopf: Es liegt an Dir, die Erkenntnisse und Ideen, die Du aus diesem Buch gewinnst, in die Tat umzusetzen und Veränderungen in Deinem Leben herbeizuführen. Ein Buch allein kann Dich nicht transformieren, es braucht Deine Handlungen und Dein Engagement, um einen Unterschied in Deinem Leben herbeizuführen. Genauso wie kein Seminar oder Mentor automatisch Dein Leben verändern oder transformieren wird.

Die Inhalte in diesem Buch können wertvolle Informationen, Anleitung und Unterstützung bieten, aber letztendlich liegt es an Dir, die nötigen Schritte zu unternehmen und die Verantwortung für Dein eigenes Wachstum und Deine Entwicklung zu übernehmen.

Selbst ein teures Auto, ein Haus oder irgendetwas anderes im Außen können Dein Leben nicht verändern. Diese Dinge mögen vielleicht vorübergehend Freude oder Prestige bringen, aber wahre Veränderung und Erfüllung kommen nicht durch materielle Besitztümer, sondern durch persönliche Entwicklung, innere Zufriedenheit und das Streben nach einem sinnvollen Leben.

Das wichtigste Element für Veränderung und wahre Transformation bist Du selbst. Du musst bereit sein und beginnen, aus Deiner Komfortzone herauszutreten, Deine Ängste zu durchbrechen, neue Wege zu erkunden, Hindernisse zu überwinden und bewusste Entscheidungen zu treffen, um Dein Leben neu zu gestalten. Bücher wie dieses können Dich dabei unterstützen. Aber nur durch Handeln kannst und wirst Du die Veränderungen herbeiführen, nach denen Du strebst.

Wie fühlst Du Dich, wenn Du Deinen Lebensbaum erneut betrachtest? Erinnere Dich daran, dass Du nur etwas ändern wirst, wenn Du Dir folgendes sagst:

- Es muss sich etwas ändern, und zwar jetzt!
- Ich muss etwas ändern, und zwar jetzt!
- Ich kann etwas ändern, und zwar jetzt!

Ja, Du hast Dich in einer der vorherigen Aufgaben gefragt, was positiv an Deiner Situation sein könnte. Das ist wichtig, um aus der negativen Spirale rauszukommen. Weiter oben hast Du es bereits gelesen: Betrachte Deine Situation wie sie ist und nicht schlechter! Dann sehe Deine Situation besser als sie ist und mach sie so, wie Du sie haben möchtest. Sei Dir bewusst, Dass sich etwas ändern muss, dass *Du* es ändern musst, weil Du es in Deiner Hand hast und dass Du in der Lage bist, es zu ändern.

Und bitte komm jetzt nicht mit: »Ich muss gar nichts!« Das ist ja auch richtig. Von außen kann Dir niemand vorschreiben, was Du zu tun und zu lassen hast. Und wenn Du mit Deiner aktuellen Situation unzufrieden bist, dann ist es

Deine Entscheidung, ob Du es änderst oder nicht. Nur so lange wie Du es als Option, als Möglichkeit, als »sollte, möchte, könnte« siehst, solange wird sich halt auch nichts ändern.

Sei bitte ehrlich zu Dir: Alles, was Du in Deinem Leben hast, ist ein absolutes Muss. Genauso wie alles, was Du bis jetzt in Deinem Leben aus eigenem Antrieb erreicht hast. Wenn Du Dir zum Beispiel Deinen aktuellen Job hart erarbeitet hast, dann nicht, weil Du Dir gesagt hast: »Ich sollte diesen Job oder diese Beförderung bekommen«, sondern weil es für Dich ein Muss war, alternativlos.

Gibt es ein Beispiel, wo Du etwas in Deinem Leben erreicht hast, wo Du keinen anderen Weg akzeptiert hättest, wo dieses Ergebnis für Dich ein absolutes Muss war? Schreib Dir das am besten gleich auf.

AL UND VL

Der kurze Spaziergang war ganz gut, ich konnte meine Gedanken ein bisschen sortieren und ich hab auch gemerkt, dass ich die Verantwortung über mein Leben viel zu oft abgegeben hab. Zwar hatte ich immer das Gefühl, dass ich unter der Verantwortung ersticke, aber nur deshalb, weil ich mir über Dinge Gedanken gemacht habe bzw. Dinge ändern wollte, über die ich keine Kontrolle und nur wenig Einfluss hatte. Oder dass ich mich über Dinge aufgeregt habe, die ich beeinflussen kann, ohne etwas zu ändern. Ich glaube, dass ich einfach viel mehr Zeit in meinem Kontrollbereich verbringen müsste. Ich bin gespannt, wie es weitergeht und treffe Thomas in seinem Arbeitszimmer, der bereits etwas auf die Tafel geschrieben hat und schon auf mich wartet:

AL VL

AL VL

Thomas betrachtet mich mit seinen wachen Augen, als ich das Büro betrete. Ich sehe mich um, Thomas wirkt weiterhin sehr energiegeladen und ich spüre, wie sich seine innere Ruhe auf mich überträgt. Ohne mich zu begrüßen, beginnt Thomas: »Wir alle haben eine bestimmte Vorstellung davon, wie unser Leben ablaufen soll, was wir haben und machen wollen und auch manchmal, wer wir sein und was wir der Welt zurückgeben wollen. Nur die wenigsten Menschen akzeptieren, dass unser Leben jetzt, in diesem Augenblick, nun einmal so ist, wie es ist. So wie unser Leben gerade ist, bezeichne ich als AL, also die *Aktuelle Lebenssituation.* Mit Hilfe des Lebensbaums haben wir deine AL ausgearbeitet und möglichst genau bestimmt. Und dann gibt es das Leben, dass du gerne hättest, deine VL. VL steht dabei für *Vorstellung vom Leben.* Wenn du in einem Lebensbereich oder mehreren unzufrieden bist, dann ist deine AL ungleich deiner VL. Eigentlich ganz einfach, oder? Es kann sehr gut sein, dass es Menschen auf diesem Planeten gibt, die gerne an deiner Stelle wären. Du bewertest deine AL nur so schlecht, weil du gerne wo anders wärst, vor allem, weil du in deinem Inneren weißt, dass du zu sehr viel mehr in der Lage bist. Wenn du auf der anderen Seite hingegen in einem Lebensbereich zufrieden bist, dann deshalb, weil deine VL ziemlich genau deiner AL entspricht. Ist doch so, oder?«

»Also, wenn ich dich richtig verstehe, sagst du, dass meine Unzufriedenheit daher rührt, dass meine aktuelle Lebenssituation nicht mit meiner Vorstellung vom Leben übereinstimmt? Und dass Zufriedenheit dann auftritt, sobald beide im Einklang sind? Ich kann sehen, wie das auf einer theoretischen Ebene Sinn macht, Thomas. Aber ich bin mir nicht sicher, wie das hilft, wenn man sich in der realen Welt mit echten Herausforderungen konfrontiert sieht. Manchmal sind diese Lebenssituationen, mit denen wir unzufrieden sind, nicht einfach zu ändern. Und manchmal sind unsere Vorstellungen vom Leben nicht wirklich umsetzbar oder erreichbar. Was macht man in solchen Fällen? Wie gehst du damit um?«

Thomas erweitert die Grafik auf dem Monitor und fährt dann fort.

$$\mathcal{AL} \neq \mathcal{VL} \Rightarrow \textit{Unzufriedenheit}$$

$$\mathcal{AL} = \mathcal{VL} \Rightarrow \textit{Zufriedenheit}$$

»Bevor ich näher auf deine Frage eingehe, lass mich erst einmal die Grafik ergänzen. Es ist nicht immer alles schwarz oder weiß, es gibt auch sehr viele Grautöne und noch mehr Farben im Leben! Ein bisschen Unzufriedenheit ist gut, denn so entwickeln wir uns ständig weiter, streben nach etwas und haben Ziele. Wenn AL und VL weiter auseinanderliegen, dann ist das im Grunde auch noch OK, denn wir können das als Antrieb nutzen, um etwas zu ändern. Vor allem, wenn wir unsere AL und VL kennen, können wir die Lücke dazwischen erkennen und Lösungen ausarbeiten, um diese Lücke zu schließen. Das Schlimmste, was passieren kann, ist wenn AL und VL so weit auseinanderliegen, dass wir das Gefühl bekommen, dass wir es nicht ändern können. Oder, dass unsere VL so extrem unrealistisch ist, dass sich kein Weg findet, es zu erreichen. Dann kommen wir in einen Zustand der Überforderung, der Frustration, der Resignation und wir leiden.«

»Das beschreibt ziemlich genau das, wie es mir zurzeit geht. Was kann ich da jetzt machen?«, frage ich.

»Was denkst du denn, was du da machen kannst?«, fragt mich Thomas zurück.

»Hm, lass mich kurz überlegen«, antworte ich. »Vieles von dem sind wir ja schon durchgegangen. Ich glaube, ich muss mich darauf fokussieren, was in meinem Einflussbereich, was in meinem Kontrollbereich und in meinem Interessensbereich liegt. Und dann muss ich anfangen, etwas zu ändern.« Mir schwirrt es wieder im Kopf. Ich hab das Gefühl, dass die Antwort total einfach ist, aber irgendwie bekomme ich sie nicht zu greifen. Thomas beobachtet mich und erkennt, dass ich gerade ziemlich in meinen Gedankenkarussell gefangen bin. Daher unterbricht er meine Gedanken und sagt:

»Im Grunde ist es viel einfacher, als du denkst. Es gibt bei dieser Gleichung nämlich zunächst nur zwei Möglichkeiten. Mach es dir nicht schwerer, als es ist. Das hatten wir schon mit Blick auf die Herausforderung im Flow-Modell. Du kannst deine AL verändern, neue Wege ausprobieren, wachsen und dich so lange weiterentwickeln, bis du dich an deine *Vorstellung vom Leben* angenähert hast. Dazu ist es wichtig, dass du deine VL ganz klar definierst, und zwar schriftlich und so exakt wie möglich. Und es wird dazu kommen, dass du schwere Entscheidungen treffen wirst und handeln musst, auch wenn es weh tut. Du wirst deine

Ängste überwinden und natürlich wirst du auch Fehler machen! Und hoffentlich viele, aus denen du schnell viel lernst. Du wirst mit Ausdauer und Disziplin über dich hinauszuwachsen. Das ist eigentlich der einzige Weg, den ich dir empfehlen kann. Aber es gibt noch einen zweiten. Du findest dich damit ab und gleichst deine VL an deine AL an, du hörst auf zu jammern und bleibst einfach da, wo du gerade bist. Was aber keine Option ist, dass du ständig auf ein Leben blickst, das wie auch immer geartet besser sein soll, wie das, wo du gerade bist und dich tagtäglich in negativen Gedanken und Gefühlen kaputt machst. Es liegt an dir, wofür du dich entscheidest«, sagt Thomas wieder sehr energisch und energiegeladen, als ob er mir gerade den Kopf waschen will.

»Ist es denn überhaupt möglich, sich mit der aktuellen Situation abzufinden? Ich kann mir das gar nicht vorstellen, den ganzen Druck, dem ich zurzeit ausgesetzt bin, auszuhalten und dabei nicht durchzudrehen?«

»Da möchte ich dir eine Geschichte erzählen, die ihren Ursprung irgendwo im chinesischen Taoismus hat.«

Wir setzen uns zusammen auf die Couch, als Thomas mir die Geschichte erzählt. Ich gieße mir noch eine Tasse Tee ein. Schön langsam finde ich Geschmack am grünen Tee von Thomas. Der liebliche Geruch des Tees füllt den Raum mit seinem unverwechselbaren Duft. Es ist irgendwie ein beruhigender, fast meditativer Prozess, das heiße Teewasser langsam in meine Tasse zu gießen. Es bietet mir auf jeden Fall etwas Zeit, zum Nachdenken und mich auf die Geschichte vorzubereiten, die mir Thomas gleich erzählen will. Ich bin wieder sehr gespannt und freue mich darauf, wieder in eine andere Welt eintauchen zu können.

Thomas rückt sich etwas bequemer in die Polster der Couch, nimmt sich ebenfalls seine Teetasse zwischen die Hände und sieht mir direkt in die Augen, als er fortfährt. Seine blauen Augen haben etwas sehr faszinierendes, seine Stimme hat eine entspannende Wirkung auf mich und der gedämpfte Klang seiner Worte harmoniert perfekt mit dem leisen Zwitschern der Vögel, die ich von draußen hören kann.

»Es war einmal ein Bauer, der schon seit seiner Geburt auf seinem eigenen Hof lebte und arbeitete. Eines Tages entkam sein wertvollstes Pferd aus dem Stall und lief davon. Die Nachbarn des Bauern kamen, um ihr Beileid auszusprechen, denn sie waren überzeugt, dass der Bauer nun ohne sein wertvolles Pferd nicht mehr arbeiten und überleben könne.

Doch der Bauer antwortete: ›Wer weiß, was gut ist oder schlecht‹ und arbeitete weiter, als wäre nichts geschehen. Die Nachbarn schüttelten den Kopf und gingen davon, denn sie dachten, dass der Bauer den Ernst der Lage nicht erkannte.

Ein paar Tage später kehrte das Pferd jedoch von allein zurück und brachte dafür drei wilde, aber dafür wunderschöne und starke Pferde mit sich. Auch die Nachbarn kamen zurück, um dem Bauern zu gratulieren, da er jetzt so viele Pferde besitze, dass er sehr viel Glück habe und jetzt sehr reich sei.

Doch der Bauer antwortete wiederum: ›Wer weiß. Vielleicht ist das so, vielleicht auch nicht‹ und arbeitete weiter, als wäre nichts geschehen. Die Nachbarn schüttelten erneut den Kopf und gingen davon, denn sie dachten, dass der Bauer den Wert seines Glücks nicht erkannte.

Ein paar Tage später versuchte der Sohn des Bauern, das jüngste der drei wilden Pferde zu zähmen, doch er fiel herunter und brach sich das Bein. Die Nachbarn kamen herbeigerannt, um ihr Beileid auszusprechen und sagten, dass der Sohn des Bauern nun nicht mehr arbeiten könne und dass dies das Ende der Familie sei.

Doch der Bauer antwortete wiederum: ›Wer weiß schon, was gut ist oder schlecht‹ und arbeitete weiter, als wäre nichts geschehen. Die Nachbarn schüttelten erneut den Kopf, wunderten sich über die komische Reaktion und gingen davon, denn sie dachten, dass der Bauer verrückt geworden sei.

Ein paar Wochen später brach ein Krieg in dem Land aus und die Armee kam in das Dorf, um alle jungen Männer für den Krieg zu rekrutieren. Der Sohn des Bauern konnte jedoch nicht eingezogen werden, da er sich ja das Bein gebrochen hatte. Die Nachbarn kamen zurück, um dem Bauern zu sagen, wie glücklich er doch sein musste, da ja sein Sohn nicht in den Krieg ziehen musste und zuhause bleiben konnte.

Doch der Bauer antwortete wiederum: ›Wer weiß. Vielleicht ist das so, vielleicht auch nicht‹ und arbeitete weiter, als wäre nichts geschehen. Die Nachbarn waren sprachlos und verließen den Bauernhof, ohne jemals wieder ein weiteres Wort über irgendwelche Ereignisse zu sagen, die dem Bauern passierten.«

Ich sitze da, meine Hände umschließen die warme Teetasse, während ich über seine Worte nachdenke. Es ist eine interessante Geschichte, die ein Konzept beschreibt, das sicherlich einen gewissen Grad an Reife und Weisheit erfordert, um es vollständig zu erfassen. Der grüne Tee auf meinen Lippen ist bittersüß, genau wie die Worte, die Thomas gerade gesagt hat.

Der Raum ist mit Stille erfüllt, nur unterbrochen vom gelegentlichen Schlürfen von Tee und den Geräuschen der Natur. Ich höre den Wind, die Vögel, das Plätschern des Springbrunnens. Wir sitzen einfach da, eingehüllt in unsere Gedanken, während die Mittagssonne durch die Fenster strahlt. Nach einer kurzen Pause beginne ich zu sprechen:

»Es ist also manchmal schwierig zu wissen, was gut oder was schlecht ist. Der Bauer bleibt in jedem Fall gelassen und akzeptiert die Ereignisse, so wie sie sind. Weder gerät er in Panik noch in überschwängliche Euphorie. Irgendwie erinnert mich das an dieses Gebet der Anonymen Alkoholiker. Wie war das noch gleich?«

Natürlich weiß Thomas, was ich meine und sagt: »Gott, gib mir die Gelassenheit, Dinge hinzunehmen, die ich nicht ändern kann, den Mut, Dinge zu ändern, die ich ändern kann, und die Weisheit, das eine vom anderen zu unterscheiden. Das meinst du doch, oder?«

»Ja, genau, das meine ich.«

»Ich ergänze das übrigens immer mit dem Zusatz: und gibt mir die Stärke, das zu beeinflussen, dass ich beeinflussen kann.«

»Und schon sind wir wieder bei den Kreisen mit Kontrolle, Einfluss und Interesse und dass ich die Ereignisse so sehen soll, wie sie sind und mich nicht künstlich reinsteigere. Ich glaube, dass ich erst einmal wissen möchte, wie ich aus meiner jetzigen Situation rauskomme, bevor ich mir irgendwelche Gedanken über ein schöneres Leben machen kann.«

»Das klingt nach einem guten Plan. Lass uns nach dem Mittagessen weitermachen, mir knurrt nämlich schon der Magen.«

Ich habe überhaupt nicht mitbekommen, wie schnell die Zeit schon vergangen ist und dass ich auch ziemlich Hunger bekommen habe. Zu sehr war ich von diesem völlig neuen Ansatz fasziniert. Es war schön, sich einerseits mit meinen Themen und andererseits mit diesen abstrakten Konzepten auseinanderzusetzen. Vieles von dem hab ich schon irgendwann einmal gehört, aber so in den Zusammenhang mit meiner Situation habe ich es noch nie gesehen. Als wir gemeinsam die Treppe runter in die Küche gehen, erinnere ich mich wieder an letztes Wochenende. Unglaublich, wie schlecht es mir da noch ging im Vergleich zu jetzt. Jetzt spüre ich eigentlich nur ein riesiges Loch im Bauch. Ich bin schon gespannt, was wir essen werden. In der Küche angekommen sehe ich, dass der Tisch bereits mit einer riesigen Salatplatte gedeckt wurde. Es gab zudem frisches Baguette und ein paar Aufstriche.

»Wann hast du denn den Tisch gedeckt? Du warst doch die ganze Zeit mit mir oben im Büro. Und als ich vom Spaziergang zurückgekommen bin, war noch nichts von dem da.«

»Ich hab zwischendrin meine Cateringfirma angeschrieben. Die haben natürlich direkt Zugang zum Haus und meinen anderen Büros, so sind wir am flexibelsten.«

»Du musst mir dann sagen, was du von mir bekommst.«

»Ich bin mir ziemlich sicher, dass wir heute noch an einen Punkt kommen, wo du dir über solche Kleinigkeiten keine Gedanken mehr machen wirst.«

Ich verstand nicht so ganz, was er mir damit sagen wollte. Da er mir dabei auch verschwörerisch zublinzelt und mir lachend auf die Schulter klopfte, musste ich einfach in das Lachen einsteigen. Ich fühle mich gerade einfach richtig gut!

Zwischenspiel

Wir sind jetzt an einem wichtigen Punkt in der Geschichte von David angekommen. Zu Beginn wusste er zwar, dass sich etwas ändern muss und dass er so nicht weiter machen will. Er hat sich zunächst gegen die Unterstützung von Thomas gesträubt, vermutlich aus Angst oder aus irgendeinem anderen Grund. Es ging so weit, dass er sich krank gefühlt hat, um nicht zu ihm fahren zu müssen. Doch er hat seinen eigenen Schatten überwunden und ist den ersten Schritt gegangen.

David hat erkannt, dass er etwas ändern muss und vor allem, dass es an ihm und auch in seinen Möglichkeiten liegt, etwas zu ändern. Mit Hilfe des Lebensbaums ist ihm einiges klarer geworden.

Welche Erkenntnisse hast Du bis jetzt für Dich mitgenommen, was hast Du bist jetzt gelernt?

FÜHL DICH DOCH, WIE DU WILLST!

Nach dem Essen haben wir noch einen längeren Spaziergang gemacht. Dabei haben wir uns über die guten alten Zeiten unterhalten und wie anders unser Leben doch früher war. Als wir wieder in seinem Arbeitszimmer angekommen sind, ließ mich Thomas den Vormittag noch einmal zusammenfassen. Als ich damit fertig war, ging es auch schon weiter.

»Gut, lass uns da weitermachen, wo wir vor dem Essen aufgehört haben. Du wolltest erst erfahren, wie du aus deiner jetzigen Situation rauskommen kannst. Dann machen wir uns einen Plan über deine VL, deine Vorstellung vom Leben. Passt das für dich?«

»Ja, das klingt gut«, antworte ich.

»Im Grunde hatten wir das ja schon. Gehen wir wieder zurück zu dem Zitat ›Zwischen Reiz und Reaktion ist ein Raum‹ von Viktor Frankl.«

Als er das sagte, malte er auf eine neue Seite vom digitalen Whiteboard ein Rechteck und schrieb Reiz und Reaktion links und rechts dazu.

»Je größer dieser Raum ist, desto größer ist dein Handlungsspielraum, desto größer ist dein Kontrollbereich. Du wirst unabhängiger von äußeren Reizen und du kannst dich in jedem Moment entscheiden, wie du dich fühlen möchtest.

In diesem Raum liegt die Freiheit, bewusste Entscheidungen zu treffen, anstatt automatisch und unüberlegt zu reagieren. Dies ist vor allem ein zentraler Aspekt von Achtsamkeit. Wir lernen, unseren Geist zu beobachten und zu erkennen. Weißt du, wir sind nämlich nicht unsere Gedanken und Emotionen.«

»Was sind wir dann?«, frage ich Thomas.

»Ich versuche mal, es zu erklären. Es ist nämlich nicht so leicht, das, was jetzt kommt, nur durch zuhören zu verstehen. Wir sind das Bewusstsein, das unsere Gedanken und Emotionen beobachtet«, setzt Thomas an. »Unsere Gedanken und Emotionen sind temporär, sie kommen und gehen. Es gibt hier auch das Bild eines Bahnhofs, in den Züge ein und ausfahren, und die Züge stehen hier für unsere Gedanken.«

»Dann ist mein Kopf ein Hauptbahnhof zur Rush-Hour«, sage ich scherzhaft, um das Bild an meine Situation anzupassen. Da muss Thomas kurz lachen, fängt sich aber schnell wieder und führt seine Erzählung weiter fort.

»Unser Bewusstsein, das Zeuge davon ist, was wir denken und wie wir uns fühlen«, sagt Thomas, »das bleibt konstant. Es ist wie ein stiller Beobachter im Hintergrund, es ist der Raum zwischen äußeren Ereignissen und unseren Gedanken und Emotionen. Es ist, wer wir wirklich sind.«

Er pausiert, als würde er auf die Bedeutung seiner Worte hinweisen wollen, dann fährt er fort: »Es kann gut sein, dass wir uns vollständig mit unseren Gedanken und Emotionen identifizieren, doch dann sind wir Gefangene unserer eigenen Köpfe. Wir werden von den Wellen unserer Gedanken hin- und hergerissen und von unseren Emotionen überschwemmt. Sobald wir aber erkennen, dass wir das Bewusstsein hinter diesen Gedanken und Emotionen sind, erhalten wir eine gewisse Distanz. Wir können beobachten, ohne von ihnen mitgerissen zu werden.«

Ich nicke und beginne, die Tragweite dieser Worte zu begreifen. Es ist, als ob Thomas mir einen Spiegel vorgehalten hätte, durch den ich mich selbst klarer sehen kann. Es ist ein überraschend befreiendes Gefühl, diese Trennung zu erkennen. »Also sind wir, auf eine Art und Weise, Beobachter unseres eigenen Lebens?«, frage ich, versuche, dieses neue Konzept zu umarmen.

»Genau«, erwidert Thomas mit einem zufriedenen Nicken, »es ist zwar ein stiller, aber eben kein passiver Beobachter. Wir sind in der Lage, uns als das Bewusstsein hinter unseren Gedanken und Emotionen zu erkennen. Gelingt uns das, gewinnen wir die Freiheit, sie zu steuern, anstatt von ihnen gesteuert zu werden. Und das ist eine der mächtigsten Fähigkeiten, die wir haben können.«

»Was kann ich denn machen, um diese Fähigkeit zu erlernen?«, frage ich Thomas.

»Es gibt hier einige Möglichkeiten. Zum Beispiel durch die Praxis von Achtsamkeit. Hier lernen wir, diesen Raum zu vergrößern und bewusster und absichtsvoller zu handeln, anstatt uns von impulsiven oder unüberlegten Reaktionen leiten zu lassen. Mit Achtsamkeitsübungen können wir aufmerksamer werden und mit der Zeit werden wir bewusster Entscheidungen treffen können, vor allem, wie wir auf bestimmte Reize reagieren wollen, und dadurch eine höhere Ebene der emotionalen Kontrolle erreichen.«

»Das klingt sehr spannend, wie genau geht das?«

»Es ist leichter, es direkt zu erfahren. Ich will dir jetzt eine Methode zeigen, wie du diesen Raum vergrößerst. Bist du bereit dazu?«

»Bereit und gespannt, was jetzt kommt!«

»Moment, ich hole uns noch schnell zwei Stühle.«

Wir setzten uns gegenüber auf die beiden Stühle, die er aus einem Nachbarzimmer geholt hat. Er setzt sich sehr aufrecht auf den einen Stuhl, legt seine Hände im Schoß aufeinander und schließt die Augen. Ich mache es ihm nach. Dann beginnt er in einer sehr langsamen, ruhigen und sanften Stimme zu sprechen.

»Nimm eine aufrechte, bequeme Position ein. Schließe deine Augen und lenke deine Aufmerksamkeit auf deinen Atem. Atme tief eeeeiiiinnnnnn ... und aaaaaauuuuussssssss ..., spüre, wie sich dein Körper mit jedem Atemzug entspannt.«

Mit geschlossenen Augen und langsamem Atem versuche ich, Thomas Worte aufzunehmen. Ein leichter Juckreiz kriecht an meiner Nasenwurzel hoch und ich kratze ihn weg, bevor ich mich wieder auf meinen Atem konzentriere. Meine Hände fühlen sich feucht an. Ist das ein Zeichen meiner Nervosität?

»Nun konzentriere dich auf deinen Körper. Spüre, wie dein Körper auf dem Stuhl ruht und wie sich deine Füße auf dem Boden anfühlen. Konzentriere dich jetzt voll und ganz auf deine Füße, nimm jede einzelne Zehe wahr. Lass sie sich entspannen und schwer werden.«

Als ich meine Aufmerksamkeit auf meine Füße lenke, bemerke ich, wie meine Zehen in meinen Schuhen zucken. Ein leises Seufzen entkommt mir, bevor ich mich daran erinnere, dass ich mich konzentrieren sollte. Ich zwinge mich, die Zehen zu entspannen, und fühle, wie sich die Anspannung etwas löst.

»Richte deine Aufmerksamkeit jetzt auf deine Waden. Nimm die Empfindungen wahr, die sich dort befinden.

Geh nun weiter nach oben über deine Schienbeine, dann bewege dich zu deinen Oberschenkeln. Spüre die Berührung der Kleidung auf der Haut deiner Oberschenkel und nimm jegliche Spannung in diesen Muskeln wahr. Atme tief in diese Spannung ein und lass mit jedem Ausatmen die Anspannung los.

Führe die Übung nun fort, indem du deine Hüften, deinen unteren Rücken, deinen Bauchbereich wahrnimmst. Spüre das Gewicht deines Körpers und lass jegliche Spannung in diesen Bereichen los.«

Ich folge Thomas Anweisungen, bewege meine Aufmerksamkeit nach oben und merke, wie mein rechtes Bein unruhig wird. Ich ändere meine Beinstellung und fühle, wie sich die Spannung in meinen Muskeln löst. Es ist ein eigenartiges Gefühl, so bewusst meinen Körper zu spüren, doch es bringt auch irgendwie eine tiefe Ruhe mit sich. Immer wieder kommen mir irgendwelche Gedanken, die mich ablenken und Konzentration kosten. Auch wenn mir Thomas erklärt hat, dass ich das Bewusstsein bin, dass meine Gedanken beobachtet, ist es ziemlich schwer, das in die Tat umzusetzen.

»Richte nun deine Aufmerksamkeit auf deinen Brustkorb, deinen oberen Rücken und deine Schultern. Atme tief ein und aus, atme in deinen Kopf. Spüre dabei, wie sich dein Brustkorb mit jedem Atemzug hebt und senkt und wie der Sauerstoff deinen Kopf befreit. Lass deine Schultern entspannen und ganz warm werden. Und noch ein bisschen wärmer, noch ein bisschen entspannter.«

Als ich mich auf meinen Oberkörper konzentriere, bemerke ich, wie ich meine Schultern anspanne. Es ist, als ob ein Gewicht darauf liegt, und ich muss mich anstrengen, um sie zu entspannen. Ich atme tief durch und kann förmlich spüren, wie sich die Anspannung mit jedem Atemzug etwas löst.

»Bewege dich weiter zu deinen Armen, Unterarmen und Händen. Spüre das Gewicht deiner Arme und lass sie sich entspannen und warm werden. Nimm jede einzelne Fingerkuppe wahr und lass jegliche Spannung los.

Zuletzt richte deine Aufmerksamkeit auf deinen Nacken, dein Gesicht und deinen Kopf. Spüre die Empfindungen in diesen Bereichen und lass jegliche Anspannung in deinen Gesichtsmuskeln, Kiefer und Stirn los.«

Mein Kopf beginnt zu schwirren, als ich meine Aufmerksamkeit auf meinen Nacken und mein Gesicht lenke. Es ist, als ob meine Gedanken wieder auftauchen würden, und ich versuche, sie beiseitezuschieben. Ich versuche, mich auf die Anspannung in meinem Gesicht zu konzentrieren, auf das leichte Ziehen in meinen Augenlidern und das Zucken in meiner Stirn.

»Atme noch einige Male tief ein und aus und genieße das Gefühl der Entspannung, das sich über deinen gesamten Körper ausgebreitet hat.

Nun lenke deine Aufmerksamkeit auf diesen Moment. Nimm wahr, was um dich herum geschieht. Geräusche, Gerüche, Temperaturen. Nimm all das wahr, ohne es zu bewerten oder zu beurteilen. Lausche den Geräuschen in der Ferne und nehme sie einfach als Klänge wahr, ohne ihnen Bedeutung zuzuweisen. Richte deine Aufmerksamkeit auf die Gerüche in der Luft und nimm sie neutral und ohne Bewertung wahr.

Wenn du bereit bist, kehre zu deinem Atem zurück. Atme tief eeeeiiiinnnnnn ... und aaaaaauuuuussssssss ... und spüre, wie sich dein Körper mit jedem Atemzug noch tiefer entspannt. Lass deine Gedanken kommen und gehen, ohne an ihnen festzuhalten.

Atme tief eeeeiiiinnnnnn ... und aaaaaauuuuussssssss ..., nimm das Gefühl von Frieden und Ruhe in dir auf. Wisse, dass du jederzeit hierher zurückkehren kannst, um diese innere Ruhe zu finden, wann immer du sie brauchst.

Sobald du soweit bist, öffne langsam deine Augen. Nimm die Welt um dich herum wahr. Nimm dir einen Moment Zeit, um dich an den Raum zu gewöhnen und spüre, wie du dich fühlst.«

Langsam, fast widerwillig, öffne ich blinzelnd meine Augen. Ich sehe zu Thomas, dessen Augen noch immer geschlossen sind, und sehe die Ruhe in seinem Gesicht. Er verströmt eine ziemliche Ausgeglichenheit und Zufriedenheit, wie ein Fels in der Brandung. Vielleicht sollte ich das öfter machen, denke ich, während ich meinen Blick abwende und den Raum betrachte und den warmen Teppich unter meinen Füßen spüre. Ja, das sollte ich definitiv öfter machen.

Ich ließ den Moment noch ein bisschen auf mich wirken. Während der Meditation war mein Atem zunächst flach und schnell und ich versuchte, meine Gedanken zu beruhigen. Ich fühlte mich unruhig und abgelenkt von meinen Gedanken, die immer wieder auftauchten und meine Aufmerksamkeit beanspruchten. Ich habe versucht, sie loszulassen und mich auf die Stimme von Thomas zu konzentrieren, aber es fiel mir schwer, mich zu fokussieren. Ich bin immer wieder abgelenkt worden, und doch ist es mit der Zeit etwas leichter geworden.

»Um ehrlich zu sein«, durchbreche ich die Stille mit entspannter Stimme, »bin ich ziemlich erstaunt über das Gefühl der Ruhe und Klarheit, die sich in mir jetzt zum

Schluss ausgebreitet hat. Ich fühle mich im Vergleich zu vorher viel bewusster und präsenter. Zu Beginn hab ich mich um ehrlich zu sein noch unwohl gefühlt, ich konnte mich auch noch nicht von meinen Gedanken befreien. Ich sollte diese Übung öfter machen. Danke dir Thomas!«

»Gerne. Ich mache diese Meditation so gut wie jeden Tag. Zu Beginn ist es natürlich noch schwer, aber mit der Zeit gewöhnt sich dein Geist daran, dass du die Oberhand über ihn hast. Glaubst du, dass du mit Hilfe dieser Übung anders mit deinem Alltag umgehen kannst?«

»Ja, ich denke schon. Ich glaube schon, dass mir diese Übung dabei helfen kann, mich aus meinen negativen Gedanken rauszuholen.«

Thomas malte das Gesagte wieder auf die digitale Tafel.

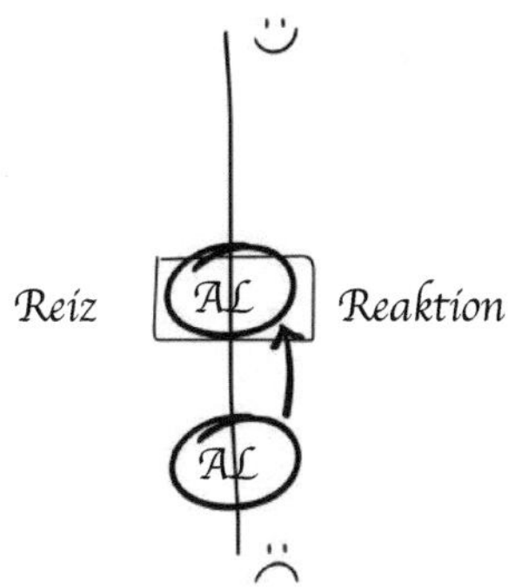

Thomas fasst noch einmal zusammen: »Zwischen Reiz und Reaktion ist ein Raum. Und in diesem Raum können wir uns entscheiden, worauf wir uns fokussieren, wie wir uns dabei fühlen und was wir als nächstes machen. Methoden wie die Achtsamkeitsmeditation können uns dabei helfen, aus unserem negativen Gedanken auszubrechen und in einen neutralen, gelassenen und aufmerksamen Zustand zu gelangen. Es geht darum, bewusst im gegenwärtigen Moment zu sein, ohne von der Vergangenheit oder der Zukunft abgelenkt zu werden. Wir können lernen, unsere Gedanken und Emotionen zu beobachten, ohne von ihnen überwältigt zu werden, und dadurch eine bessere Kontrolle über unser Leben zu erlangen. Es geht darum, achtsamer und bewusster zu leben, um ein erfüllteres Leben zu führen.«

Da ich mehr wissen möchte, frage ich ihn: »Gibt es neben der Achtsamkeitsmeditation weitere Methoden, um das zu schaffen?«

»Ja, da gibt es einiges.« Während er mir weitere Möglichkeiten sagt, notiere ich sie mir in meinem Journal, das mir Thomas gegeben hat.

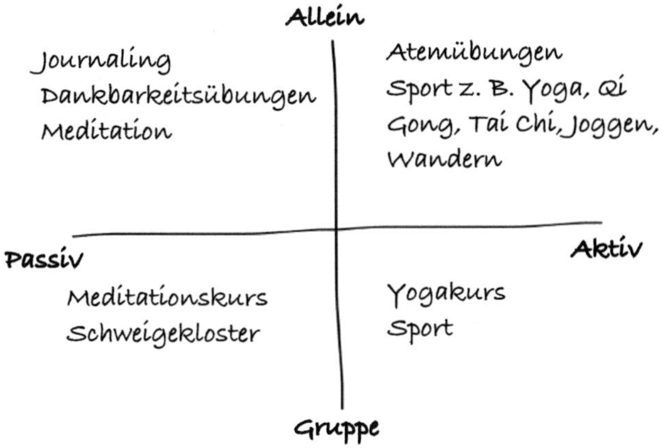
Allein
Journaling
Dankbarkeitsübungen
Meditation
Atemübungen
Sport z. B. Yoga, Qi Gong, Tai Chi, Joggen, Wandern
Passiv
Aktiv
Meditationskurs
Schweigekloster
Yogakurs
Sport
Gruppe

Zwischenspiel

Wie Du siehst, gibt es viele Möglichkeiten, den Raum zwischen Reiz und Reaktion zu vergrößern. Das Ziel ist bei den Verschiedenen Ansätzen immer identisch: Voll im hier und jetzt sein, unabhängiger von äußeren Reizen werden und Handlungen bewusst einsetzen. Wir sind kein Spielball äußerer Ereignisse, sondern haben in jedem einzelnen Moment die Fähigkeit zu handeln.

- Worauf fokussiere ich mich? Das ist die Frage, ob Du Dich auf Deinen Einfluss- und Kontrollbereich fokussierst, wo Veränderung durch Dich möglich ist oder auf den Interessensbereich, den Du nicht ändern kannst. Fokussierst Du Dich auf das, was Du hast, oder auf das, was Du nicht hast? Es gibt unzählige Dinge, auf die Du Deinen Fokus richten kannst.

- Was bedeutet das für mich? Hier stellst Du Dir in jedem Moment die Frage, wie Du Dich dabei fühlst, welche Bedeutung Du dem Ganzen gibst und welchen Einfluss es auf Dich hat. Dies ist der Raum, von dem wir hier sprechen.

- Was werde ich jetzt machen? Du handelst in jedem einzelnen Moment, auch wenn Du nichts unternimmst. Ob Du weiterliest und wertvolles für Dich mitnimmst oder ob Du das Buch weglegst und etwas anderes machst, all das liegt in Deiner Hand und ist abhängig davon, worauf Du Dich fokussierst und was das für Dich bedeutet.

All das passiert, egal ob bewusst oder unbewusst. Mit den Hilfsmitteln, die hier beschrieben werden, bekommst Du mehr Einfluss auf diese drei Fragen und kannst beginnen, bewusster zu agieren und weniger zu reagieren. Das ist die Kraft von Achtsamkeit.

Welchen Stellenwert hat Achtsamkeit für Dich derzeit in Deinem Leben?

____

____

____

Was kannst Du machen, um dem Thema Achtsamkeit (noch) mehr Raum in Deinem Leben zu geben, damit Du präsenter, aufmerksamer, gelassener und bewusster wirst.

____

____

____

DER BETTELMÖNCH UND DER KÖNIG

Nachdem ich die verschiedenen Möglichkeiten auf den zwei Achsen passiv, aktiv und allein, in Gruppe verteilt habe, sagt Thomas zu mir:

»Es liegt also in deiner Hand, wie du dich in jedem einzelnen Moment fühlen möchtest. Du bist kein Opfer deiner Gedanken, Gefühle und von äußeren Umständen. Nur du kannst kontrollieren, wie es dir geht. Wenn du dich schlecht fühlst, dann weil du das so möchtest. Vielleicht auch, weil es dich deinem Ziel näherbringt, wie wir heute früh gesehen haben. Ähnlich wie ein kleines Kind, das an der Kasse weint, damit es die Süßigkeiten bekommt, die dort gezielt für diese Situation feilgeboten werden. Genauso hast du die Fähigkeit, dich jederzeit gut zu fühlen. Wie du deinen Geist aufs hier und jetzt zentrierst, weißt du ja jetzt.«

»Ja, nur dass ich das jetzt noch intensiv üben muss. So richtig viel Ruhe hab ich noch nicht in meinem Kopf.«

»Das ist doch ganz normal, lieber David. Es ist noch kein Meister vom Himmel gefallen. Und doch, du bist in der Lage, diesen Zustand öfter zu erlangen und die Praxis der Achtsamkeit in deinen Alltag zu integrieren. Und desto regelmäßiger du diese Übungen praktizierst, umso stärker verankert es sich in dein Leben.«

»Ja, du hast recht. Vermutlich bin ich einfach viel zu ungeduldig.«

»Ja, das kann gut sein. Das ging mir früher ganz genauso. Wenn du dir jetzt deinen Lebensbaum noch einmal anschaust und dich an eine typische Situation in den letzten Wochen erinnerst, wie geht es dir dabei?«

Er öffnete wieder die Seite mit dem Lebensbaum, den ich heute Vormittag erstellt habe. Als ich den Baum so betrachte, gehen mir einige Gedanken durch den Kopf und es kommen auch einige Bilder in mir hoch.

»Schon ein bisschen besser«, antworte ich. »Ich hab inzwischen verstanden, was du mir sagen willst. Es liegt an mir, die Situation zu ändern und es ist meine Verantwortung, was für ein Leben ich mir da aufgebaut hab. Auch wenn ich nicht alles in der Hand habe, nur ich kann meine Gefühle kontrollieren. Aber um ehrlich zu sein, ich will nicht, dass ich alles einfach nur hinnehme, was passiert. Die Geschichte von dem Bauern ist ja ganz nett. Nur dass ich mein Leben selbst gestalten möchte. Ich will nicht einfach nur passiv daran teilhaben. Ich will ein erfolgreiches und erfülltes Leben leben! Ich glaube nicht, dass mich da meditieren hinbringen wird.«

»Ich finde es gut, dass du dein Leben aktiv gestalten und nicht einfach nur passiv daran teilnehmen möchtest«, sagt Thomas. »Sonst würde ich mir auch nicht so viel Zeit für dich nehmen. Und wenn du sagst, dass es dich nicht dahinbringen wird, dann wird das auch so sein. Henry Ford hat es so ausgedrückt: ›Egal ob Du glaubst, dass Du etwas kannst oder nicht kannst, Du hast Recht.‹ Im Grunde wollte er damit sagen, dass es unsere Glaubenssätze sind, die unser Leben und unser Handeln beeinflussen. Wir können die Zukunft nicht vorhersehen, sondern nur Einfluss darauf nehmen, wie wir uns verhalten und welche Veränderungen wir ermöglichen.«

»Ja, das stimmt«, antworte ich.

»Und da können uns eben solche Themen wie Achtsamkeit und Meditation unterstützen. Diese können dir dabei helfen, deine Gedanken und Gefühle besser zu verstehen und zu kontrollieren. Das wird dir letztendlich helfen, dein Leben in die gewünschte Richtung zu lenken und erfüllter zu machen. Es geht nicht darum, alles einfach hinzunehmen, sondern darum, bewusster zu handeln und bewusster Entscheidungen zu treffen. Und zwar solche Entscheidungen, die zu dir, deinen Zielen und Werten passen. Wenn du ständig nur leidest und jammerst, bringt es dich nicht weiter und du vergeudest Zeit und Energie. Das sind dann meist die Phasen, wenn du dich die ganze Zeit über müde und energielos fühlst. Und wenn du dir Ziele steckst, diese dann erreichst und dich innerlich leer fühlst, dann bringt dir dein ganzer ›Erfolg‹ auch nichts. Daher ist es mir wichtiger, dass du zuerst zu dir selbst findest, bevor du Wege zu deinen Zielen findest. Dazu möchte dir wieder eine Geschichte erzähle.«

Ich schenke mir wieder eine Tasse Tee ein und mache es mir auf der Couch gemütlich. Es ist echt schön, wie Thomas Geschichten, Theorie und Praxis integriert, so dass es immer interessant und spannend bleibt.

Thomas beginnt zu erzählen: »Es war einmal ein König, der in seinem überaus prächtigen und protzigen Schloss lebte. Inmitten der weitläufigen Wälder des Königreichs erhob sich das prunkvolle Schloss des Königs. Umgeben von goldenen Mauern und türkisfarbenen Türmen, verziert mit Diamanten und Edelsteinen, stellte es ein Symbol der prachtvollen Macht und des Reichtums dar, den der König besaß. Sein majestätischer Anblick verlieh der umgebenden Landschaft einen Hauch von Magie und Erhabenheit, der die Herzen der Menschen erfüllte, die es aus der Ferne bewundern durften.«

Ich kann mir so richtig vorstellen, wie das Schloss aussieht. Der König muss ein sehr wohlhabender und glücklicher König sein, der sein Volk dank all der Schätze und Reichtümer gut regiert.

»Doch trotz all seines Reichtums und seiner Macht fühlte sich der König innerlich leer und unzufrieden. Je mehr er hatte, desto größer wurde seine Angst, alles zu verlieren. Also musste er immer wieder neue Wege finden, um seinen Besitz zu schützen und zu mehren.

Eines Tages hörte er von einem Bettelmönch, der im Besitz einer Wunderlampe sein soll, und von dem es hieß, dass er trotz seines einfachen Lebens glücklich und zufrieden sein soll. Dies konnte sich der König aber gar nicht vorstellen, also befahl er seiner Gefolgschaft, dass sie den Bettelmönch zu ihm bringen sollen. Also begaben sich ein paar seiner Diener auf die Suche und fanden den Bettelmönch, der auf der Straße lebte. Als dieser von der Bitte des Königs hörte, freute er sich auf das Treffen. Bei der Audienz befragte der König den Bettelmönch, der sich und seine Kleidung extra vor dem Besuch gewaschen hat, nach den Geheimnissen seines Glücks. Da antwortete der Bettelmönch: ›Ich besitze nur das, was ich bei mir habe. Ich schlafe auf der Straße. Ich esse, was mir in meine Bettelschale gegeben wird. Ich wasche mich in Flüssen und trockne mich mit meinem Handtuch. Ein weißer Freund hat mir einmal seinen wertvollsten Besitz geschenkt, eine Wunderlampe, die mir in dunklen Stunden Licht schenkt. Ich bin dankbar für alles, was ich habe.‹

Diese Antwort erzürnte den König, denn niemand konnte ohne Besitz und glücklich darüber sein. Deshalb befahl er den Wachen, die Habseligkeiten des Mönchs zu durchsuchen. In seiner Tasche waren lediglich drei Gegenstände: ein Handtuch, eine Bettelschale und eine Öllampe. Der

Bettelmönch erzählte dem König auf sein Geheiß von dem Geheimnis der Wunderlampe: ›Sie erfüllt jeden Wunsch, und zwar gibt doppelt so viel, wie man sich wünscht. Ich habe mir noch nie etwas gewünscht, denn ich habe alles, was ich brauche.‹ Der König war von der Idee besessen, die Wunderlampe zu bekommen und beschloss, den Bettelmönch zu zwingen, sie ihm zu geben.

Der Bettelmönch zögerte zunächst, da die Wunderlampe ein Geschenk war und ihm sehr viel bedeutete. Aber schließlich gab er dem König die Lampe, der ihm schon mit Folter drohte. Der König war überglücklich und begab sich in sein Schlafgemach.

Er begann bescheiden, und wünschte sich ein Stück Gold. Die Lampe fragte ihn, ob er zwei haben möchte. Dies erfreute den König, der sich nun zwei Goldstücke wünschte. Da die Lampe ihm nun vier anbot, wünschte er sich zehn Goldstücke. Das ging eine ganze Weile so dahin, und der König verbrachte drei Tage und drei Nächte in seinem Zimmer, ohne Essen, Trinken und Schlaf, um sich all seine Wünsche zu erfüllen. Und die Lampe gab ihm immer doppelt so viel, wie er erbat. Alles, was er sich erträumte, wurde auf wundersame Weise Wirklichkeit. Niemals hätte er zu hoffen gewagt, dass er so viel bekommen würde.

Doch das Schicksal, das oft unbarmherzig ist, hatte für ihn einen bitteren Preis bereit. So starb der König nach drei Tagen und drei Nächten in seinem Schlafgemach, ertrunken in den Fluten seiner Träume und ohne jemals den Frieden zu finden, den er sich so sehr ersehnte. Denn der König hatte im Rausch seiner kühnsten Träume gefesselt vergessen zu essen, zu trinken und zu schlafen. Er verbrachte die letzten Stunden seines Lebens einsam und allein mit all

Der Bettelmönch hingegen lebte weiterhin ein einfaches Leben und blieb bis an sein Lebensende glücklich und zufrieden. Er lehrte die Menschen, die er traf, die Weisheit, die er erlangt hatte und half ihnen, ein glückliches und erfülltes Leben zu führen. Er erinnerte sie daran, dass das wahre Glück nicht in materiellen Dingen zu finden ist, sondern in ihrem Inneren, in ihren Beziehungen zu anderen und in ihren Handlungen.«

Diese Geschichte brachte mich zum Nachdenken. Wozu machte ich das Ganze? Ist es einfach ein Streben nach Glück, dass ich niemals finden werde? Ich sage zu Thomas, dass ich jetzt eine Pause machen möchte und raus in den Wald gehe, um mir über einiges klar zu werden.

»Ja, das ging mir damals genauso, als ich die Geschichte das erste Mal gehört habe. Lass und in 30 Minuten weitermachen.«

Ich gehe also in den Wald und lege mich dort auf den moosbedeckten Boden, weil gerade keine Bank in der Nähe ist. Meine Gedanken kreisen um die letzten Stunden, um die letzten Wochen und über die vielen Ereignisse, die in letzter Zeit wie eine Lawine über mich hinweggedonnert sind. Ich versuche, mit geschlossenen Augen meine Gedanken zu beruhigen, bis ich irgendwann einschlafe.

Auf einmal tanzen Bettelmönche, Könige, und Bauern vor meinen Augen, wie Schatten auf einer Leinwand. Ihre spüre, wie sich unsere Blicke treffen, voller Dringlichkeit und Bedeutung, als ob sie mir eine Botschaft übermitteln wollten, die über Worte hinausgeht. Ihre Stimmen vermischen sich in einem chorischen Wirbel, der mein Herz vor Unruhe und Anteilnahme schlagen lässt.

Plötzlich verdichten sich die Schatten, und ich fühle, wie die Worte, die unausgesprochen in der Luft hängen, in mein Bewusstsein eindringen. Ich spüre die extreme Freude der Bettelmönche, die trotz ihrer Armut ein erfülltes Leben führen. Ich fühle die schwere Last der unglücklichen Könige, die trotz ihres Reichtums innerlich leer sind. Und ich spüre die stoische Gelassenheit der Bauern, die trotz ihrer harten Arbeit und unabhängig von irgendwelchen Ereignissen ein tiefes Gefühl des Friedens und der Zufriedenheit in sich tragen.

Die Eindrücke treffen mich mit voller Wucht und ich wache abrupt auf, mein Herz rast, und ich fühle mich auf eine seltsame Weise erfrischt und völlig klar. Obwohl es nur ein kurzer, unruhiger Traum war, fühle ich, dass sich etwas in mir verändert, obwohl ich die Botschaft noch nicht ganz verstehe.

Zwischenspiel

Unser Leben wird nicht darüber definiert, was wir besitzen, sondern wer wir sind, wie wir uns verhalten und was wir für die Menschen um unser herum machen. Wir sind so viel mehr als das Geld auf unserem Bankkonto, das Auto, das wir fahren, das Haus, in dem wir wohnen.

Was würdest Du machen, wenn Du eine solche Wunderlampe hättest?

Was würdest Du in Deinem Leben ändern oder verstärken, wenn weder Geld noch Anerkennung eine Rolle für Dich spielen?

Welche Entscheidungen hast Du in den letzten Jahren aus materiell-motivierten Gründen getroffen?

____

____

____

Wenn Du ehrlich zu Dir bist, wie viel von dem König, dem Bettelmönch und dem Bauern steckt in Dir?

____

____

____

WIE IM INNEN, SO IM AUSSEN.

Trotz des Traums während meines kurzen Nickerchens fühle ich mich wieder gestärkt. Zum Glück bin ich durch den Traum wieder aufgewacht, denn ich hab völlig vergessen, mir einen Wecker zu stellen. Was hätte Thomas wohl gemacht, wenn ich nicht pünktlich nach der Pause wiedergekommen wäre?

Naja, was solls, ich bin ja pünktlich aufgewacht. Meine Gedanken drehen sich um den Traum und um die letzten Stunden. Ich glaube, dass ich ein klares Bild davon habe, wo ich stehe und worum es mir wirklich geht. Einerseits will ich nicht wie der König in seinem goldenen Käfig sterben, aber auch nicht ein Leben wie der Bettelmönch mit so gut wie nichts auf der Straße verbringen. Aber eben auch nicht wie der Bauer, der den äußeren Ereignissen keine Bedeutung gegeben hat und alles so hinnimmt, wie es kommt.

Ich hab in den letzten Jahren eher ein Leben wie der Mönch im Außen und der König im Innen geführt. Keinen dieser drei Wege möchte ich gehen. Vielleicht gibt es ja einen Pfad, der mich zu einem erfolgreichen und erfüllten Leben führt. Es wäre ja gelacht, wenn das nicht möglich sein sollte. Thomas zum Beispiel scheint ja im Außen sehr viel erreicht zu haben und wirkt im Inneren sehr zentriert.

»Wenn ich mir das so anschaue, dann möchte ich weder wie der König noch wie der Mönch oder der Bauer sein«, sage ich zu Thomas nach unserer Pause. »Ich möchte, dass ich in meinem Leben das erreiche, was ich mir vornehme und dass ich mich im Inneren glücklich und erfüllt fühle.«

»Mir war wichtig, dass dir das klar wird, bevor wir weitermachen. Du kannst reich sein wie der König, weiße wie der Mönch und gelassen wie der Bauer. Es gibt nämlich in unserem Universum eine Reihe von unveränderbaren Prinzipien und Kräften, wie zum Beispiel die Schwerkraft. Es kann sein, dass du nicht an die Schwerkraft glaubst. Und doch, wenn du von einem Hochhaus springst, wirst du von dieser Kraft in die Tiefe gezogen, und zwar unabhängig von deiner inneren Einstellung oder deinem Glauben. Und so verhält es sich auch mit dem Prinzip *wie im innen, so im außen.*«

»Ich glaube, das hab ich schon einmal gehört.«

»Ja, das kann gut sein. Das geht bis zu den alten Ägyptern zurück mit ihrer hermetischen[8] Philosophie. Diese besagt, dass alles, was in unserer äußeren Welt genau das geschieht, ein Spiegelbild von dem ist, was in unserem Inneren vorgeht. Der Spruch drückt die Vorstellung aus, dass unsere

---

[8] Hermetisch bedeutet verschlossen oder undurchdringlich und geht auf die hermetische Philosophie zurück, die im antiken Ägypten entstanden ist und sich mit Themen wie Magie, Alchemie und Mystik beschäftigt.

äußere Realität von unserer inneren Welt geprägt wird und dass wir durch die Arbeit an uns selbst und unsere innere Transformation unsere äußere Realität positiv beeinflussen können.«

»Aber müsste demnach der Bettelmönch nicht auch reich sein? Im Inneren war er ja sehr glücklich und hat auch vielen Menschen mit seinen Weisheiten geholfen? Wieso war er dann im Außen so arm?«

»Einerseits, weil er sich dazu entschieden hat, also weil es seiner Identität entsprach. Andererseits, weil er bestimmte Mechanismen zum Reichwerden nicht eingehalten hat. Bis auf das, was er zum puren Überleben benötigte, hat er alles wieder weggegeben, was ihm in seine Bettelschale gegeben wurde. Und weil er eben alles wieder weggegeben hat, war er im Außen arm. Es war seine innere Überzeugung, dass immer mehr als genug sein wird. Er lebte ein Leben in einer Haltung der Fülle, bei der kein Wohlstand einen Unterschied für ihn gemacht hätte. Vielleicht hätte ihn Besitz sogar belastet.«

Ich höre aufmerksam zu und mache mir auch einige Notizen in meinem Journal. Noch versuche ich zu verstehen, was mir Thomas sagen möchte.

»Was ich dir sagen möchte, David. Es ist egal, ob jemand alles verschenkt, was nicht zum Überleben benötigt wird oder ob alles für Luxusgüter ausgegeben wird. Wohlstand baut sich dann auf, wenn wir einen Teil von unseren Einnahmen auf die Seite legen, investieren und die Erträge reinvestieren. Je größer dieser Teil, desto schneller steigt unser Vermögen an, bis zu einem Punkt, an dem wir von den Erträgen leben können. Natürlich ist es auch wichtig, einen Teil davon wieder wegzugeben, also zu spenden, aber eben nicht alles, was nach dem Essen übrigbleibt.«

»Verstehe, dadurch, dass es der Identität eines Bettelmönchs entspricht, arm zu sein, hat er alles dafür getan, um arm zu bleiben.«

»Ja und nein«, antwortet Thomas. »Ich würde sogar sagen, dass der Bettelmönch nicht arm ist. Arm sein kann vieles bedeuten. Wirtschaftlich betrachtet bedeutet arm sein zum Beispiel, dass jemand über sehr wenig oder kein Geld verfügt und Schwierigkeiten hat, grundlegende Bedürfnisse wie Nahrung, Unterkunft, Kleidung und Gesundheitsversorgung zu erfüllen.«

»So gesehen war der Mönch arm, weil er ja kein Geld hatte und sich auch keine Unterkunft leisten konnte. Er hatte ja auch der Straße geschlafen.«

»Ich glaube, dass er keine Schwierigkeiten hätte, schnell an das nötige Geld bzw. die nötigen Gelegenheiten zu gelangen, wenn er eine Unterkunft, neue Kleidung oder eine Gesundheitsversorgung benötigt hätte. Es würde sich für ihn alles genau richtig fügen, weil er in einer inneren Fülle lebt.«

»Ok, verstehe. Dann war der Mönch wirtschaftlich betrachtet zwar arm, weil er kein Geld hatte, aber dann doch nicht, weil er dadurch keine Schwierigkeiten hatte?«

»Ja, so würde ich das interpretieren. Es gibt auch eine relative Armut. Hier werden die Menschen zu einer bestimmten Zeit verglichen. Hierbei ergeben sich die klassischen Begriffe wie Unterschicht, Mittelschicht und Oberschicht. Und bei einer solchen Betrachtung wäre der Bettelmönch sehr wohl als arm bezeichnet worden. Denn objektiv betrachtet war er arm, und relativ zur Gesellschaft hatte er ja deutlich weniger als der Rest.«

»Ich glaube, dass ich schön langsam verstehe, was du mir sagen möchtest. Der Bettelmönch ist nicht wirklich arm, also nicht in seinem Inneren. Er wird zwar von der Gesellschaft als arm bezeichnet, aber das stört ihn nicht und er vertraut auch darauf, dass es ihm an nichts mangeln wird.«

»Das ist korrekt. Denn Armut kann auch als ein Mangel oder ein Defizit betrachtet werden. Also ein Mangel an Bildung, an Fähigkeiten oder an einem sozialen Netzwerk. Der Bettelmönch ist sogar so reich, dass er eine Audienz beim König bekommt und diesem etwas von seinen wenigen Habseligkeiten geben muss. Insofern war der

Bettelmönch alles andere als arm. Aber wir sind jetzt ein bisschen vom Thema abgekommen.

Wenn wir uns jetzt gleich deinen Zielen, Träumen und Wünschen widmen, behalte im Hinterkopf:

1. Nichts von deinen Erfolgen im Außen wird dich langfristig glücklich machen.

2. Nur an deinem Inneren zu arbeiten, wird dich langfristig nicht erfolgreich machen, wenn du mit den Ergebnissen im Außen falsch haushaltest.

3. Es braucht die richtige Balance zwischen Nehmen und Geben.

Also lass uns jetzt den nächsten Schritt gehen und uns über deine Zukunft Gedanken machen.«

Zwischenspiel

Welche Erkenntnis hattest Du durch die Geschichte mit dem Bettelmönch und dem König?

Kannst Du irgendwelche Parallelen zu Dir und Deinem Leben erkennen?

VERGANGENHEIT UND ZUKUNFT

Thomas ergänzt die Grafik mit dem Reiz-Reaktions-Modell und den lachenden und traurigen Smileys um eine weitere Achse: die Zeit. Er wiederholt dabei, dass wir im Hier und Jetzt leben, dass wir hier die Freiheit haben, uns zu entscheiden und dass wir die Freiheit haben, uns im Jetzt gut oder schlecht zu fühlen. Er schreibt auf die linke Seite der Zeitachse *Vergangenheit* und auf die rechte *Zukunft.*

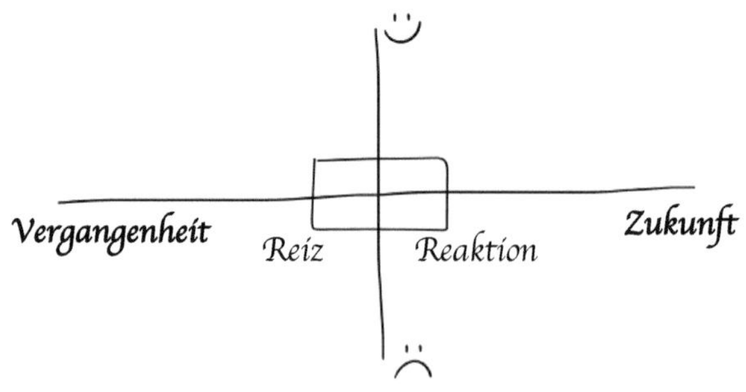

»Alles, was wir im Hier und Jetzt haben, sind Ergebnisse«, sagt Thomas. »Wenn du zu dick bist, dann ist das ein Ergebnis. Wenn du pleite bist, dann ist das ein Ergebnis. Wenn dich deine Parterin verlässt, dann ist das ein Ergebnis. Deine aktuelle Lebenssituation AL ist das Ergebnis von vergangenen Entscheidungen und Handlungen. Wenn dich diese Dinge stören und negativ beeinflussen, dann sind das offensichtlich negative Abweichungen von einem gewünschten Ergebnis, also von deiner Vorstellung vom Leben, also der VL.

Je näher deine AL deiner VL ist, desto zufriedener wirst du sein. Was wir hier nicht machen wollen: Deine VL durch Methoden und Strategien an deine AL anpassen. So würdest du langfristig wie der Bettelmönch leben. Und das möchtest du ja nicht. Ebensowenig gehen wir den Weg, deine VL immer weiter höher zu setzen und mit deiner AL hinterherzurennen, um eine innere Leere zu füllen. Wir gehen den Weg, dass du dich sowohl im Hier und Jetzt gut fühlst als auch ein erstrebenswertes Ziel in der Zukunft hast und erreichst, damit du dich weiterentwickelst, zu deiner besten Version wirst und so ein Leben in Erfolg *und* in Erfüllung lebst. Es geht nicht darum, was du auf deinem Weg erreichst, sondern darum, wer du auf deiner Reise wirst.«

Während er das sagte, ergäzte er die Grafik um Ergebnisse, Ziele, Träume und Vision. Ich mache mir dazu auch einige Notizen in meinem Journal.

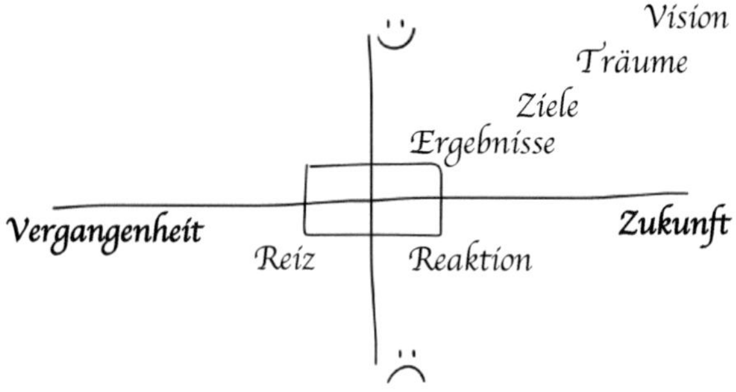

Thomas erklärt die einzelnen Begriffe: »Die Vision liegt am weitesten in der Zukunft und erfüllt dich am stärksten mit einem positiven Gefühl, wenn du daran denkst. Du inspirierst andere Menschen, wenn du darüber sprichst und du würdest sogar durchs Feuer gehen, um deine Vision wahr werden zu lassen. Zumindest dann, wenn deine Vision wirklich stark und prägnant ist. Deine Träume sind ähnlich wie deine Vision, nur nicht ganz so weit weg und erfüllen dich nicht ganz so stark mit einem positiven Gefühl, wenn auch immer noch sehr stark. Ziele sind konkrete, von deiner Vision und deinen Träumen abgeleitete Schritte, darauf werden wir später noch näher eingehen. Und die Ergebnisse hab ich vorhin ja schon erklärt.«

DAS LEBEN IN DER SPIRALE

»Alle Ziele, die du dir vorstellen kannst, haben eine Gemeinsamkeit. Sie hängen davon ab, wo Du gerade im Leben stehst. Es gibt dafür ein sehr spannendes Konzept, dass sich Spiral Dynamics nennt. Hast du davon schon einmal gehört?«

»Noch nie gehört, aber ich bin wie immer gespannt, was du mir damit sagen möchtest.«

»Don Beck und Chris Cowan haben Spiral Dynamics auf der Grundlage der Theorien von Clare W. Graves entwickelt und in einem sehr empfehlenswerten Buch veröffentlicht.«

Thomas geht zu seiner Bibliothek und holt ein ziemlich dickes Buch mit vermutlich über 500 Seiten. Er gibt es mir in die Hand, es trägt den Titel *Spiral Dynamics - Leadership, Werte und Wandel.* Ich blättere ein bisschen darin rum, während Thomas weiterspricht.

»Spiral Dynamics beschreibt im Wesentlichen die Entwicklung von menschlichen Bewusstseinsstufen«, beginnt Thomas. »Es ist ein wirklich faszinierendes Modell, das zeigt, wie wir uns als Individuen und als Gesellschaft weiterentwickeln, wie sich Werte und Weltanschauungen formen und verändern. Es ist quasi eine Landkarte für menschliche Evolution. Auch wenn das Buch ziemlich dick ist und ziemlich viel Inhalt bietet, ich hab mir das Buch inzwischen schon vier oder fünfmal durchgelesen.«

Ich schaue auf und bemerke, dass Thomas mit einer Leidenschaft über das Thema spricht, die das, was ich heute bereits gesehen habe, noch etwas übertrumpft. Das Buch in meinen Händen scheint plötzlich viel interessanter und wertvoller zu sein.

»Das Schöne an Spiral Dynamics ist, dass es uns nicht nur hilft, unsere eigene Entwicklung zu verstehen, sondern eben auch die der Menschen um uns herum und die der Menschheit insgesamt«, erklärt Thomas. »Es bietet ein schönes Modell für Konflikte aller Art und bietet einen Rahmen, um bessere Entscheidungen zu treffen sowie um effektiver zu kommunizieren.«

Ich nicke, immer noch das Buch betrachtend. »Das klingt faszinierend«, gebe ich zu.

»Ganz ehrlich, es ist mehr als das«, entgegnet Thomas mit einem Lächeln und strahlenden Augen. »Es ist ein Werkzeug, das uns hilft, unsere Vergangenheit und Gegenwart zu verstehen und um unsere Zukunft zu gestalten. Egal, ob es um persönliches Wachstum, berufliche Entwicklung oder gesellschaftlichen Wandel geht. Spiral Dynamics kann uns dabei unterstützen, unser volles Potenzial zu entfalten und die Zukunft zu gestalten, die wir uns wünschen.«

Ich schließe das Buch und blicke Thomas an. »Ich glaube, ich habe meine neue Lektüre gefunden«, sage ich und ein breites Lächeln breitet sich auf meinem Gesicht aus. »Ich freue mich darauf, mehr darüber zu lernen.«

Thomas nickt zufrieden. »Ich bin mir sicher, du wirst es nicht bereuen.« Und damit tauchen wir tiefer in die faszinierende Welt von Spiral Dynamics ein.

»Ich hab dir das Buch aus einem wichtigen Grund gegeben. Das, was ich dir jetzt gleich erklären werde, ist nur ein sehr grober Überblick. Im Buch werden jedoch noch sehr viel mehr und sehr wichtige Themen besprochen, die jedoch für unsere jetzige Arbeit noch nicht relevant sind. Lass mich dir also kurz einen Abriss von dem Modell geben. Und ich will mich dabei auf die Eingangsthese beschränken, und zwar, dass alle Ziele, die sich jemand vorstellen kann, einen Rückschluss auf die aktuelle Lebenssituation ermöglichen. Ich gebe dir erst einen Überblick, und dann gehe ich auf die These ein, ok?«

»Ja, das passt für mich«, antworte ich ihm und bin gespannt, was jetzt kommt. Das muss schon ein ziemlich geniales Modell sein.

»Gut«, beginnt Thomas, und ich merke, wie er sich auf das, was er als nächstes sagen wird, konzentriert. »Spiral Dynamics beschreibt acht Ebenen des Bewusstseins, die wir als Individuen und als Gesellschaft durchlaufen können. Jede einzelne dieser Ebenen repräsentiert eine bestimmte Sichtweise auf die Welt. Es ist eine Art und Weise, Werte zu organisieren und Prioritäten zu setzen.«

Er macht eine kurze Pause, als würde er überlegen, wie er am besten fortfahren sollte. »Jede Ebene wird durch eine Farbe repräsentiert, dabei werden in dem Modell folgende Farben verwendet: Beige, Purple, Rot, Blau, Orange, Grün, Gelb und Türkis. Jede Farbe steht für eine bestimmte Ebene. Beginnend mit Beige, das die grundlegendsten Überlebensinstinkte repräsentiert. In Purple herrscht das mystische, Rot wird von Macht und Kampf dominiert. In der nächsten Ebene Blau geben Regeln und Strukturen den Ton an. Leistung, Effizienz und Autonomie sind die vorherrschenden Ziele von Orange. Grün ist die Farbe der Kooperation und des Konsenses. Gelb steht für Vielfalt und Türkis für ein holistisches, globales Bewusstsein. Moment, ich male das am besten auf.«

Ich beobachte ihn, wie er die Grafik auf das Whiteboard malt und versuche, all diese Informationen zu verarbeiten. Es scheint, als würde er versuchen, mir ein Bild der gesamten Menschheitsgeschichte zu zeichnen, mit all ihren Konflikten und Fortschritten, all ihren Fehlern und Errungenschaften.

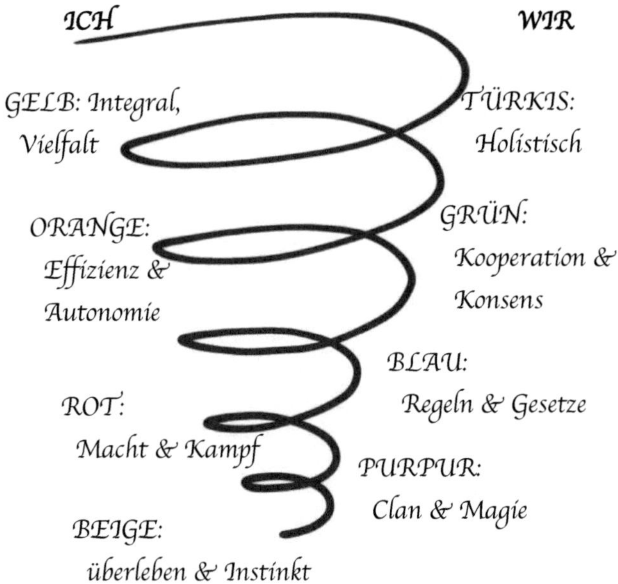

»Die wichtigste Erkenntnis dabei ist, dass keine Ebene besser oder schlechter ist als die andere«, führt Thomas weiter aus. »Sie sind einfach unterschiedlich und repräsentieren verschiedene Stufen in der Entwicklung eines jeden einzelnen, eines Teams, einer Organisation und der gesamten Gesellschaft. Das bedeutet, dass wir nicht versuchen sollten, uns von einer Ebene zur nächsten zu zwingen, sondern dass wir stattdessen versuchen sollten, jede Ebene zu verstehen und zu akzeptieren, für das, was sie ist.«

Ich nicke, immer noch ein wenig überwältigt von all dem, was er mir gerade erzählt. Aber es macht Sinn. Es ist, als würde er mir ein Werkzeug an die Hand geben, um sowohl die Welt als auch mich selbst besser zu verstehen.

»Und hier kommen wir zu der These, von der ich gesprochen habe«, fährt Thomas fort. »Jedes Ziel, das wir uns setzen, repräsentiert eine bestimmte Ebene. Je nachdem, wo wir uns in unserem Leben gerade befinden, können unsere Ziele uns dabei helfen, zu erkennen, wo wir gerade in der Spirale sind und auf welche Ebene wir aufsteigen wollen.«

Er sieht mich an, als ob er auf eine Reaktion wartet. Ich nicke wieder, diesmal entschlossener. »Das klingt logisch«, gebe ich zu. »Und es erklärt vielleicht auch, warum manche Ziele so schwer zu erreichen sind. Sie passen vielleicht einfach nicht zu der Ebene, auf der wir uns gerade befinden, oder?«

Thomas lächelt. »Genau. Und das ist der Schlüssel, um unsere Ziele zu erreichen und unser Leben in die gewünschte Richtung zu lenken. Indem wir verstehen, wo wir stehen und was wir wollen, können wir den Weg zu unserer gewünschten Zukunft ebnen.«

Ich fühle mich inspiriert und gleichzeitig überwältigt. Es ist viel zu verarbeiten, aber ich kann sehen, wie dieses Modell mein Verständnis von mir selbst und der Welt um mich herum verändern könnte. Ich bin froh, dass ich vorhin ein Nickerchen gemacht habe und mich wieder fitter fühle. Eigentlich unvorstellbar, wie schlecht es mir gestern noch ging. Jetzt bin ich erstmal gespannt darauf, wie es weitergeht.

»Ich will dir einfach ein paar Beispiele nennen. Wenn du zum Beispiel gerade in der blauen Ebene bist und du das Gefühl hast, dass dein Leben nur von Regeln und Strukturen kontrolliert und beeinflusst wird, kann sehr gut sein, dass du den Wunsch nach mehr Freiheit und Selbstbestimmung verspürst. Nach Spiral Dynamics möchtest du dich also von Blau nach Orange weiterentwickeln und du würdest deine Ziele dementsprechend formulieren.«

Thomas legt eine kurze Pause ein und sieht mich intensiv an, um sicherzustellen, dass ich ihm folgen kann. Dann fährt er fort:

»Oder stell dir vor, du befindest dich gerade in der Orangen Phase. Du hast viel erreicht, bist erfolgreich, doch irgendwie fehlt dir etwas. Du spürst einen inneren Drang, etwas zu verändern, etwas Bedeutenderes zu tun. Vielleicht strebst du nach mehr Sinnhaftigkeit und Gemeinschaft, nach einem tieferen Beitrag für die Welt. In diesem Fall möchtest du von Orange zu Grün wechseln. Deine Ziele würdest du dementsprechend verändern und auf eine ganzheitlichere, gemeinschaftlich orientierte Perspektive ausrichten. Meist machen wir das übrigens, ohne bewusst darüber nachzudenken.«

Thomas macht eine weitere Pause, um das Gesagte wirken zu lassen, dann fährt er fort: »Das Wichtigste ist, dass du folgendes verstehst, David. Es gibt kein ›besser‹ oder ›schlechter‹. Jede Farbe, jede Ebene hat ihre eigene Gültigkeit und ihren eigenen Zweck. Und jede Ebene ist ein notwendiger Schritt auf dem Weg zur nächsten. Es geht nicht darum, eine Ebene zu überspringen oder zu vermeiden, sondern darum, zu erkennen, wo du gerade stehst und welche Ziele zu deiner aktuellen Lebensphase passen.«

Er legt eine Hand auf das Buch und schaut mich an: »Das ist die Kraft von Spiral Dynamics. Es hilft dir zu verstehen, wo du stehst und wohin du gehen möchtest. Es ist ein Kompass für dein Leben und deine Ziele.«

Zwischenspiel

Was für eine spannende Reise wir gerade zusammen antreten! Wir sind dabei, die acht Ebenen von Spiral Dynamics zu erkunden und dabei können wir feststellen, wie sowohl unser eigenes Leben und unser Verhalten aber auch unsere Gesellschaft davon beeinflusst werden können.

Im Folgenden bekommst Du noch einmal einen detaillierteren Überblick über das Konzept von Spiral Dynamics.

BEIGE, die Ur- und Überlebensebene. Hast Du schon einmal Momente erlebt, in denen Du nur noch aufs Überleben fokussiert warst, vielleicht bei einer ernsten Krankheit oder einer Naturkatastrophe? Als Kleinkinder waren wir in den ersten Jahren alle in dieser Ebene.

PURPUR ist die Ebene der Tradition und des Aberglaubens, geprägt von Stammeskulturen und alten Bräuchen. Kannst Du Parallelen zu Deinem eigenen Leben ziehen, etwa Respekt vor älteren Familienmitgliedern oder spürst Du eine tiefe Verbundenheit zu Deinem Geburts- oder Heimatort? Als Kinder war es der Zauber und das Mystische von Weihnachten, Ostern und die Vorfreude auf unseren Geburtstag.

ROTE Momente hatten wir alle schon: Momente von impulsivem Handeln, bei denen die eigenen Bedürfnisse und Wünsche im Vordergrund standen, in denen wir ›Rot‹-

gesehen haben. Bestimmt kannst Du Dich an solche erinnern.

BLAU, die Ebene von Regeln, Strukturen und Ordnung. Gab es Zeiten in Deinem Leben, in denen Du Dich strikt an Regeln gehalten und Sicherheit in Strukturen gesucht hast? Wie etwa in unserer Schulzeit, die häufig geprägt war von Stillsitzen, Hausaufgaben und vor allem von Problemen, die wir ohne Lehrkraft nicht gehabt hätten.

ORANGE ist die Ebene von Erfolg, Autonomie und Materialismus. Denke an Zeiten, in denen Du nach Unabhängigkeit und materiellem Erfolg gestrebt hast. Wie haben diese Dich geformt?

GRÜN steht für Gemeinschaft und Harmonie. Gab es Phasen in Deinem Leben, in denen Du Dich vor allem auf das Wohl der Gemeinschaft konzentriert hast, auf Harmonie und Ausgleich?

Nun kommen wir zu den höheren Ebenen: GELB und TÜRKIS. Sie stehen für systemisches Denken, Flexibilität und ganzheitliches Bewusstsein. Vielleicht bist Du gerade dabei, diese Ebenen zu erkunden?

Reflektiere ein wenig über diese Ebenen.

In welcher Ebene lebst Du gerade?

Welche Ebenen hast Du bereits durchlebt, welche strebst Du vielleicht an?

Welche Ebenen stellen Dich vor Herausforderungen?

HABEN, SEIN, TUN UND GEBEN

Ich blättere noch ein wenig in dem dicken Buch herum. Es ist leider schon wieder zu lange her, dass ich ein Buch in den Händen gehalten habe. Wenn ich mir Thomas und seine Bibliothek so anschaue, dann wird mir klar, dass ich wohl wieder mehr lesen sollte. Es scheint, ziemlich wertvoll zu sein, sich in verschiedenen Bereichen im Leben auszukennen. Ich war in letzter Zeit zu sehr in den Fachthemen meiner Firma gefangen. Thomas sitzt still neben mir und schaut geduldig zu, bis er schließlich die kurze Pause unterbricht:

»Wenn du in die Zukunft blickst, geht es doch im Grunde darum, dass dein Lebensbaum in voller Blüte stehen soll, mit dicken Ästen und saftigen Früchten.«

Thomas lässt das Bild einen Moment in der Luft hängen, bevor er fortfährt. »Der Lebensbaum in Kombination mit den Inhalten von Spiral Dynamics können dir helfen, zu erkennen, wo du gerade stehst und welche Möglichkeiten sich dir für dein Wachstum bieten. Hierbei geht es ja darum, einen Zustand in der Zukunft anzupeilen, der besser ist als der jetzige. Also einen Zustand, der dich begeistern und motivieren soll, um ins Handeln zu kommen.«

Thomas wartet einen kurzen Moment, bevor er sich sicher ist, dass ich ihm folge. »Wir Menschen sind bereit und vor allem dazu in der Lage, bewusst kurzfristigen Schmerz in Kauf zu nehmen, und war dann, wenn wir uns davon im Gegenzug einen langfristigen Nutzen erhoffen. Deshalb ist es so wichtig, dass du ein starkes, positives Gefühl in dir spürst, wenn du in die Zukunft blickst. Das ist übrigens auch der Grund, wieso die Vision ganz rechts oben ist, also weit in der Zukunft und mit einem möglichst positiven Gefühl.«

Thomas ergänzt noch einen Pfeil in der Grafik, der genau das darstellt.

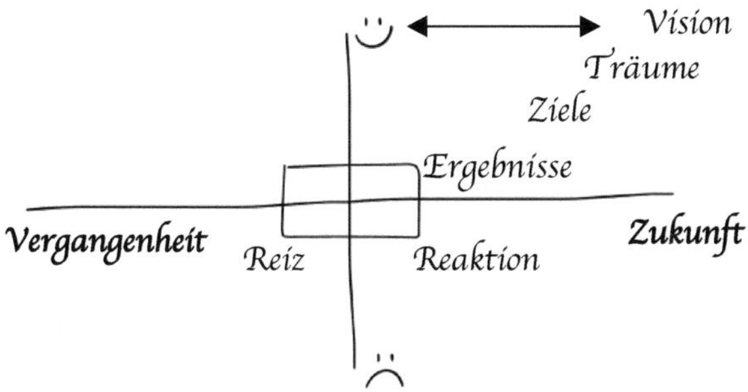

Ich höre konzentriert zu, nicke kurz und muss ihm meine Gedanken mitteilen: »Ich weiß, dass ich mich nicht länger so fühlen möchte, wie ich mich letzte Woche noch gefühlt habe. So kann es einfach nicht weitergehen. Ich hab inzwischen gelernt, wie ich meinen Zustand so verändern kann, dass es mir im Hier und Jetzt unabhängig von äußeren Umständen besser gehen kann. Aber wenn ich nur danach strebe, mich besser zu fühlen, ohne eine klare Vorstellung von einem besseren Leben zu haben und auch aktiv etwas daran ändere, dann wird es mich langfristig nicht wirklich weiterbringen.«

Ich schaue Thomas direkt in die Augen. Ich sehe, dass er trotz des langen Tages noch sehr fit und wach wirkt. »Ich meine, es geht bei deinem Ansatz doch darum, innere Stärke zu entwickeln und mit dieser Stärke das richtige Handeln zu initiieren, das mich meinem idealen Leben näherbringt, oder?«

Thomas lächelt zufrieden. »Genau, sehr gut erfasst, David!«

Ein neuer Funke von Entschlossenheit erwacht in mir. »Dann ist es jetzt an der Zeit, dass ich als nächstes meinen idealen Lebensbaum definiere.«

»Klingt sehr gut! Ich habe gehofft, dass wir heute noch an diesen Punkt kommen«, antwortet Thomas. »Also lass uns gleich damit beginnen. Was wäre für dich eine 10 in den einzelnen Lebensbereichen? Und was wünschst du dir für dein ideales Leben? Am besten nimmst du dir jetzt dafür genügend Zeit.«

Thomas reicht mir einen speziellen Kugelschreiber und sagt: »Hier hast du auch noch einen Stift mit vier Farben.

Ich nutze solche Stifte schon seit einiger Zeit, um meine Ziele aufzuschreiben oder meine Tage zu planen. Je nach dem nutze ich für bestimmte Dinge immer die gleichen Farben. Wenn ich zum Beispiel eine Aufgabe erledigt habe, markiere ich diese mit einem grünen Häkchen. Wenn ich sie auf nächste Woche verschiebe, male ich einen blauen Pfeil dazu und wenn ich sie nicht geschafft haben sollte, mit einem roten Kreuz. Du kannst die Ziele für die Lebensbereiche auch noch unterteilen und dafür die Farben des Stiftes nutzen.«

Ich bin gespannt, was er mir jetzt gleich vorstellen wird, und betrachte dabei den Kugelschreiber mit den grünen, blauen, roten und schwarzen Mienen.

»Du kannst deine Ziele in folgende vier Kategorien unterteilen: haben, sein, tun und geben. Für jede Kategorie nimmst du eine eigene Farbe, damit du sie besser unterscheiden kannst. Der Bereich *haben* bezieht sich auf materielle Dinge, die du besitzen möchtest, wie z.B. ein Haus, ein Auto oder wie viel Geld du verdienen möchtest oder wie viel auf der Bank liegen soll, dafür könntest du die Farbe Rot nehmen.«

Ich höre aufmerksam zu und schreibe konzentriert mit.

»*Sein* beinhaltet persönliche Eigenschaften und Charakterzüge, die du entwickeln möchtest, wie du sein möchtest, also Selbstvertrauen, Mitgefühl, Geduld oder andere. Hierfür nehme ich immer Blau.«

Thomas macht eine kurze Pause, damit ich mit dem Schreiben meiner Notizen hinterherkomme.

»Die Kategorie *tun* bezieht sich auf die Dinge, die du in deinem Leben tun möchtest, also welche Sportarten du ausüben möchtest, ob du eine neue Sprache lernen oder eine Weltreise machen willst. Vielleicht ist Schwarz die passende Farbe dafür.«

Mir kommt der Gedanke, dass ich bereits die Farben nutzen kann, die mir Thomas nennt, um mir die Kategorien gleich besser merken kann. Daher wechsle die Farbe meines Stiftes und umrande die vorherigen Notizen mit den jeweiligen Farben. Zum Glück lässt mir Thomas hierfür etwas Zeit.

»Und zu guter Letzt *geben* für den Unterschied, den du machen möchtest, wie du anderen Menschen helfen willst und welchen positiven Einfluss du auf die Welt haben möchtest. Dies können durch ehrenamtliche Arbeit, Spenden oder andere wohltätige Tätigkeiten sein. Es bleibt jetzt ja eh nur noch Grün beim dem vielfarbigen Stift übrig.«

»Haben die Farben einen Sinn? Oder wieso hast du die Farben so verteilt?«

»Gute Frage, David. Nein, in dem Fall hab ich die Farben einfach so gewählt. Du kannst es übernehmen oder dir eine eigene Zuteilung machen, wie du möchtest.«

»Ok, dann übernehme ich erstmal deine Einteilung.«

»Klingt gut, du kannst es ja jederzeit ändern. Vermutlich wirst du nicht für jeden Lebensbereich Ziele in allen vier Kategorien definieren können, aber es hilft dir, an alles zu denken.«

Ich nehme mir den Stift und beginne, meine Gedanken zu ordnen. Ich bin endlich bereit, meine Reise zu planen, bereit, meinen idealen Lebensbaum zu entwickeln. Letzte Woche hätte ich dafür einfach nicht den Kopf gehabt.

Zwischenspiel

Auch Du kannst Dir jetzt Zeit nehmen und die gleiche Aufgabe wie David absolvieren. Dazu können Dir die folgenden Fragen behilflich sein. Am besten ist es, Du beginnst mit dem Lebensbereich, bei dem Du derzeit am unzufriedensten bist, also der, mit der niedrigsten Punktzahl. Erinnere Dich, Du konntest Dich bereits intensiv damit beschäftigen, wie deine Aktuelle Lebenssituation (AL) aussieht.

Mit welchem Lebensbereich bist Du derzeit am unzufriedensten?

Beschreibe mit einem Satz, was Dich am Allermeisten an diesem Lebensbereich stört und was sich hier unbedingt ändern muss.

____

____

____

Bearbeite die kommenden Aufgaben mit diesem einen Lebensbereich. Du kannst jederzeit hierher zurückkommen, und Dich auch mit den anderen Lebensbereichen beschäftigen. Du kannst natürlich auch gleich mehrere Lebensbereiche bearbeiten, das liegt ganz an Dir.

Doch achte bitte darauf, dass Du Dich nicht übernimmst. Lieber weniger und gut als viel und schlecht oder gar nichts machen. Die Erfahrung hat gezeigt, dass es zunächst genügt, die ein bis zwei Lebensbereiche auszuarbeiten und intensiv an einer Verbesserung zu arbeiten, die derzeit am schlechtesten bei Dir abschneiden.

Wenn Du zum Beispiel in einem Lebensbereich zwei von zehn Punkten hast und in einem andere acht von zehn, dann nimm dir lieber mehr Zeit für den mit zwei als mit dem für acht Punkten.

Erarbeite Dir Deine ideale Vorstellung vom Leben (VL) für den Lebensbereich, den Du jetzt gewählt hast und schreibe Dir auf, was Du haben, sein, tun und geben möchtest, und betrachte dabei gerne auch die verschiedenen Ebenen vor Spiral Dynamics.

Im Folgenden kommen nun zu jedem Lebensbereich eine Reihe von Fragen, die Dich auf neue und andere Gedanken bringen möchte.

Dein Körper

Gesundheit & Fitness

- Wie willst Du Dich fühlen, wenn Du körperlich und geistig in Topform bist?

- Was wäre Dein Idealgewicht, das Du kontinuierlich halten möchtest?

- Wie sieht Dein Körper aus, wenn Du Dich gesund und fit fühlst und Dein Idealgewicht hast?

- Wie viel Energie willst Du haben, wenn Du Dich gesund und fit fühlst?

- Wie oft willst Du Sport treiben oder Dich bewegen, wenn Du Dich gesund und fit fühlst?

- Wie würde Dein soziales Leben aussehen, wenn Du Dich gesund und fit fühlst?

- Welche Art von körperlicher Aktivität und Bewegung würde Dir Freude bereiten und Dich noch gesünder und fitter zu halten?

- Was sind Deine Ziele in diesem Bereich?

- Was möchtest Du alles in diesem Bereich lernen?

Ernährung

- Welche Nahrungsmittel könntest Du regelmäßig zu Dir nehmen, um Deinen Körper optimal zu unterstützen und leistungsfähig zu halten sowie Deine körperliche Fitness und Gesundheit zu verbessern?

- Welche Art von Ernährung könnte Dich dabei unterstützen, Deine geistige Klarheit und Energie noch weiter zu steigern?

- Welche Art von Lebensmitteln würdest Du gerne vermeiden oder einschränken, um Deine Gesundheit und Fitness noch weiter zu verbessern?

- Welche Art von Nahrungsergänzungsmitteln oder Vitaminen könntest Du in Deine Ernährung integrieren, um sicherzustellen, dass Du alle notwendigen Nährstoffe erhältst?

- Wie könntest Du sicherstellen, dass Du ausreichend hydriert bist und genügend Wasser trinkst?

- Was sind Deine Ziele in diesem Bereich?

- Was möchtest Du alles in diesem Bereich lernen?

Deine Gedanken & Emotionen

Gedanken

- Welche Gedanken oder Überzeugungen würdest Du gerne häufiger bzw. seltener haben?
- Welche Denkmuster oder Überzeugungen würdest Du gerne ändern oder weiterentwickeln?
- Wie würdest Du gerne auf negative oder störende Gedanken reagieren?
- Welche Gedanken machen Dich glücklich und zufrieden und wie könntest Du sie häufiger in Deinen Alltag einbeziehen?
- Wie könntest Du Dein Denken nutzen, um positiv auf stressige oder herausfordernde Situationen zu reagieren?
- Was sind Deine Ziele in diesem Bereich?
- Was möchtest Du alles in diesem Bereich lernen?

Emotionen

- Wie würdest Du Dich in Deinem Alltag gerne fühlen?
- Welche Emotionen würdest Du gerne häufiger bzw. seltener erleben?
- Welche Aktivitäten oder Situationen würdest Du gerne öfter erleben, die Dich zum Lachen bringen und Dich glücklich fühlen lassen?
- Wie würdest Du gerne auf stressige Situationen reagieren und mit unangenehmen oder schwierigen Emotionen umgehen?
- Wie würdest Du gerne mit anderen Menschen umgehen, wenn sie negative Emotionen zeigen?
- Was sind Deine Ziele in diesem Bereich?
- Was möchtest Du alles in diesem Bereich lernen?

Spiritualität

- Wie würde Dein ideales spirituelles Zielbild aussehen?
- Welche Praktiken könnten Dir dabei helfen, Deine Spiritualität zu fördern?
- Welche Werte sind für Dich wichtig, um ein spirituelles Leben zu führen?
- Was bedeutet es für Dich, eine Verbindung zu einer höheren Macht oder einem höheren Bewusstsein zu haben (Gott, das Universum, die Natur, ...)?
- Welche Erfahrungen würdest Du gerne machen, die Deine spirituelle Entwicklung positiv beeinflussen können?
- Was sind Deine Ziele in diesem Bereich?
- Was möchtest Du alles in diesem Bereich lernen?

Deine Beziehungen

Freundschaften

- Welche Werte, Charaktereigenschaften, Ziele und gemeinsamen Interessen sollten Deine Freundschaften mit Dir teilen?

- Wie oft würdest Du Dich gerne mit Deinen Freundschaften treffen?

- Welche Art von Aktivitäten würdest Du gerne noch intensiver mit Deinen Freundschaften unternehmen?

- Welche Art von Beziehung möchtest Du zu Deinen Freunden haben (oberflächlich, tiefsinnig, vertraut, etc.)?

- Was sind Deine Ziele in diesem Bereich?

- Was möchtest Du alles in diesem Bereich lernen?

Partnerschaft

- Was ist Dir in einer idealen Beziehung am wichtigsten?
- Welche Werte sind Dir in einer idealen Beziehung wichtig?
- Welche gemeinsamen Interessen wünschst Du Dir in einer idealen Beziehung?
- Wie wichtig ist Dir Offenheit und Kommunikation in einer idealen Beziehung?
- Welche Rolle spielt körperliche Intimität in einer idealen Beziehung?
- Wie wichtig ist es Dir, dass ihr euch gemeinsam in einer idealen Beziehung weiterentwickelt?
- Was sind Deine Ziele in diesem Bereich?
- Was möchtest Du alles in diesem Bereich lernen?

Familie

- Wie würde für Dich die ideale Beziehung zu Deiner Familie aussehen?
- Welche Werte sind Dir in Bezug auf Deine Familie wichtig?
- Wie viel Zeit würdest Du am liebsten mit Deiner Familie verbringen?
- Welche gemeinsamen Aktivitäten würdest Du gerne regelmäßig mit Deiner Familie unternehmen?
- Wie würdest Du gerne Deine Rolle innerhalb der Familie sehen?
- Wie würden eine ideale Kommunikation und der beste Umgangston innerhalb Deiner Familie aussehen?
- Wie könntest Du dazu beitragen, dass Deine Familie eine Einheit bildet?
- Was sind Deine Ziele in diesem Bereich?
- Was möchtest Du in diesem Bereich alles lernen?

Dein Umgang mit Zeit

Produktivität

- Zu welchen Zeiten bist Du in der Regel produktiv, kreativ, müde, leistungsfähig, motiviert, entspannt, energiegeladen, sozial und nachdenklich?

- Wie würdest Du gerne Deine Zeit so nutzen, dass Du genügend Zeit für Dich selbst hast und trotzdem eine ausgewogene Balance zwischen den sieben Lebensbereichen aufrechterhältst?

- Wie würdest Du gerne Deine Zeit- und Prioritätenplanung organisieren, um produktiver zu sein und Deine Ziele effektiver und effizienter zu erreichen?

- Wie würdest Du idealerweise Zeitverschwendungen und Prokrastination vermeiden und Dich auf die Prioritäten konzentrieren, die Dir am wichtigsten sind?

- Wann würdest Du gerne Pausen einplanen, um Deinem Körper und Geist regelmäßige Erholung zu ermöglichen?

- Was sind Deine Ziele in diesem Bereich?

- Was möchtest Du in diesem Bereich alles lernen?

Freizeit

- Was macht Dir Spaß und gibt Dir Energie?
- Welche Hobbys und Aktivitäten würdest Du gerne mehr in Deinen Alltag und Dein Leben integrieren?
- Welche neuen Aktivitäten oder Interessen würdest Du gerne einmal ausprobieren?
- Würdest Du gerne Deine Freizeit alleine oder mit anderen verbringen?
- Wie viel Zeit möchtest Du in Zukunft für Deine Freizeitaktivitäten aufwenden?
- Welche Orte und Länder würdest Du gerne besuchen, entdecken und bereisen?
- Was sind Deine Ziele in diesem Bereich?
- Was möchtest Du alles in diesem Bereich lernen?

Deine Mission, Arbeit & Karriere

- Wie könnte Deine Mission lauten, also Dein tiefgreifendes persönliches Ziel oder den Zweck, der Deinen Kurs und Deine Entscheidungen im Leben bestimmt?

- Welchen Beitrag würdest Du mit Deiner Mission, Arbeit und Karriere zur Gesellschaft leisten?

- Welche Werte möchtest Du in Deiner Branche, in Deinem Unternehmen, und in Deinem Team verkörpern?

- Welche Fähigkeiten und Talente möchtest Du in Deiner Branche, in Deinem Unternehmen und in Deinem Team einsetzen?

- Wie würde für Dich ein ideales Verhältnis zwischen Arbeit und den anderen Lebensbereichen aussehen?

- Welche Arbeitsbedingungen sind Dir wichtig?

- Was sind Deine Ziele in diesem Bereich?

- Was möchtest Du in diesem Bereich alles lernen?

Deine Finanzen

Umgang mit Geld

- o Was ist für Dich viel Geld?

- o Was ist für Dich sehr viel und unglaublich viel Geld?

- o Wie viel Geld würdest Du aktuell benötigen, um ein komfortables Leben zu führen?

- o Wie viel Geld möchtest Du gerne sparen, um finanzielle Sicherheit, Freiheit und Unabhängigkeit zu gewährleisten?[9]

- o Welche Ausgaben kannst Du reduzieren, um Deine finanziellen Ziele zu erreichen?

---

[9] Finanzielle Sicherheit: Hier hast Du ausreichend Einkommen oder Rücklagen, um Deinen aktuellen Lebensstandard jetzt und in absehbarer Zukunft zu halten, ohne finanziellen Stress zu erleben. Du könntest zum Beispiel für sechs Monate ohne Einkommen auskommen.

Finanzielle Freiheit: Hier kannst Du arbeiten, weil Du willst und nicht, weil Du musst. Du hast genug passive Einkommensströme, dass Du gerade so Deinen aktuellen Lebensstil halten kannst, unabhängig davon, ob Du weiterhin aktiv arbeitest oder nicht.

Finanzielle Unabhängigkeit: Hier sind Dein Vermögen und passiven Einkommensströme so groß, dass Du für den Rest Deines Lebens ohne weiteres Einkommen leben könntest. Deine finanziellen Ressourcen ermöglichen Dir, Deinen gewünschten Lebensstil zu finanzieren, ohne dass Du dafür arbeiten musst.

- o Wie viel Risiko bist Du bereit einzugehen, um Deine finanziellen Ziele zu erreichen?
- o Wie kannst Du Deine Schulden reduzieren und Deine Kreditwürdigkeit verbessern?
- o Welche weiteren Einkommensströme könntest Du generieren, um unabhängiger und freier zu werden?
- o Was könntest Du machen, um Dein jetziges Einkommen noch weiter zu steigern?
- o Was sind Deine Ziele in diesem Bereich?
- o Was möchtest Du in diesem Bereich alles lernen?

Wohltätigkeit

- Welche Art von Wohltätigkeitsorganisationen möchtest Du unterstützen?

- Was sind Werte und Überzeugungen, die Dich dabei unterstützen, wohltätig zu sein?

- Welche Art von Wirkung möchtest Du mit Deinen Spenden erzielen?

- Welche Art von Aktivismus oder Freiwilligenarbeit möchtest Du leisten?

- Wie viel Geld oder Zeit kannst Du realistisch zur Verfügung stellen, um Deine wohltätigen Ziele zu erreichen?

- Möchtest Du Dich auf eine bestimmte Art von Wohltätigkeitsorganisationen konzentrieren, wie beispielsweise Umweltschutz oder Bildung?

- Möchtest Du Deine Wohltätigkeitsaktivitäten auf eine bestimmte Region oder Gemeinschaft konzentrieren?

- Was sind Deine Ziele in diesem Bereich?

- Was möchtest Du in diesem Bereich alles lernen?

Deine persönliche Weiterentwicklung

- Was bedeutet persönliche Weiterentwicklung für Dich?

- Wie viele Seminare, Workshops und Online-Kurse möchtest Du pro Jahr besuchen, um Deine persönliche Weiterentwicklung zu fördern?

- Wie viele Bücher, Artikel oder Podcasts möchtest Du pro Jahr konsumieren, die sich auf persönliche Weiterentwicklung beziehen?

- Welche spezifischen Fähigkeiten und Kenntnisse möchtest Du in den nächsten Jahren erwerben oder verbessern?

- Wie könntest Du Deine Zeit und Energie am besten nutzen, um Deine persönliche Weiterentwicklung voranzutreiben?

- Wie könntest Du Dein persönliches und berufliches Netzwerk erweitern, um Deine Weiterentwicklung zu unterstützen?

- Welche Art von Unterstützung und Ressourcen benötigst Du, um Deine persönliche Weiterentwicklung effektiv zu gestalten?

- Wie möchtest Du Deine Selbstreflexion und Dein Selbstbewusstsein kultivieren, um Dein persönliches Wachstum zu fördern?

- Wie kannst Du Deine Motivation und Dein Engagement für Deine persönliche Weiterentwicklung aufrechterhalten und stärken?

- Was sind Deine Ziele in diesem Bereich?

- Was möchtest Du in diesem Bereich alles lernen?

Mit diesen Fragen hast Du eine solide Grundlage, um Deine persönliche Entwicklung, Ziele und Prioritäten vorzubereiten und zu reflektieren. Du bist nun in der Lage, einen klaren und umfassenden Plan für Dein Leben und Deine Ziele zu erstellen, der alle wichtigen Aspekte Deines Lebens berücksichtigt.

Nimm Dir die Zeit, wirklich tief in Dich hineinzuhören und ehrlich zu Dir selbst zu sein, während Du auf diese Fragen antwortest. Es ist Dein Leben, und Du hast die Kontrolle darüber, wie Du es gestalten möchtest. Denke daran, dass es kein richtig oder falsch gibt und dass es letztendlich darum geht, was für Dich persönlich am sinnvollsten und erfüllendsten ist.

AUS TRAUM WIRD REALITÄT

Nach ungefähr fünfzig Minuten habe ich mir für alle Lebensbereiche ein grobes Bild davon gemacht, wie ich es gerne haben möchte. Thomas hat mir immer wieder über die Schulter geschaut, mir mit Fragen und Hinweisen weitergeholfen und mich dann irgendwann allein gelassen. Da ich jetzt noch etwas Zeit habe, mache ich es mir auf der Couch bequem und versuche alleine so eine Achtsamkeitsmeditation im Stillen zu machen.

Ich schließe meine Augen und konzentriere mich auf meinen Atem. Meine Gedanken sind noch voll beim Lebensbaum und wie ich mir meine Zukunft vorstelle. Im nächsten Moment erinnere ich mich wieder an letzte Woche, als mir meine Medienkoordinatorin Julia von ihrer neuen Idee erzählt hat. Vielleicht hätte ich mich mehr für ihre Idee interessieren sollen, ich war nur viel zu gestresst und wollte mir keine Zeit für sie nehmen. Was war es noch gleich für eine Idee, von der sie gesprochen hat?

Auf einmal merke ich, wie meine Gedanken abschweifen. Ich will jetzt meditieren und meine Gedanken auf meinen Atem fokussieren. Nur juckt meine Nase fürchterlich, also kratze ich mich und muss an letztes Jahr denken, als wir eine ziemlich starke Grippewelle im Büro hatten. So gut wie alle waren krank. Ich war sogar an einem Tag der einzige im Büro. Zwar war ich selbst krank, doch freimachen konnte ich mir nicht leisten.

Schon wieder schweifen meine Gedanken ab. Irgendwie verrückt, dass ich mein Gehirn nicht im Zaun halten kann. Ich werde diese Übung jetzt so oft es geht machen. Wenn nur mein linkes Knie nicht so schmerzen würde, es fängt irgendwie an, einzuschlafen. Also stelle ich meine beiden Füße auf den Boden. Wie viel Zeit ist eigentlich schon vergangen? Wann kommt Thomas wieder zurück?

Atmen, ich muss mich auf meinen Atem konzentrieren. Ich atme langsam ein und versuche, die Luft zu visualisieren, die durch meine Nase strömt. Sie fühlt sich schön warm und frisch an. Ich spüre meine Nasenhaare, die sich durch den Atem leicht bewegen.

Auf einmal öffnet jemand die Bürotür. Ich öffne meine Augen und sehe Thomas, der sich zu mir auf die Couch setzt. Irgendwie seltsam, wie schnell die Zeit jetzt vergangen ist. Sowohl während der Aufgabe, mir meinen idealen Lebensbaum auszumalen als auch jetzt, während dem Versuch zu meditieren habe ich die Zeit völlig aus dem Auge verloren. Nur schade, dass ich meine Gedanken noch nicht in Griff habe. Aber das wird sicher mit der Zeit kommen.

»Und, wie ist es dir ergangen? Hast du dir ein schönes Zielbild für ein prachtvolles Leben erstellt?« fragt mich Thomas mit sanfter Stimme.

»Ja, hab ich. Am Anfang ist es mir noch schwergefallen. Dank deinen Fragen bin ich dann nach und nach gut reingekommen. Ich bin die einzelnen Lebensbereiche durchgegangen und hab mir überall vorgestellt, wie es sein könnte. Bei manchen Punkten ist es mir leichter gefallen, bei anderen ist mir nichts eingefallen. Davon hab ich mich aber nicht aufhalten lassen. Aber um ehrlich zu sein, kommt mir das ganze ziemlich fantastisch und unrealistisch vor. Ich musste bei manchen Punkten an Pipi Langstrumpf denken. In meinem Kopf hab ich sie manchmal singen hören, ›Ich mach mir die Welt Widdewidde wie sie mir gefällt‹. Es ist auf alle Fälle sehr ungewohnt für mich, mir darüber Gedanken zu machen und es dann auch noch aufzuschreiben.«

»Irgendwann wirst du dich an heute zurückerinnern und dich fragen, wie es überhaupt einmal anders sein konnte. Es gibt einen inspirierenden Gedanken«, sagt Thomas mit viel Energie in der Stimme.

»Ein aufgeschriebener Traum verwandelt sich in ein Ziel. Wenn du dieses Ziel in kleinere Schritte zerlegst, entsteht daraus ein Plan. Durch das kontinuierliche Abarbeiten dieses Plans erschaffst du deine eigene Realität. Das Aufschreiben ist somit der erste Schritt auf dem Weg zu deinem neuen erfolgreichen Leben. Ich fand diese Übung übrigens auch ungewohnt, als ich sie das erste Mal gemacht habe.«

Thomas lächelt, legt seine Hand auf meine Schulter und fährt fort: »Jetzt, wo du deine Träume und Vorstellungen aufgeschrieben hast, möchte ich dir eine geheime Zutat vorstellen, die dir dabei helfen wird, diese in deine Realität zu manifestieren.«

»Das macht mich natürlich neugierig.«

»Stell dir kurz vor, du bist in einem exquisiten Haubenrestaurant. Du sitzt an einem elegant gedeckten Tisch mit weichem, gedämpftem Licht und leiser, angenehmer Musik im Hintergrund. Du bist mitten im Hauptgang, und gerade wird deine absolut liebste Hauptspeise serviert. Du nimmst den köstlichen Duft wahr, der deine Sinne betört und dir das Wasser im Mund zusammenlaufen lässt. Die Bedienung ist in einer makellosen Uniform gekleidet und erklärt dir mit einer charmanten Stimme die raffinierten Zutaten sowie die Zubereitung des Gerichts. Du kannst es kaum erwarten, den ersten Bissen zu nehmen.«

Mir läuft das Wasser im Mund zusammen. Thomas fährt fort: »Und dann, kurz bevor du beginnst, streut sie noch einen großen Löffel der letzten Zutat hinzu, die das Gericht vollkommen macht. Und diese letzte Zutat ist Zimt.«

Ich verziehe das Gesicht, weil Zimt so gar nicht zu meinem Lieblingsgericht passt und mir ist auch schleierhaft, was das jetzt damit zu tun haben soll. Ich runzle die Stirn und sage:

»Igitt. Wieso versaust du mein Lieblingsgericht? Und überhaupt, was hat das jetzt damit zu tun? Ich habe in der letzten Stunde so viele Träume und Ideen aufgeschrieben, dass es mich fast überfordert. Es sind zu viele. Und du kommst jetzt mit einem Kochrezept?«

Thomas nickt verständnisvoll. »Das verstehe ich. Es geht hier nicht um das Gericht oder das Gewürz. Zimt steht für eine Abkürzung, genauer gesagt für ein Modell: ZIIMT, alles großgeschrieben und mit zwei i.«

Ok, jetzt wird mir einiges klar. Thomas wollte mir eine Eselsbrücke geben, damit ich mich später noch an das Modell erinnere. Das ist ihm gelungen.

»Das Schöne an ZIIMT ist, dass es dir dabei helfen wird, dich auf das wirklich Wesentliche zu konzentrieren und deine Lebensbereiche in überschaubare Schritte zu unterteilen. Du musst nicht alle Träume auf einmal angehen. Als ersten Schritt schlage ich vor, dass du für jeden der sieben Lebensbereiche ein Zielbild nach ZIIMT ausarbeitest. So bleibst du fokussiert und kannst langfristig Erfolge erzielen.«

Ich überlege kurz für einen Moment und stimme ihm dann zu: »Okay, das klingt sinnvoll. Erzähl mir mehr über ZIIMT.«

Thomas Augen leuchten, als er mir das ZIIMT-Modell ausführlicher erklärt:

»Das ZIIMT-Modell ist eine äußerst kraftvolle Methode, um deine Träume und Visionen in greifbare Ergebnisse zu verwandeln. Und gleich vorweg, es geht primär nicht darum, dass du die Dinge erreichst, die du erreichen möchtest. Das wird dank dieses Ansatzes fast automatisch passieren. Es geht darum, zu welchem Menschen du wirst. Das ist viel viel wichtiger. Lass mich dir die einzelnen Komponenten einfach einmal genauer erläutern.«

Als er mir das Modell vorstellt, schreibt er die einzelnen Buchstaben auf den Touch-TV.

»Z steht für Ziel. Hier geht es darum, ein konkretes und spezifisches Ergebnis zu definieren, das du erreichen möchtest. Je klarer und präziser du dieses Ergebnis formulierst und fühlen kannst, wie es sich anfühlen wird, wenn du es erreicht hast, desto leichter wird es für dich sein, darauf hinzuarbeiten und es zu erreichen.«

Ich schreibe mit, während er mir das Modell erklärt. Irgendwie habe ich das Gefühl, dass es etwas ziemlich Wichtiges ist, was jetzt kommen wird.

»Als nächstes kommt das erste I, es steht für Intention und ist entscheidend für deinen Erfolg. Es ist extrem wichtig zu wissen, warum und wozu du dieses Ziel erreichen möchtest, was es für dich bedeutet, und welche Motivation dahintersteckt. Deine Intention gibt deinem Ziel eine tiefere Bedeutung und hilft dir, dranzubleiben, auch wenn es schwierig werden sollte. Es wäre nämlich sehr schade, wenn du etwas erreichst und dann feststellst, dass du es doch nicht wolltest. Oder, dass du aufhörst zu handeln und dein Ziel dann doch nicht erreichst.«

Ich schaue auf den großen Monitor und versuche, mir die Bedeutung der Buchstaben Z und I einzuprägen. »Ziel und Intention«, wiederhole ich leise für mich selbst, meine Finger trommeln ein wenig nervös auf dem Tisch. »Ja, das leuchtet ein«, antworte ich und schaue Thomas an. »Es ist nicht nur wichtig zu wissen, was ich erreichen will, sondern auch, warum ich es will. Das gibt der ganzen Sache eine tiefe Bedeutung.«

»Und nicht nur, warum du es willst, sondern auch, wozu du es willst. Mir ist immer sehr wichtig, diese grammatikalische Unterscheidung zu machen. In der Regel bezieht sich das Wort warum auf die Vergangenheit, auch wenn es möglich ist, damit in die Zukunft zu zeigen. Aber wenn ich dich frage: ›warum hast du das gemacht?‹, dann würdest du mit einer Rechtfertigung antworten, oder?«

»Ja, ich würde darauf mit einem weil antworten.«

»Sobald ich dich aber frage, ›wozu hast du das gemacht?‹ komme ich deine Absicht, also deiner Intension, näher.

Also hör auf, nach dem Warum zu fragen und frage viel öfter nach dem Wozu!«

Ich nehme mir einen Moment Zeit, um darüber nachzudenken. Mir fällt auf, wie oft ich mir in der Vergangenheit Ziele gesetzt habe, ohne wirklich zu wissen, wozu ich sie erreichen wollte. Es waren oft Ziele, die von außen vorgegeben waren oder die ich mir selbst aus einer Art gesellschaftlicher Erwartung heraus gesetzt hatte.

»Ok, ich verstehe, was du meinst«, antworte ich. »Es ist ja an sich leicht, sich in Ziele zu stürzen, ohne dass ich mir wirklich klar bin, was ich da überhaupt erreichen will. Das macht Sinn. Und ich kann sehen, wie es hilft, dranzubleiben, auch wenn es schwierig wird.«

»So ist es. Deine Intention ist wie ein Anker, der dich festhält, auch wenn der Sturm tobt«, sagt Thomas und erklärt weiter das ZIIMT-Modell.

»Das zweite I steht für Identität. Wer müsstest du sein und wie müsstest du leben, sodass du dein Ziel bereits erreicht hast? Es ist also ein Blick in die Zukunft, in der du dieses Ziel bereits in deinem Leben manifestiert hast. Welche Eigenschaften und Verhaltensweisen hat dein künftiges Ich, welches dieses Ziel bereits lebt? Die Identitätsfrage hilft dir, dein künftiges Ich besser kennenzulernen und zu erkennen, welche persönlichen Veränderungen erforderlich sind, um dein Ziel zu leben.«

Ich runzle die Stirn, während ich versuche, diesen neuen Aspekt zu verarbeiten. »Identität«, murmele ich tief versunken in meine Gedanken vor mich hin. Die Idee, mein künftiges Ich zu visualisieren, welches mein Ziel bereits erreicht hat, ist völlig neu für mich. Es bringt mich dazu, meine Ziele und auch meine Intention auf eine andere Art und Weise zu betrachten.

Ich antworte Thomas, während ich immer noch darüber nachdenke, »Das ist wirklich interessant. Es ist eine andere Art, Ziele zu betrachten, nicht nur als etwas, das man erreichen will, sondern als etwas, das bereits Teil der eigenen Identität ist. Ich muss zugeben, dass ich darüber noch nie nachgedacht habe. Aber es klingt logisch, dass man die Eigenschaften und Verhaltensweisen, die für das Erreichen eines Ziels erforderlich sind, bereits in sich tragen sollte. Es ist ein bisschen wie ... als müsste ich mich auf eine Rolle in einem Theaterstück vorbereiten.«

»Und ganz ehrlich, lieber David. Du hat bereits alles in dir, um dein Ziel zu erreichen. Sonst wärst du nämlich gar nicht in der Lage, dir ein solches Ziel zu stecken, die deiner Intention bewusst zu werden.«

Ich schaue auf meine Notizen und mache ein paar zusätzliche Notizen. Irgendwie kann ich noch nicht ganz greifen, was er mir damit sagen möchte. Aber Thomas fährt weiter mit dem Modell, weil er sieht, dass ich im Moment nicht tiefer in das Thema einsteigen möchte.

»Das M in ZIIMT steht für Maßnahmen. Hier geht es zunächst um eine Sammlung von Ideen von möglichen Schritten und Aktionen, die du unternehmen könntest, um dein Ziel zu erreichen und um zu der Person zu werden, die du sein möchtest. Es ist wichtig, zuerst Ideen für einen Plan zu haben, diese dann im weiteren Verlauf auszuarbeiten und dann natürlich auch Anfangen zu handeln und den Plan umzusetzen. Dabei ist es wichtig, die Maßnahmen in kleine, überschaubare Aufgaben zu unterteilen, um kontinuierlich Fortschritte zu machen und diese immer wieder zu überdenken, was du noch verbessern kannst. Und hier geht es zunächst mehr um eine Ideensammlung und weniger um exakte Schritte. Wie gesagt, die Ideen beginnst du nach und nach zu priorisieren und umzusetzen.«

Ich höre Thomas aufmerksam zu und mache Notizen, während er spricht. Das M steht also für Maßnahmen, denke ich, das macht Sinn. Ich schaue kurz auf, während ich meinen Kugelschreiber ablege und an das denke, was er gerade gesagt hat.

»Maßnahmen also«, beginne ich, »das heißt, ich muss nicht nur wissen, was ich erreichen möchte, wozu ich es erreichen möchte und zu wem ich werden kann, um es zu erreichen, sondern ich mache mich auch Gedanken darüber, wie ich dahin kommen könnte. Und das bedeutet, dass ich eine Idee von den Schritten ausarbeite, die ich unternehmen könnte, um mein Ziel zu erreichen. Es ist ein bisschen wie eine Landkarte, die ich beim Wandern brauche, um an mein Ziel zu gelangen.«

»Ja, das ist eine gute Metapher«, antwortet Thomas. »Nur dass du dir heute noch keine Gedanken darüber machen brauchst, was du in einem Jahr als Maßnahme machen wirst, das wäre jetzt noch zu früh. Du kannst dir zwar dein Ziel in einem Jahr stecken, aber was du dann konkret machen wirst, das kannst du jetzt noch nicht vorhersagen. Es wird sich auf dem Weg dorthin noch so viel ändern und ergeben. Wie die Landkarte dir nur eine grobe Idee gibt, wie der Weg aussieht. Sobald du auf dem Weg bist, sieht die Welt ganz anders aus. Es gibt hier den Spruch ›die Landkarte ist nicht das Gebiet‹, was bedeutet, dass der Plan niemals eine exakte Abbildung der Realität sein kann.«

Ich mache eine Pause und schreibe noch ein paar Gedanken in mein Notizbuch. Dann schaue ich Thomas an und sage: »Ich verstehe. Wofür steht das T? Ich bin schon ziemlich gespannt. Ich vermute, es steht für Zeit, so wie ich es aus anderen Zeitmanagementmethoden kenne.«

»Erstens ist ZIIMT keine Zeitmanagementmethode. Zeit kann nicht gemanagt werden. Zeit vergeht immer gleichschnell, auch wenn es sich mal schneller und mal langsamer anfühlt. Wir haben keine Möglichkeiten, Zeit in irgendeiner Art und Weiße zu beeinflussen. Deshalb ist es sinnlos, von Zeitmanagement zu sprechen.

Zweitens steht das T in ZIIMT nicht für Zeit, sondern für etwas viel viel Wichtigeres, um deine Ziele zu erreichen. Das T in ZIIMT steht für Team. Niemand erreicht seine Ziele allein. Außer natürlich, es ist ein so kleines Ziel, dass es alleine geht. Aber du wärst heute nicht da, wo du heute bist, wenn du dir immer nur kleine Ziele gesteckt hättest. Dein Team kann aus einzelnen Personen oder Gruppen von Personen bestehen, die dich beim Erreichen deines Ziels unterstützen können. Das können Familie, Bekannte, Kollegen oder Kolleginnen oder andere Menschen sein. Indem du dein Team einbeziehst, erhöhst du die Chancen, deine Ziele zu erreichen und du kannst auf deren Wissen, Erfahrungen und Unterstützung zurückgreifen. Hierbei ist es natürlich auch wichtig, dass du dich fragst, was denn dein Team davon hat, dass du das Ziel erreichst? Aus welchen Gründen sollten sie dich unterstützen?«

Ich nicke langsam und nachdenklich. »Das klingt eigentlich ganz logisch und strukturiert. Aber ganz ehrlich, wenn ich das jetzt für all meine Ziele ausarbeiten soll, dann bin ich einerseits die nächsten Tage damit beschäftigt und ich glaube nicht, dass es mir dann auch nur ansatzweise etwas bringen würde. Es ist einfach zu viel, ich bin ja eh schon im Alltag so überlastet mit allem.«

»Ja, das kann ich gut verstehen«, antwortet Thomas. »Und es ist nicht meine Absicht, dich zu überfordern. Eher im Gegenteil, wir sind ja hier, um dich aus der Überforderung in den Flow zu bekommen. Ich hab auch nie gesagt, dass du das mit all deinen Zielen machen sollst. Es ist meiner Meinung nach sehr viel wichtiger, wenige Ziele nach ZIIMT zu haben und dann konsequent und beharrlich an diesen zu arbeiten, als zu viele zu haben und dann nichts zu machen. Nehmen wir einfach einmal an, du würdest die nächsten Monate intensiv an einem einzigen Ziel arbeiten und dort all deine Energie reinstecken. Wie hoch wäre dann deiner Meinung die Wahrscheinlichkeit, dass du es erreichen würdest?« fragt mich Thomas.

»Diese wäre sehr hoch, weil ich ja alles gebe und all meine Zeit und Energie da reinstecken würde«, antworte ich ihm.

»Ja, das denke ich auch. Kann es sein, dass sich das dann auf deine anderen Lebensbereiche auswirkt?«

»Mit Sicherheit«, kommt es mir wie aus der Pistole geschossen und überlege dann aber kurz, was ich antworten werde. »Wenn ich nicht aufpasse und mich nur auf einen Bereich konzentriere, dann kann es natürlich sein, dass es sich negativ auf einen anderen auswirkt.«

»Wie schon der Bauer gesagt hat, vielleicht ist das so, vielleicht auch nicht. Es kann nämlich auch passieren, dass es sich positiv auf die anderen Bereiche auswirken wird. Im Vorfeld kannst du das nicht wissen. Aber du kannst dir über diese Auswirkungen Gedanken machen und an den Zielen arbeiten, die den größten Hebel auf dich und deine jetzige Situation haben könnten.«

Thomas betont das Wort *könnten* ziemlich stark. Damit will er ausdrücken, dass wir nicht wissen können, was in der Zukunft wirklich passieren wird.

»Ja, du hast recht. Wenn ich zum Beispiel all meine Energie in die Rettung meiner Beziehungen stecken würde, dann würde sich dadurch an meinem physischen Zustand nichts ändern, meiner Firma ginge es weiterhin schlecht und so weiter. Oder wenn ich meine Ernährung umstelle, ändert das nichts im Bereich der Finanzen. Wie gehen wir da jetzt vor?«

»Wie würdest du denn jetzt vorgehen?«, fragt mich Thomas.

»Ich denke, ich werde es einfach versuchen und für jeden Lebensbereich ein Ziel nach dem ZIIMT-Modell ausarbeiten. Vielleicht hilft es mir ja, meine Träume in die Realität umzusetzen.«

Thomas lächelt verschmitzt. »Yoda[10] hat gesagt, tu es, oder tu es nicht. Es gibt kein Versuchen. Und das will ich dir genauso widerspiegeln. Es ist nicht möglich, etwas zu versuchen. Du kannst nicht versuchen, einen Stuhl zu heben. Entweder hebst du ihn an oder eben nicht.«

---

[10] Yoda ist ein Mentor in der Filmreihe Star Wars.

Ich muss schmunzeln und antworte: »Du hast recht, Thomas. Yoda hat es auf den Punkt gebracht. Also werde ich es machen und für jeden Lebensbereich ein Zielbild nach dem ZIIMT-Modell festlegen. Ich bin gespannt, wie es mir dabei hilft, meine Träume Wirklichkeit werden zu lassen. Vorher habe ich aber noch eine Frage.«

Zwischenspiel

Wiederhole noch einmal die Bestandteile des ZIIMT-Modells, damit Du es Dir noch besser einprägen kannst. Erinnere Dich, wenn Du etwas liest, dann lernst Du lediglich 10 Prozent davon. Sobald Du beginnst es zu wiederholen und anzuwenden, steigt die Lernkurve auf über 75 Prozent.

Wie lauten die einzelnen Bestandteile des ZIIMT-Modells?

Z: ______________________________

I: ______________________________

I: ______________________________

M: ______________________________

T: ______________________________

VORTEILE VON ZIELEN

»Sag mal Thomas, wieso ist das mit den Zielen eigentlich immer so ein großes Thema? Hilft das wirklich? Mir fällt es noch schwer, daran zu glauben.«

Thomas muss nicht lange überlegen, um eine Antwort auf meine Frage zu finden: »Vielleicht wiederhole ich mich, ich weiß es nicht mehr. Egal ob Du glaubst, dass Du etwas kannst oder ob du glaubst, dass du es nicht kannst. Du hast Recht.«

»Das Zitat von Henry Ford. Ja, das hast du heute schon einmal gesagt, ich erinnere mich.«

»Was ich dir sagen möchte. Ich bin davon überzeugt, dass dir das ZIIMT-Modell weiterhelfen wird, dich mit dir und deinen Zielen zu verbinden und dein Leben zu verbessern. Und wenn auch du davon überzeugt bist, dann wirst du auch alles in die Wege leiten, um deiner Überzeugung gerecht zu werden. Wenn nicht, wirst du weniger intensiv handeln und auch diese Überzeugung wahr werden lassen. Dein Gehirn will dich nämlich nicht als Lügner dastehen lassen und unterstützt dich immer dabei, deine Gedanken Wirklichkeit werden zu lassen.«

»So gesehen hast du völlig recht. Alles, was ich bis jetzt erreichen wollte, hab ich ja auch irgendwie geschafft.«

»Bevor du jedoch mit der Aufgabe beginnst und dein ZIIMT für deine Lebensbereiche ausarbeitest«, sagt Thomas, »sollten wir noch ein bisschen näher auf die Vorteile von Zielen eingehen, um deine letzten Zweifel zu beseitigen. Danach wirst du die Kraft und die Vorzüge von Zielen verstehen können.«

»Passt, das hört sich gut an«, antworte ich.

»Lass mich dir einfach ein paar Vorteile von Zielen nennen, wieso es wichtig ist, dass du dich regelmäßig damit beschäftigst und wieso das Ziel im Modell an der ersten Stelle steht. Meiner Meinung nach ist einer der wichtigsten Vorteile, dass ein konkretes Ziel deine Wahrnehmung schärft. Durch das Setzen von Zielen, gepaart mit einem starken Verlangen, diese zu erreichen, also der Intention, ändert sich deine Wahrnehmung automatisch. Wie eine Lenkrakete behältst du dein Ziel immer im Auge, und nichts und niemand wird und kann dich davon abhalten. Hindernissen wirst du fast automatisch ausweichen«, sagt Thomas. Mir scheint, als würde Thomas dieses Thema sehr am Herzen zu liegen.

»Du wirst deine Umgebung und Situationen bewusster wahrnehmen und dich fragen, wie du sie zu deinem Vorteil nutzen kannst, um deine Ziele zu erreichen. Vor allem hilft es dir, wichtige Details und Informationen zu erfassen, die du für Entscheidungen und Handlungen nutzen kannst, um deine Ziele zu erreichen. Eine geschärfte Wahrnehmung ermöglicht es dir, besser auf Herausforderungen zu reagieren und deine Ziele effektiver zu erreichen.«

Ich schreibe nebenbei mit und höre die Begeisterung in Thomas Stimme.

»Unvermeidlich wirst du dann feststellen, dass neben einer geschärften Wahrnehmung auch deine Lösungsorientierung an Stärke gewinnt. Anstatt dich auf Probleme und Hindernisse zu konzentrieren, liegt dein Fokus in einer lösungsorientierten Denkweise auf dem Identifizieren von Lösungen und dem Finden von positiven Handlungsmöglichkeiten. Diese Herangehensweise entfesselt dein kreatives Denken, deine Flexibilität und deine Bereitschaft, die Initiative zu ergreifen, wenn es dem Erreichen deiner Ziele dient. Lösungsorientiertes Denken hilft dir dabei, effektiver und effizienter auf Schwierigkeiten zu reagieren und schneller Fortschritte in Richtung deiner Ziele zu machen.«

Thomas macht eine kurze Pause, um einen Schluck von seinem Tee zu trinken und mir Zeit zu geben, meine Gedanken mitzuschreiben.

»Bei dir wird sich vermutlich auch eine weitere Eigenschaft ändern, die Menschen ohne Ziele in der Regel haben. Kennst du das, wenn Menschen versuchen, das wenige nicht zu verlieren, das sie haben? Wenn du dich hingegen voll und ganz auf deine Ziele einlässt und fokussierst, dann wirst du künftig alles daransetzen, diese zu erreichen. Du willst gewinnen und nicht das Verlieren vermeiden. Andere, die ihre Energie einsetzen, um nicht zu verlieren, vergeuden schlussendlich ihr Potenzial und bekommen oftmals das, was sie am meisten fürchten.«

Während mir Thomas die ersten Vorteile vorgestellt hat, hab ich mir folgendes notiert:

1. Ziele schärfen meine Wahrnehmung: Ich beginne, Situationen und Chancen besser zu erkennen, die mich meinem Ziel näherbringen.

2. Ziele stärken meine Lösungsorientierung: Dank meinen Zielen werde ich öfter in Lösungen denken.

3. Ziele steigern meine Gewinnermentalität: Ich werde beginnen, gewinnen zu wollen, also meine Ziele zu erreichen, anstatt das Verlieren zu vermeiden.

Thomas stellt mir weitere Vorteile vor, die ich gleich in meinem Notizbuch ergänze.

4. Ziele steigern meine Motivation: Ziele geben mir einen Anreiz, indem sie mich auf konkrete Ergebnisse ausrichten, die ich auch wirklich erreichen möchte.

5. Ziele schärfen meinen Fokus: Sie helfen mir, meine Aufmerksamkeit auf das Wesentliche zu lenken und Ablenkungen zu vermeiden.

6. Ziele priorisieren meine Handlungen: Durch das Setzen von Zielen kann ich meine Zeit und Ressourcen besser priorisieren, um das Wichtigste zuerst zu erledigen.

7. Ziele stärken mein Selbstbewusstsein: Ziele ermöglichen es mir, meine Stärken und Schwächen besser zu erkennen, indem sie mich dazu bringen, über meine Fähigkeiten und Grenzen nachzudenken.

8. Ich kann Fortschritt messen: Mit klar definierten Zielen kann ich meinen Fortschritt (leichter) messen und bewerten, um sicherzustellen, dass ich auf dem richtigen Weg bin.

9. Ich verbessere mich: Durch das Erreichen von Zielen entwickle ich mich persönlich und beruflich weiter und erweitere meine Fähigkeiten.

10. Ziele erleichtern Entscheidungen: Ziele bieten mir einen Rahmen, innerhalb dessen ich fundierte Entscheidungen treffen kann, die mich meinem Endziel näherbringen.

11. Ich übernehme Verantwortung: Durch das Setzen von Zielen übernehme ich die Verantwortung für mein eigenes Leben und meine Handlungen, was zu einem stärkeren Gefühl von Eigenverantwortung führt.

12. Ziele ermöglichen Erfolge: Das Erreichen von Zielen kann mir ein Gefühl von Erfolg und Zufriedenheit vermitteln, was mein Selbstwertgefühl und mein Vertrauen in meine Fähigkeiten stärkt.

13. Ziele ermöglichen Planung: Ziele helfen mir dabei, einen langfristigen Plan für mein Leben zu entwickeln und meine Vision für die Zukunft zu erkennen, zu konkretisieren und zu leben.

Nachdem mir Thomas die Vorteile genannt hat und ich sie mir in mein neues Notizbuch geschrieben habe, mache ich mir kurz darüber Gedanken.

Zwischenspiel

Die Liste der Vorteile ist natürlich nicht vollständig. Es gibt noch weitere, wie zum Beispiel, dass Ziele Deine Resilienz steigern, da sie in schwierigen Zeiten Orientierung, Durchhaltevermögen und die Gewissheit geben, dass eine Verbesserung bevorsteht. Sie können dazu beitragen, Stress zu reduzieren, indem sie Unsicherheiten beseitigen und einen klaren Handlungsplan bieten. Oder dass sie Deine Selbstdisziplin steigern werden, da Du Dich auf langfristige Ergebnisse konzentrierst und Impulsen widerstehen wirst, die Dich sonst von Deinen Zielen abbringen würden.

Welche der genannten Vorteile empfindest Du am stärksten? Wähle drei davon aus:

____

____

____

Welche weiteren Ziele würdest Du der Liste ergänzen? Was kommt Dir noch in den Sinn?

____

____

____

Im nächsten Abschnitt folgt eine Methode, um Ziele sehr klar und eindeutig zu definieren. Das liegt nicht allen und adressiert sehr stark die linke Gehirnhälfte, die Logik und insgesamt die männliche Energie.

Weibliche und männliche Energien

Weibliche und männliche Energien sind zwei unterschiedliche, sich ergänzende Kräfte, die in jedem Menschen und in der gesamten Natur vorhanden sind. Sie sind die grundlegenden Energien, die das Gleichgewicht und die Harmonie im Universum herstellen. Beide Energien sind unabhängig von Geschlecht oder Geschlechtsidentität und können in unterschiedlichen Verhältnissen in jedem Menschen vorhanden sein.

Weibliche Energie

Die weibliche Energie ist mit Empfänglichkeit, Intuition, Kreativität und Sensibilität verbunden. Sie ist die Energie des Empfangens und der inneren Reflexion. Die weibliche Energie ist mit dem Mond, der Nacht und dem Wasser verbunden, die alle Symbole für das Geheimnisvolle, das Unbekannte und die Veränderung sind. Im Bereich der Emotionen ist die weibliche Energie empathisch, mitfühlend und liebevoll. Sie zeigt sich in der Fähigkeit, loszulassen, zu verzeihen und sich anderen gegenüber zu öffnen. Weibliche Energie ist auch mit der Fähigkeit verbunden, sich hinzugeben und sich mit dem Fluss des Lebens zu bewegen.

Männliche Energie

Die männliche Energie ist mit Durchsetzungsvermögen, Logik, Stabilität und Struktur verbunden. Sie ist die Energie des Handelns, der Entschlossenheit und der Zielstrebigkeit. Die männliche Energie ist mit der Sonne, dem Tag und dem Feuer verbunden, die alle Symbole für Licht, Klarheit und Stärke sind. Im Bereich der Emotionen ist die männliche Energie selbstbewusst, mutig und beschützend. Sie zeigt sich in der Fähigkeit, Grenzen zu setzen, Verantwortung zu übernehmen und für das eigene Wohlbefinden und das der anderen zu sorgen. Männliche Energie ist auch mit der Fähigkeit verbunden, klare Entscheidungen zu treffen und sich auf Ziele zu konzentrieren.

ZIELE SMART VERFEINERN

Nachdem ich mir kurz Gedanken gemacht habe, sage ich zu Thomas: »Ok, insgesamt gesehen macht das natürlich Sinn. Aber bis jetzt habe ich ja lediglich meine Wünsche aufgeschrieben, wie mein Leben ideal aussehen soll. Vieles von den Vorteilen, die du genannt hast, kann ich da jetzt noch nicht sehen, zum Beispiel Planbarkeit steigern oder Fortschritte messen. Irgendwie fühlt es sich noch extrem willkürlich an. ZIIMT konkretisiert das zwar schon sehr gut, dennoch fehlt mir noch etwas Orientierung, wie ich das Z in ZIIMT, also das Ziel formulieren soll. Was unterscheidet denn die Liste mit meinen Träumen konkret von den Zielen, die ich für die sieben Lebensbereiche aufschreiben soll?«

»Ja, da hast du recht«, sagt Thomas. »Damit du besser planen und vor allem auch deine Fortschritte messen kannst, reicht das noch nicht. Vermutlich hast du schon einmal von dem SMART-Akronym gehört, das beschreibt, wie du bestmöglich Ziele aufschreibst.«

»Klar, davon hab ich schon gehört.«

Da Thomas nichts sagt und mich erwartungsvoll anschaut, beginne ich ihm, mein Wissen über das Modell vorzustellen.

»S steht für spezifisch. Ich muss mein Ziel so eindeutig und positiv wie möglich beschreiben.

M steht für messbar,

A für achievable, das Ziel muss so formuliert sein, dass ich es mir auch zutraue und dass es erreichbar ist.

R steht für die Relevanz. Es bringt ja nichts, wenn ich mir ein Ziel stecke, dass ich uninteressant oder für irrelevant halte. Dann würde ich nichts machen.

Und T steht für Time, also Zeit. Hierbei geht es um ein Datum, bis wann ich das Ziel erreicht haben möchte.«

»Absolut richtig, danke dir. Bei der Abkürzung gibt es für einzelne Buchstaben oftmals unterschiedliche Bedeutungen, meistens für A und R. Aber es geht hier hauptsächlich darum, dem Prozess eine Struktur zu geben, an der du dich orientieren kannst. Mit der Zeit wirst du hier auch einiges an Übung bekommen und deinen eigenen Stil entwickeln. Also nutze SMART zusammen mit ZIIMT, um deinen Träumen einen Schritt näher zu kommen«, sagt Thomas und fährt fort.

»Viel wichtiger ist jedoch, dass du ein gutes Gefühl bekommst, wenn du dich mit Deinem Ziel verbindest, dass du ein Bild in dir siehst, wie der ideale Zustand aussieht. Vielleicht hörst du sogar bestimmte Geräusche und

Stimmen, wenn du an dein Ziel denkst. Mit SMART aktivierst du deine linke Gehirnhälfte. Das ZIIMT-Modell hingegen ist so gestaltet, dass es beide Gehirnhälften aktiviert.«

Nachdem er das gesagt hat, öffnet er die Grafik, mit der wir heute schon gearbeitet haben. Er entfernt das Wort Ziele und schreibt dafür ZIIMT hin, um den Raum zwischen den Träumen und den Ergebnissen zu konkretisieren.

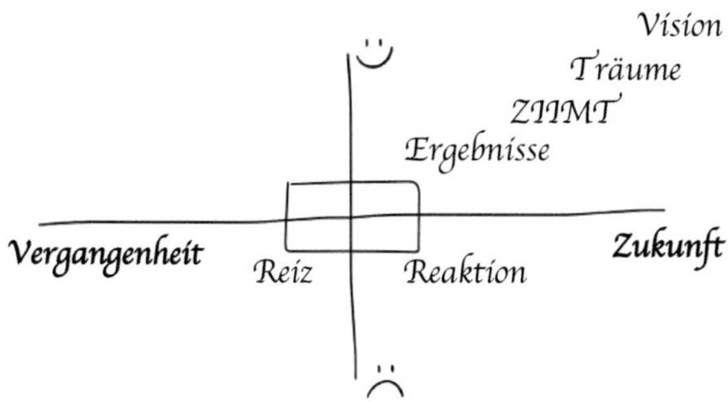

Thomas lässt mich noch einmal alles zusammenfassen, was wir heute besprochen haben. Zum Glück habe ich mir viele Notizen gemacht, die ich jetzt durchgehen kann. Als ich fertig bin, fasst er sich an seinen Bauch und sagt:

»Ich schlage vor, wir machen für heute Schluss. Ich hab Hunger, du vermutlich auch, oder? Lass uns essen gehen und morgen weitermachen. Als Hausaufgabe wirst du dir für jeden deiner Lebensbereiche jeweils ein ZIIMT ausarbeiten. Und morgen arbeiten wir dann weiter und schauen, wie du deiner idealen Vorstellung vom Leben näherkommen kannst und vor allem, was dich davon abhält und was du dagegen machen kannst.«

Das hört sich für mich nach einem guten Plan an. Vor allem das mit dem Essen. Diesmal gibt es keinen Salat, sondern wir gehen in ein Restaurant in der Nähe und unterhalten uns beim Essen über die guten alten Zeiten. Es ist zwar schon spät abends, doch irgendwie gibt mir die Arbeit mit Thomas viel Energie und ich spüre auch immer mehr meine alte Leistungsfähigkeit aufkommen.

Nach einer leckeren Pizza und einen gemütlichen Abend gehen wir zurück zu Thomas Haus. Thomas hat mir angeboten, dass ich in seinem Gästezimmer übernachte, damit wir morgen gleich weiterarbeiten können und ich mir das Hin- und Herfahren mit der S-Bahn spare. Bis dahin werde ich mir für jeden Lebensbereich ein Ziel nach ZIIMT ausarbeiten.

Zwischenspiel

Was für ein Tag. In den letzten Stunden ist extrem viel passiert und David hat extrem viel erreicht. Er ist sich seiner aktuellen Lebenssituation bewusst geworden, also seiner AL. Dann hat er grob formuliert, wie seine Vorstellung vom Leben aussehen kann, also seine VL. Damit er seine AL an seine VL annähern kann, benötigt er einen konkreten Plan, dafür hat er das ZIIMT-Modell kennengelernt.

Wie für David liegt es jetzt an Dir, zu handeln und Dir für Deinen Lebensbereich mit der niedrigsten Punktzahl konkrete Ziele zu definieren, Dir Deiner Intension bewusst zu werden und Deine Identität zu definieren, also wie du sein müsstest, um Dein Ziel zu erreichen. Dann findest Du mögliche Maßnahmen, die Dich Deinem Ziel näherbringen können. Und zu guter Letzt machst Du Dir über Dein Team Gedanken, also die Menschen, die Dich bei Deiner Reise zu Deinen Zielen begleiten und unterstützen.

Fang am besten wieder bei dem Lebensbereich mit der niedrigsten Zahl an, also dem Lebensbereich, bei dem du am unzufriedensten bist. Wenn Du möchtest, kannst Du dann auch Schritt für Schritt weitere Lebensbereiche hinzuziehen, vom niedrigsten zum höchsten. Dadurch ergibt sich dann automatisch eine Priorisierung für Deine Handlungen.

Du kannst für die sieben Lebensbereiche Dein Körper, Deine Gedanken & Emotionen, Deine Beziehungen, Dein Umgang mit Zeit, Deine Mission, Arbeit & Karriere, Deine Finanzen und Deine persönliche Weiterentwicklung folgende Vorlage nutzen:

1. **Z**iel: Der Zielzustand, wie es in diesem Lebensbereich künftig sein soll:
   <Beschreibung des Ziels (ggf. nach SMART)>

2. **I**ntention: Der Grund, warum Du das erreichen möchtest und welche Bedeutung es für Dich hat:
   <Wozu möchte ich das Ziel erreichen?>

3. **I**dentität: Die Eigenschaften und Verhaltensweisen, die Du entwickeln oder stärken müsstest, um Dein Ziel zu leben:
<Zu welchem Menschen müsste ich werden, um mein Ziel zu leben?>

4. **M**aßnahmen: Die konkreten Schritte oder Aktionen, die Du unternehmen könntest, um Dein Ziel zu erreichen.
<Auflistung von Maßnahmen, um das Ziel zu erreichen.>

5. **T**eam: Die Personen oder Gruppen, die Dich bei der Erreichung Deines Ziels unterstützen können: <Auflistung der Personen oder Gruppen, die mich unterstützen können.>

Du kannst auch folgende Tabelle nutzen, um dein ZIIMT noch besser auszuformulieren.

Ziel (Wohin)	Intension (Wozu)	Identität (Wer)
Maßnahmen (Wie)		Team (Mit wem)

KAPITEL 3

DER ZWEITE TAG

»Der Anfang
ist der wichtigste Teil
der Arbeit.«
Platon

Die ersten Strahlen der aufgehenden Sonne dringen durch die Vorhänge ins Gästezimmer und kitzeln mich sanft aus meinem Schlaf. Ich blinzle in das einfallende Licht, das durch das offene Fenster in das Zimmer strömt und den Raum sowie die Konturen der Möbel zum Leben erweckt. Ich strecke mich, schaue dann auf mein Handy und erkenne, dass ich trotz einer ziemlich kurzen Nacht vor meinem Wecker aufgewacht bin, also schalte ich ihn erst einmal aus.

Dann ziehe ich die Decke enger um mich und lasse meinen Blick durch das geräumige Zimmer schweifen. Jedes Detail scheint sorgfältig ausgewählt zu sein - die warmen Farben der Wände, der bequeme Stuhl in der Ecke, die Fotos und Kunstwerke, die an den Wänden hängen, und natürlich der Schreibtisch. Ein solider, eleganter Schreibtisch, der eine ruhige Autorität ausstrahlt. Dort bin ich gestern noch für einige Stunden gesessen, in tiefe Gedanken versunken und von der warmen Atmosphäre des Raumes eingehüllt.

Nach dem Abendessen bin ich noch bis spät in die Nacht die sieben Lebensbereichen durchgegangen und konnte diese mit dem ZIIMT-Modell verfeinern. Ich konnte mir Klarheit darüber verschaffen, wozu ich meine Ziele erreichen möchte, zu welchem Mensch ich werden will und wer mich auf diesem Weg unterstützen kann. Ausgehend von der Liste mit den vielen Ideen, die ich mir gestern aufgeschrieben habe, konnte ich mir für jeden Lebensbereich einen Absatz verfassen, wie der jeweilige ideale Zustand aussehen soll. Teilweise sehr detailliert, manchmal war es auch eher eine grobe Richtung. Es war eine intensive Nacht und ich hab danach geschlafen wie ein Stein. Keine Alpträume, kein einziges Mal aufgewacht. Seit langem war es eine sehr ruhige Nacht.

Am meisten wundert es mich, dass ich bereits nach ein paar wenigen Stunden Schlaf hellwach aufgewacht bin und seitdem eine ziemliche Klarheit in mir verspüre, die ich schon lange nicht mehr hatte.

Ich liege noch eine Weile da, inmitten dieser ruhigen Behaglichkeit, und lasse meine Gedanken abschweifen. Es war wirklich sehr nett von Thomas, dass er mir sein Gästezimmer angeboten hat. Der gestrige Tag scheint noch frisch und lebendig in meinem Geist zu sein, als wäre es gerade erst passiert.

Ich lausche mit geschlossenen Augen dem leichten Zirpen der Vögel, dem Wind, der sanft durch die Bäume weht und dem Plätschern des Springbrunnens, wo Thomas und ich gestern saßen und uns über meine Ziele unterhalten haben. Auf einmal höre ich ein leises Knarren, das wohl von einem Holzboden stammt. Vermutlich steht Thomas gerade auf.

All die Geräusche fügen sich zu einer herrlichen Ruhe zusammen. Heute ist ein neuer Tag, und ich kann es kaum erwarten, ihn zu beginnen. Aber noch ein paar Minuten, denke ich, um die Ruhe noch ein wenig länger zu genießen.

Gemütlich stehe ich auf, mach mich im eigenen Gästebad frisch und gehe voller Vorfreude auf den Tag in die Küche. Thomas ist nicht da, und es ist auch nichts von ihm zu hören. In der Küche entdecke ich ein reichhaltiges Frühstück, das ich auch gleich mit Genuss verzehre. Es sieht so aus, als hätte Thomas bereits gefrühstückt, vermutlich ist er jetzt gerade eine Runde laufen.

Es ist erstaunlich ruhig im Haus. Nach dem Frühstück gehe ich raus in den Garten und genieße die Morgensonne vor dem schönen Teich. Ich beobachte wieder die Fische und schaue ihnen fasziniert zu, mit welcher Eleganz und Ruhe sie durchs Wasser gleiten. Ich gehe meine Notizen durch und ergänze sie noch an der einen und anderen Stelle. Nach einer Weile kommt Thomas zu mir und setzt sich neben mich. Er ist frisch geduscht und strahlt eine enorme Energie und gleichzeitig eine schöne Ruhe aus.

»Guten Morgen David, wie hast du geschlafen?«, fragt mich Thomas mich wacher Stimme.

»Danke, sehr sehr gut. Ich hab so gut wie schon lange nicht mehr geschlafen. Und du?«

»Danke, ich hab auch sehr gut geschlafen«, antwortet Thomas.

»Du sag mal Thomas, wo sind eigentlich deine Frau und deine Kinder?«

»Achso. Ja die sind zurzeit für einen Monat auf Bildungsreise in Südamerika und lernen dort eine andere Kultur kennen. Ich hab gestern Abend noch mit ihnen telefoniert, es geht ihnen sehr gut. Sie freuen sich aber auch schon riesig, dass sie nächste Woche wieder zurückkommen.«

»Voll schön, so etwas hätte ich damals als Kind auch gerne erlebt. Das wäre noch eine schöne Ergänzung für meine VL.«

»Wie weit bist du denn gestern noch gekommen?«, fragt mich Thomas neugierig.

Ich berichte ihm von meinen nächtlichen Aktivitäten und wir lassen den gestrigen Tag gemeinsam Revue passieren. Im Anschluss gehen wir gemeinsam in sein Arbeitszimmer. Auf dem Weg nach oben nehmen wir noch Tassen und einen frisch aufgebrühten grünen Tee mit nach oben. Schon allein der Geruch des Tees versetzt mich in eine wohlige Stimmung. Ich freue mich auf den Tag. Wir setzen uns gemütlich auf die Couch, und Thomas beginnt zu sprechen:

»Ich will dir eine Geschichte erzählen, die ich gestern schon angeschnitten habe. In meiner Jugend war ich ein leidenschaftlicher Fußballspieler und hatte den Traum, eines Tages Profifußballer zu werden. Meine Eltern mussten jedoch beide hart arbeiten und hatten andere Pläne für mich.

Mein Vater war der Meinung, dass ich eine solide Ausbildung machen soll, um einen sicheren Arbeitsplatz zu bekommen. ›Fußball ist ein schönes Hobby, aber kein Beruf. Man kann mit seinem Hobby kein Geld verdienen!‹, pflegte er zu sagen, immer wenn wir über das Thema sprachen. Meine Mutter unterstützte natürlich seine Ansichten und bestand darauf, dass ich mich auf die Schule konzentriere und später ein Studium mache.

Anfangs kämpfte ich gegen die Vorstellungen meiner Eltern an und versuchte trotzdem, meinen Fußballtraum zu verfolgen. Doch die ständigen Diskussionen und der Druck, den sie auf mich ausübten, führten dazu, dass ich mich immer mehr zurückzog und dann irgendwann meinen Traum aufgab.

Natürlich fügte ich mich dem Wunsch meiner Eltern, ein Studium zu absolvieren. Wie du ja weißt, fand ich nach meinem Abschluss einen gut bezahlten Job. Und wie du inzwischen auch weißt, fühlte ich mich unerfüllt und immer unglücklicher.

Irgendwann kündigte ich dann einfach meinen Job und begab mich auf eine Weltreise, um herauszufinden, was ich wirklich wollte. Während dieser Reise machte ich natürlich auch einen Zwischenstopp in Nepal, um dort eine Trekkingtour in den atemberaubenden Bergen zu unternehmen. Ich war voller Vorfreude und spürte eine tiefe Verbundenheit zur Natur, die mich umgab.

Am dritten Tag der Tour war das Wetter zunächst noch ganz gut. Es waren weit und breit keine Wolken am Himmel zu sehen. Plötzlich zog ein schwerer Sturm auf. Die Sicht wurde immer schlechter, und der Wind peitschte uns eisige Kälte ins Gesicht. Absolut ungewöhnlich für diese Jahreszeit. Unser Guide drängte uns, schnellstmöglich ein nahegelegenes Lager zu erreichen, um dort Schutz zu suchen.

In der Eile und auch wegen der nachlassenden Konzentration stolperte ich plötzlich und verlor das Gleichgewicht. Bevor ich mich versah, fiel ich einen steilen Abhang hinunter. In diesen Sekunden schien die Zeit stillzustehen. Ich spürte eine unbeschreibliche Angst und gleichzeitig eine

Art von Frieden, als wäre ich kurz davor, das Leben, wie ich es kannte, hinter mir zu lassen.

Durch großes Glück wurde mein Sturz von einem Felsvorsprung abgefangen. Ich blieb dort schwer verletzt liegen und musste damit kämpfen, bei Bewusstsein zu bleiben. Weil wir viel zu weit in den Bergen waren, konnte meine Gruppe keine Hilfe holen und mussten eine Rettungsaktion starten. Es dauerte gefühlt eine Ewigkeit, bis ich gerettet wurde.

In der Zeit, die ich dort lag, hatte ich viel Zeit, über mein Leben nachzudenken. Ich dachte an meine Familie, meine Freunde und an all die Entscheidungen, die ich bis dahin getroffen hatte. Ich erkannte, wie kurz das Leben sein kann und dass es absolut keine Garantien dafür gibt, wie lange wir hier auf der Erde weilen. In diesem Moment beschloss ich, dass ich mein Leben grundlegend ändern und meinen wahren Leidenschaften folgen würde, sollte ich diesen Sturz überleben und wieder heil zurück nach Hause kommen.

Als mich der Guide in unserer Gruppe schließlich gerettet wurde, war ich überwältigt von Dankbarkeit und der neuen Perspektive, die mir diese Erfahrung geschenkt hatte. Diese Erfahrung wurde rückblickend betrachtet zu einem wichtigen Wendepunkt in meinem Leben und war der Anstoß dafür, meine Vergangenheit zu hinterfragen und meine Zukunft in die Hand zu nehmen.

Ich begann mich intensiv mit persönlicher Weiterentwicklung und Erfolgsstrategien zu beschäftigen. Dabei erkannte ich, dass mein damaliger Fußballtraum nicht einfach nur ein vielleicht unrealistisches Ziel gewesen war. Es war vielmehr ein Symbol für meinen Wunsch nach Freiheit, Selbstbestimmung und Anerkennung.

Ich weiß nicht, ob ich heute Fußballprofi wäre, wenn ich damals nicht auf meine Eltern gehört hätte und gleich von Anfang an meinen eigenen Weg gegangen wäre, vermutlich eher nicht. Der Weg dorthin ist auch mit familiärer Unterstützung schon extrem mühsam. Aber wer weiß das schon. Ich weiß aber, dass ich heute ein anderer Mensch wäre, wenn ich einen anderen Weg eingeschlagen hätte. Und da ich heute sehr glücklich darüber bin, wo ich bin und wer ich bin. Es war genau der richtige Weg, den ich gegangen bin, alles kommt immer genau zur richtigen Zeit.

Heute nutze ich diese Erkenntnis, um meine wahren Leidenschaften zu verfolgen und anderen Menschen dabei zu inspirieren, ihre eigenen Ziele und Träume zu verwirklichen. Die Geschichte meiner Jugend, die mich zunächst limitiert hat, ist nun eine meiner größten Stärken geworden. Ich bin heute sehr dankbar dafür, dass mich meine Eltern auf diesen Weg gebracht haben, sonst hätte ich vielleicht nie mein wahres Ich entdeckt und ich würde vermutlich weiter von meinem Ego angetrieben werden.«

Ich höre Thomas aufmerksam zu, während er mir diese Geschichte erzählt, die mich sichtlich beeindruckt. Ich möchte ihm mein Mitgefühl zeigen, schüttle meinen Kopf und sage: »Das ist eine ziemlich spannende Geschichte. Das wusste ich ja gar nicht. Es ist unglaublich, wie uns solche Erlebnisse prägen und dazu führen, dass wir unser Leben komplett ändern. Du hast wirklich Glück gehabt und es ist bewundernswert, wie du diese Erfahrung genutzt hast, um dein Leben positiv zu verändern. Ich finde deine Geschichte sehr inspirierend, auch um meine eigenen Herausforderungen und Ängste zu überwinden und das Beste aus meinem Leben zu machen. Danke, dass du das mit mir geteilt hast, Thomas.«

Zwischenspiel

Vielleicht sind in Dir während der Geschichte von Thomas Bilder und Erinnerungen hochgekommen, die Du Dir notieren möchtest.

Gibt es eine ähnliche Geschichte in Deinem Leben, die einen Wendepunkt in Deinem Leben darstellen könnte?

TRAUMA UND NOSTALGIE

»Es ging mir weniger darum, dass dich diese Geschichte inspiriert. Es war vielmehr ein Beispiel dafür, wie wir jetzt weitermachen.« Thomas lächelt verschmitzt, als er mir das sagt.

»Ich hab dir ja gestern das Modell mit Vergangenheit, Gegenwart und Zukunft gezeigt. Wenn wir an ein Erlebnis in der Vergangenheit zurückdenken, dann entstehen bei uns Gefühle im Hier und Jetzt. Es kommt also ganz darauf an, welche Assoziationen wir mit der Geschichte haben, die wir erzählen oder an die wir uns erinnern, ob wir uns dabei gut oder schlecht fühlen«, sagt Thomas.

»Ja, ich erinnere mich.«

»Zum Beispiel sind Geschichten in unserer Vergangenheit, die wir mit positiven Gefühlen verbinden, nostalgisch. Wohingegen solche mit starken negativen Gefühlen und Erinnerungen Tragödien sind, bis hin zu Traumata[11]. Es liegt

---

[11] Es ist an dieser Stelle wichtig zu erwähnen, dass tiefsitzende Traumata ernste Angelegenheiten sind, die professionelle Aufmerksamkeit und Therapie erfordern. Wenn Du Gefühle oder Erinnerungen hast, die Dich sehr stark belasten oder Dein tägliches Leben sehr stark beeinträchtigen, wende Dich an qualifizierte Therapeut:innen oder Psycholog:innen. Es ist kein Zeichen von Schwäche, Hilfe zu suchen, sondern ein Schritt zur Heilung und persönlichen Entwicklung.

an mir, ob ich an meinen Unfall zurückdenke und daraus ein Trauma mache, nie wieder Sport mache und Angst vorm Wandern oder vor Bergen habe. Ich kann aber auch aus dieser Geschichte meine Energie ziehen, sie mir immer wieder ins Gedächtnis rufen und mich erinnern, wie kurz das Leben ist. Ich könnte auch ewig darüber jammern, dass ich kein Fußballprofi bin, weil mich meine Eltern limitiert und kleingemacht haben. Ändern wird sich dadurch nichts, nur dass ich in dem Gefühlszustand weiterhin in der Limitierung lebe, die mir meine Eltern aufzwingen wollten.«

Er ergänzte das Modell von gestern mit dem, was er gerade gesagt hat:

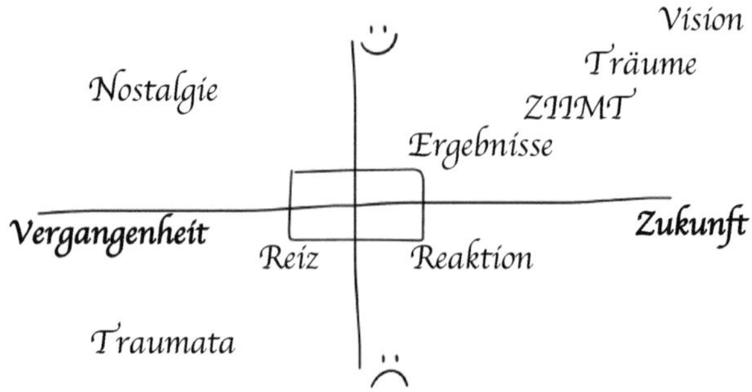

Nachdem er das Modell erweitert hat, gibt mir Thomas meine erste Aufgabe für den Tag:

»Nun möchte ich dich dazu anregen, in deiner eigenen Vergangenheit nach Geschichten zu suchen, die mit deinen

Zielbildern verknüpft sind, die du dir gestern ausgearbeitet hast. Erinnere dich an prägende Erlebnisse, die dich motivieren, wenn du an das Leben denkst, das du führen möchtest, und an solche, die dich bisher möglicherweise davon abgehalten haben, es zu erreichen.

Sobald du diese Geschichten identifiziert hast, nehmen wir uns Zeit, sie gründlich zu reflektieren. Wir werden uns überlegen, welche Lehren du aus diesen Erfahrungen ziehen und wie du sie nutzen kannst, um dich in Richtung deiner Ziele voranzubringen.

Möglicherweise erkennst du dabei Muster, die dich bisher zurückgehalten haben, vielleicht entdeckst du auch verborgene Stärken und Fähigkeiten, die du künftig gezielt einsetzen kannst, deine Ziele zu erreichen. Es kann auch hilfreich sein, dass du darüber nachdenkst, wie du die Bedeutung dieser Geschichten neu interpretieren und umdeuten kannst, um sie zu einem positiven Antrieb für deine persönliche Entwicklung zu machen. Wichtig ist auch, dass du mögliche Geschichten aus deiner Vergangenheit, die heute noch sehr intensive negative Gefühle bei dir wecken, ab sofort *Prüfungen* nennst, die du zu meistern hattest. Und dass du erkennst, dass du heute stärker bist, eben weil du diese Prüfungen gemeistert hast und hinter dir lassen konntest.«

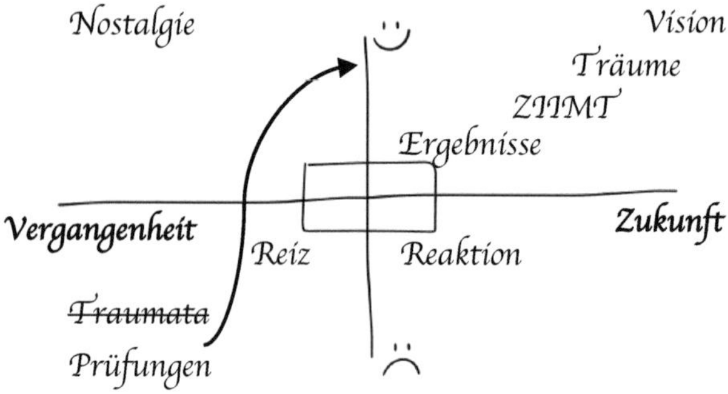

Thomas und ich setzen uns für die nächsten zwei Stunden zusammen, und arbeiten gemeinsam an dieser Aufgabe. Ich erzähle ihm einige meiner Geschichten und wir erkunden in Teamarbeit, wie ich diese zu meinem Vorteil nutzen kann. Wir finden gemeinsam heraus, wofür ich heute dankbar bin, auch wenn ich einige Geschichten habe, die auch heute noch sehr starke negative Gefühle in mir auslösen. Teilweise sind mir die Tränen gekommen, zum Glück hat mir Thomas jederzeit das Gefühl gegeben, dass ich hier sehr geborgen und in Sicherheit bin, sodass ich mich ganz den Themen hingeben konnte. Und er konnte auch irgendwie durch gezielte Fragen tief verborgene Erinnerungen aufdecken, auf die ich alleine nie gekommen wäre.

Zwischenspiel

Am besten ist es, wenn Du diese Aufgabe zusammen mit einer anderen Person machst. Hier eine Liste von Fragen, die Dir Dein sogenannter Buddy stellen kann, damit Du solche Geschichten identifizieren und ggf. uminterpretieren kannst, die Dich bei Deinen Zielen unterstützen können oder auch solche, die Dich davon abhalten, ins Handeln zu kommen. Es ist natürlich auch möglich, solche Geschichten alleine zu finden. Für die Interpretation und Veränderung der Bedeutung der Geschichten solltest Du jedoch auf jeden Fall mit einer anderen Person arbeiten. Bei besonders tiefsitzenden Traumata wende Dich bitte unbedingt an eine:n Expert:in, um an diesen Themen zu arbeiten.

Welche prägenden Ereignisse und Erfahrungen aus Deiner Vergangenheit fallen Dir ein, die Dich auf irgendeine Weise positiv wie negativ beeinflusst haben?

Was sind die positiven Aspekte dieser Ereignisse und Erfahrungen und wie könnten sie Dich in Deinem Vorhaben unterstützen?

Haben sich Deine Einstellungen und Perspektiven auf bestimmte Ereignisse und Erfahrungen im Laufe der Zeit verändert? Welchen Einfluss hatten diese Veränderungen auf Dein heutiges Handeln?

Gibt es eine bestimmte Geschichte, die Du Dir oder anderen immer wieder erzählst und die Dich möglicherweise daran hindert, Deine Ziele zu erreichen?

Wie könntest Du diese Geschichte umdeuten, um Deine Ziele schneller zu erreichen?

Wofür könntest Du dieser Geschichte dankbar sein? Was hättest Du heute nicht, für das Du heute dankbar sein könntest?

Gibt es Personen, Erfahrungen oder Ereignisse in Deinem Leben, die Dir Kraft und Inspiration geben? Welche sind das und wie könnten Dich diese bei der Verwirklichung Deiner Ziele unterstützen?

DIE ANGST IST DEIN HIRTE

Nach dieser intensiven Aufgabe machen Thomas und ich einen Morgenspaziergang durch den nahegelegenen Wald und unterhalten uns noch ein bisschen über die ganzen Geschichten, die ich in den letzten Stunden gefunden habe und wie ich sie noch stärker mit meinen Zielen verbinden kann. Es ist für die Jahreszeit noch recht frisch und ich genieße das Gefühl der Freiheit, das ich schon länger nicht mehr gespürt habe. Die Sonnenstrahlen blinzeln durch die Bäume und funkeln im Tau des moosbedeckten Bodens. Ich höre einen Bach in der Nähe plätschern, ansonsten genieße ich die friedliche Stille in der Luft.

»Wie würdest du denn den vierten Quadranten nennen, der heute negative Gefühle in dir auslöst, wenn du an deine Zukunft denkst?«, fragt mich Thomas.

»Das ist der Quadrant rechts unten, oder? Ich weiß nicht so genau«, antwortete ich.

Thomas lächelt und sagt: »Ja, der rechts unten. Das ist aber auch völlig normal, das nicht auf Anhieb zu wissen. Es ist nicht immer einfach, diese negativen Gefühle sofort zu benennen. Aber es ist wichtig, sich ihrer bewusst zu sein und sie zu erkennen, denn sie können uns manchmal daran hindern, unsere Ziele zu erreichen und ein erfülltes Leben zu führen. Wie könnte man denn diesen Quadranten nennen?«

Ich überlege kurz und stelle mir die vier Quadranten bildhaft vor. Rechts oben sind die Ziele, links oben nostalgische Erinnerungen, darunter die Traumata. Schön langsam glaube ich, das Konzept zu verinnerlichen. »Kann es sein, dass es sich bei diesen negativen Gefühlen um Ängste, Sorgen oder Unsicherheiten über die Zukunft handelt?«

»Ja, so ist es«, antwortet Thomas, der wirkt, als würde er über irgendetwas nachdenken. Wir machen uns langsam wieder auf den Weg zurück in Büro. Es kommt mir so vor, als würde mir die Mischung aus dem Austausch mit Thomas, die frische Luft und die leichte körperliche Betätigung im Freien sehr gut tun und es setzt auch etwas in mir in Gang.

»Da fällt mir eine Geschichte ein«, fährt Thomas fort. »Es war einmal eine Wanderin, die gerne in den Wäldern spazieren ging. Es war ein Wald wie dieser hier, mit Bäumen, die dicht an dicht standen und einem schmalen, gewundenen Weg mit vielen Wurzeln und Steinen. Eines Tages entschied sie sich, auch einmal eine Nachwanderung zu machen. Also ging sie spätabends los, der Mond war der einzige Lichtspender. Plötzlich sah sie auf dem Weg eine Schlange und erschrak extrem. Ihr Herz begann wie wild zu schlagen, und ein Kälteschauer durchfuhr sie. Sie war in diesem Moment voller Angst und rannte so schnell sie konnte zurück.«

So wie es Thomas erzählt hat, kann ich den Schrecken der Wanderin direkt fühlen. Ich höre gebannt zu, wie er weiter erzählt.

»Zuhause angekommen, versuchte sie sich zu beruhigen und zu schlafen. Die Nacht war eine Qual für sie, sie konnte kaum ein Auge zu tun, ständig kreisten ihre Gedanken um die Schlange. Am nächsten Tag beschloss sie sich dann, sich ihrer Angst vor der Schlange zu stellen, jedoch erst einmal bei Tageslicht. Mit zitternden Knien und pochende Herz ging sie wieder in den Wald und folgte dem gleichen Weg wie am Vorabend. Als sie die Stelle erreichte, wo sie die Schlange gesehen hatte, blieb sie stehen. Ihr Herz schlug wie verrückt, als wolle es aus ihrer Kehle hüpfen.

Sie schaute genau hin und sah ... ein Seil! Es war gar keine giftige Schlange, die sie am Vorabend da im Dunkeln fand, sondern einfach ein altes, verwittertes Seil. Die Erleichterung, die sie in diesem Moment empfand, war unbeschreiblich. Die Angst, die sie die ganze Nacht und auf dem Weg durch den Wald gequält hatte, war völlig unbegründet gewesen.«

»Siehst du«, sagt Thomas nach einer kurzen Pause nachdenklich, »unsere Ängste und Sorgen über die Zukunft können uns manchmal lähmen und uns davon abhalten, den nächsten Schritt zu machen. Aber oft sind sie wie das Seil, das die Wanderin für eine giftige und bedrohliche Schlange hielt. Sie sind meistens nicht real, sondern das Produkt unserer Vorstellungen und Unsicherheiten. Das Wichtigste ist, sich diesen Ängsten zu stellen und sie zu überwinden, denn nur so können wir uns weiterentwickeln und unsere Ziele erreichen.«

»Ich verstehe, was du mir mit der Geschichte sagen willst. Manchmal lassen wir uns von unseren Ängsten und Vorurteilen leiten und interpretieren Situationen falsch. Diese falschen Interpretationen können uns davon abhalten, unsere wahren Potenziale zu erkennen und unsere Ziele zu erreichen.«

»Daher kann Angst auch wie folgt interpretiert werden«, antwortet Thomas mit einem Lächeln im Gesicht. »**A**lternative, **N**icht **G**eprüfte **S**ituationen und **T**atsachen«, Thomas betonte die Anfangsbuchstabend besonders deutlich, um das Akronym ANGST hervorzuheben. »Oder im Englischen steht Fear für **f**alse **e**vidence **a**ppear **r**eal, also für falsche Beweise, die echt erscheinen«, auch hier betont er die Anfangsbuchstaben.

»Alternative, nicht geprüfte Situationen und Tatsachen ... das muss ich mir merken.«

»Ich will aber noch auf eines hinweisen. Ängste sind auch meistens etwas sehr Wertvolles. Denn sie weisen uns den

Weg für weiteres Wachstum. Sie sind wie ein Hirte oder eine Hirtin. Sie wissen ganz genau, wo die Schafe langgehen müssen. Wir müssen unserer Angst vertrauen, mit ihr tanzen und uns der Angst stellen. Die Wanderin hat sich ihrer Angst gestellt und ist dabei über sich hinausgewachsen. Beim nächsten Mal wird sie genauer hinschauen und nicht sofort weglaufen.«

Wir sind inzwischen wieder zurück in Thomas Haus angekommen. Er bereitet uns einen Tee zu, wir unterhalten uns noch etwas über die Geschichte und machen nach einer kurzen Pause in seinem Arbeitszimmer weiter.

Im Arbeitszimmer angekommen machen wir es uns auf der Couch gemütlich und schlürfen unseren Tee, weil er noch recht heiß ist. Thomas sagt zu mir: »Ich möchte, dass wir jetzt gemeinsam deine Ängste identifizieren, also die negativen Gefühle und Gedanken, die in dir aufkommen, wenn du an deine Zukunft und deine Ziele denkst«, beginnt Thomas, als wir nach der kurzen Pause wieder weitermachen. »Es kann hilfreich sein, sie aufzuschreiben, damit wir sie gemeinsam analysieren und herausfinden können, wie du sie in positive Energie umwandeln kannst, die dich dabei unterstützt, deine Ziele zu erreichen.«

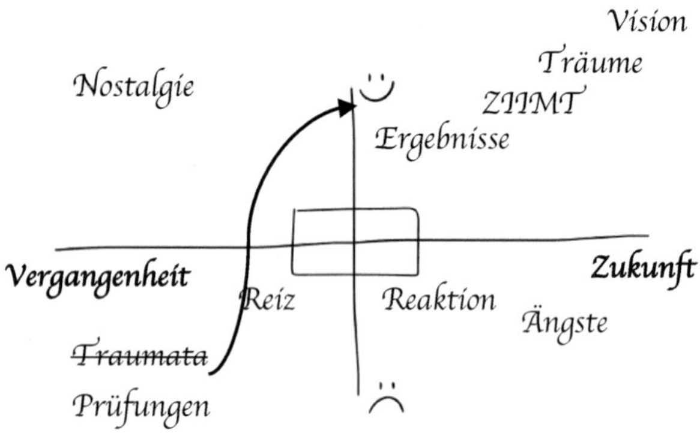

Ich nicke zustimmend und antworte: »Das klingt nach einer sinnvollen Übung. Ich werde mir ein paar Gedanken dazu machen und versuchen, diese negativen Gefühle zu identifizieren, die mich von meinen Zielen abhalten.«

Mit Thomas behutsamer Unterstützung beginne ich, mich den dunklen Schatten meiner Ängste zu stellen, den Unsicherheiten, die in Bezug auf meine Zukunft und meine Ziele lauern. Jede seiner gezielt gestellten Fragen führt mich tiefer in dieses unerforschte Territorium meiner innersten Sorgen. Wir ergründen, wie diese Gefühle und Gedanken in meinem Handeln wurzeln und sich auf schädigende Weise entfalten, gleich unerwünschten Saatgut, das sich auf fruchtbarem Acker verteilt.

Durch das Bewusstwerden dieser negativen Aspekte wird David in der Lage sein, sie besser zu verstehen und zu erkennen, wie er sie in etwas Positives umwandeln kann. Vor allem in etwas, das ihm helfen wird, seine Ziele zu erreichen und ein erfolgreiches Leben zu führen. Und auch Du kannst jetzt das gleiche machen.

Ängste sind vielfältig und umfangreich. Sie halten uns davon ab, zu handeln. Manchmal wollen sie uns aber auch vor etwas beschützen. Es ist nicht immer leicht, das eine vom anderen zu unterscheiden. Hilfreich ist es jedoch so gut wie immer, sich seiner Angst bewusst zu werden und sich ihr zu stellen.

Ängste haben in unserer Evolution eine extrem wichtige Rolle gespielt. Sie dienten als Warnsystem und Schutzmechanismus, die uns vor Gefahren bewahrten und unser Überleben sicherten. In der heutigen Zeit sind viele dieser Ängste jedoch nicht mehr relevant, da sich unsere Umgebung und Lebensweise drastisch verändert hat. Dennoch sind sie tief in uns verwurzelt und beeinflussen unsere Entscheidungen und Handlungen, und das oftmals unbewusst.

Wir können unsere Angst als Hirte bzw. Hirtin betrachten. Diese Metapher will sagen, dass wir uns von unseren Ängsten leiten und lenken lassen können. Oftmals ist der

Schritt, vor dem wir am meisten Angst haben, genau der richtige für unser Wachstum und unsere Weiterentwicklung. Das Schlimmste, dass uns widerfahren kann: Wir entdecken etwas und lernen daraus. Es sei denn, es ist die Art von Angst, die uns vor wirklich lebensbedrohlichen Schritten beschützt. Daher ist es so extrem wichtig, dass wir uns unserer Ängste bewusst werden und sie als solche erkennen. Dann können wir sie als Wegweiser nutzen und ihre Energie gezielt in positive Veränderungen umwandeln.

Indem wir also unsere Ängste analysieren und hinterfragen, können wir feststellen, ob sie tatsächlich berechtigt sind oder ob sie auf unbegründeten Sorgen oder Vorstellungen basieren. In vielen Fällen stellen wir fest, dass unsere Ängste irrational oder übertrieben sind und uns unnötig einschränken.

Sobald wir unsere Ängste erkannt und verstanden haben, können wir anfangen, sie zu überwinden und uns von ihnen befreien. Wir können ihre Energie nutzen, um mutigere Entscheidungen zu treffen, uns neuen Herausforderungen zu stellen und uns kontinuierlich weiterzuentwickeln. So wird die Angst von einem einschränkenden Faktor zu einer treibenden Kraft, die uns helfen kann, unsere Träume und Ziele zu verwirklichen.

Vielleicht kann Dir diese Übersicht von typischen Ängsten weiterhelfen, um sie eindeutig zu benennen.

Angst vor Ablehnung	Angst nicht genug zu sein	Angst nicht geliebt zu werden
Angst zu versagen	Angst vor Veränderung	Angst vor dem Unbekannten
Angst vor dem Scheitern	Angst vor Konflikten	Angst vor Verletzlichkeit
Angst vor dem Tod	Angst vor Einsamkeit	Angst vor der Zukunft
Angst, dass die Vergangenheit einen einholt	Angst vor Entscheidungen	Angst vor Erfolg
Angst vor Kritik	Angst vor der Meinung anderer	Angst vor Macht und Einfluss
Angst vor Peinlichkeiten	Angst vor dem Alter	Angst vor Intimität und Nähe
Angst vor Verlust	Angst vor Traumata und negativen Erfahrungen	Angst vor der Angst

Wovor hast Du Angst? Ergänze doch die Liste, sollte eine Angst (oder mehrere) fehlen. Bei manchen Ängsten der obigen Tabelle hast Du vielleicht auf irgendeine Art und Weise reagiert, bei anderen wiederum überhaupt nicht. Als erste Übung kannst Du jetzt alle Ängste wegstreichen, die Dich in Deinem Leben belasten, die Dich am Handeln und am weiteren Wachstum hindern. So gibst Du Deinem Unterbewusstsein sofort das Signal, dass Du etwas in Deinem Leben ändern wirst und dass Du diese Ängste nicht nur sprichwörtlich aus Deinem Leben streichst.

Welche Ängste, Sorgen, Unsicherheiten oder andere negative Gefühle hast Du über die Zukunft mit Blick auf Deine Ziele in den sieben Lebensbereichen?

____

____

____

DIE ANGST DURCHBRECHEN

»Du hast also jetzt definiert, wohin Du möchtest und was Dich davon abhält. Es gibt ja mit Sicherheit eine Angst, die besonders hervorsticht, oder?«, fragt mich Thomas, nachdem ich mit der Aufgabe fertig wurde. Er hat mich wieder mit einigen sehr zielführenden Fragen unterstützen und mich immer wieder auf neue Perspektiven gebracht.

»Ja, in fast allen Lebensbereichen kommt eine Angst immer wieder vor«, antworte ich.

»Dann lass uns einmal schauen, ob du diese Angst auch durchbrechen möchtest. Warte kurz, ich hol schnell etwas«, sagt Thomas verschwörerisch und verlässt das Arbeitszimmer.

Ich warte und bin gespannt darauf, was wir jetzt machen werden. Kurze Zeit später kommt er mit zwei Holzbrettern wieder zurück. Sie sind etwa 20 mal 30 Zentimeter groß. Er gibt mir eins in die Hand, es ist ungefähr zwei Zentimeter dick und fühlt sich schwer an. Ich streiche über die raue Oberfläche und schaue es mir von beiden Seiten an. Es ist ein ganz gewöhnliches Brett.

»Ich will mit dir jetzt eine Übung aus dem Mentaltraining machen. In kürze wirst du dieses Brett zusammen mit deiner Angst durchbrechen, und zwar mit deiner Hand.[12]«

»Aber das geht doch nicht, das Brett ist viel zu dick. Und ich hab das noch nie gemacht. Ich hab das schon einmal bei Kampfsportlern gesehen, die haben jahrelang dafür trainiert. Ich schaffe ja noch nicht einmal fünf Liegestütz mit meinen dürren Armen«

»Kannst du dich noch an das erinnern, was Henry Ford darüber gesagt hat?«, fragt mich Thomas.

»Du meinst, weil ich glaube, dass ich es nicht kann, schaffe ich es auch nicht?«

»Ganz genau. Wenn du probieren würdest, das Brett zu zerschlagen, dann würdest du zaghaft und halbherzig zuschlagen. Du hättest einfach zu große Angst, dich zu verletzen. Als Resultat zerbrichst du es nicht und das tut dann weh. Du siehst dann, dass es nicht geht und deine Befürchtung wahr geworden ist. Das wiederum bestärkt deinen Glauben, dass es nicht geht. Aber bevor wir das Brett zerschlagen, werden wir es natürlich noch vorbereiten.«

---

[12] ACHTUNG! Diese Übung nur unter Aufsicht von geschulten Personen durchführen. Es wird keine Haftung für Verletzungen oder Schäden jeglicher Art übernommen.

»Passt, gehen wir jetzt in dein Fitnessstudio und wärmen uns auf?«, frage ich.

»Nein, das ist nicht notwendig«, antwortet Thomas.

Thomas bereitet mich auf die anstehende Aufgabe vor, und nach nur wenigen Minuten habe ich auch schon das Brett durchschlagen. Davor habe ich noch meine Angst auf eine Seite des Brettes geschrieben, und mein Ziel auf die andere. Es war wirklich ein unglaubliches Gefühl. Während wir diese Übung gemacht haben, hat Thomas im Hintergrund ziemlich energiegeladene Musik abgespielt, die auch nach und nach lauter geworden ist.

»Wow, was für ein geniales Gefühl«, sage ich, nachdem ich das Brett zerschlagen habe. »Wenn es wirklich so einfach ist, meine Angst zu durchbrechen, dann weiß ich, dass ich alles schaffen kann.«

»Ein Brett zu zerschlagen ist keine einfache Aufgabe. Es dient einerseits als Metapher, deine Ängste zu durchbrechen. Es ist aber andererseits auch mehr als eine Metapher, du hast die Angst jetzt nämlich für immer und ewig vergessen.« Thomas schaut mir tief in die Augen, als er mit mir spricht. Es fühlt sich an, als würde er direkt in mein innerstes sprechen. »Du hast jetzt vergessen, was deine Angst war. Du wirst dich nie wieder an deine Angst erinnern können. Jedes Mal, wenn du an diese Angst denkst, dann kommt dir sofort die Erinnerung an den Schlag. Du spürst deine Handfläche, die du jetzt spürst. Dieses Erlebnis ist jetzt für immer in dich eingebrannt.«

Erst jetzt merke ich, dass meine Hand tatsächlich etwas brennt. Ohne der Vorbereitung von Thomas hätte ich es vermutlich nicht auf Anhieb geschafft. Ich bin sehr dankbar dafür, dass er mit mir diese Übung gemacht hat.

Zwischenspiel

Es ist wirklich wichtig, dass Du diese Übung nur unter Aufsicht von geschulten Personen machst. Es gibt auch noch viele weitere ähnliche Übungen, um die eigene Angst zu durchbrechen. Neben Holzzerbrechen können Holzpfeile zerbrochen oder Stahlstangen verbogen werden. In unseren Seminaren machen wir mehrere solcher Übungen. Die Teilnehmenden laufen auch manchmal über Glasscherben oder über glühende Kohlen. Und die wirklich mutigen gehen mit uns Fallschirm- oder Bungeespringen. Das sprengt natürlich alles die Grenzen dieses Buches, daher wurde diese Übung auch nur angeschnitten.

DANKBARKEIT

Nach dieser Übung machen wir eine Mittagspause. Der heutige Tag vergeht bis jetzt wie im Flug, vermutlich weil wir uns bis jetzt sehr intensiv mit meinen Geschichten und Ängsten beschäftigt haben. Jetzt sitzen wir im Garten und genießen noch einen leckeren Käsekuchen als Nachspeise.

»Was glaubst du ist der Schlüssel für ein erfülltes und freies Leben?«, fragt mich Thomas.

Ich überlege kurz, während ich einen Bissen des köstlichen Kuchens genieße. »Das ist eine wirklich sehr interessante Frage. Wenn ich die Antwort wüsste, wäre ich nicht hier.«

Thomas lächelt und antwortet: »Einer der wichtigsten Schlüssel für ein erfülltes und freies Leben ist Dankbarkeit. Sobald du dich auf die positiven Aspekte deines Lebens konzentrierst und dankbar für das bist, was du hast, kannst du Ängste und Sorgen sehr schnell auflösen und positive Gefühle fördern.«

Ich nicke interessiert: »Das klingt einleuchtend. Aber wie kann ich das konkret umsetzen?«

Thomas erklärt: »Eine einfache und effektive Übung ist das Führen eines Dankbarkeitstagebuchs. Nimm dir jeden Tag ein paar Minuten Zeit, um mindestens drei Dinge in dein

Notizbuch zu schreiben, für die du dankbar bist. Das kann etwas Großes oder Kleines sein, von einer angenehmen Begegnung bis hin zu einem geliebten Menschen, und natürlich auch einem erreichten Ziel. Indem du dich täglich auf das Positive konzentrierst, wirst du automatisch mehr positive Gefühle in deinem Leben wahrnehmen.«

Ich antworte nachdenklich: »Das klingt machbar. Gibt es noch weitere Übungen, die ich ausprobieren kann?«

Thomas nickt: »Eine weitere Übung ist die Dankbarkeitsmeditation. Setz dich bequem hin, schließe die Augen und konzentriere dich für einige Minuten auf deinen Atem. Dann denke an eine Situation, für die du dankbar bist, und spüre, wie sich diese Dankbarkeit in deinem Körper ausbreitet.

Du kannst auch Dankbarkeitsmantras nutzen, indem du leise oder in Gedanken Sätze mit hoher emotionaler Intensität wiederholst, wie zum Beispiel ›Ich bin dankbar für mein Leben‹ oder ›Ich bin dankbar für meine Freundschaften und meine Familie.‹ Das spannende daran ist, dass du es auch mit den Erinnerungen an deine Vergangenheit verknüpfen kannst. Sobald du es schaffst, für die Ereignisse in deiner Vergangenheit dankbar zu sein, ändern sich automatisch deine Gefühle an die Erinnerungen.«

Zum Glück habe ich mir mein Notizbuch mit rausgenommen. So kann ich mir gleich alles mitschreiben.

»Es gibt sehr spannende Zusammenhänge zwischen Angst und Dankbarkeit«, fährt Thomas fort. »Angst verspüren wir immer für das, was irgendwo in der Zukunft liegt. Dankbarkeit ist ein Gefühl, das wir in der Regel für das empfinden, was wir in der Vergangenheit bereits erreicht haben. Natürlich können wir uns auch dankbar für etwas fühlen, das wir in der Zukunft einmal erreicht haben werden. Angst ist auf das fokussiert, was wir nicht haben, Dankbarkeit hingegen finden wir bei dem, was wir haben. Angst wirkt einschränkend und lähmend, wohingegen Dankbarkeit uns bereichert und aktiviert. Angst führt zu Frustration, während Dankbarkeit uns motiviert und inspiriert.«

Thomas sieht mich kurz an und erkennt, dass ich keine Frage habe, also fährt er fort.

»Die Gefühle von Dankbarkeit und Angst können auch niemals gleichzeitig existieren. Wenn wir von Dankbarkeit erfüllt sind, wird Angst verdrängt und wir fühlen uns leichter und freier. Wird Dankbarkeit bewusst herbeigeführt, ist sie immer stärker als unsere Angst. Wir müssen dafür lernen, uns auf unsere Dankbarkeit zu fokussieren. Das ist im Grunde das Geheimnis für ein erfülltes Leben! Egal wie erfolgreich wir sind, solange wie wir uns von unseren Ängsten treiben lassen, solange werden wir niemals glücklich mit dem sein, was wir bereits erreicht haben.«

Zwischenspiel

Dankbarkeit ist eines der stärksten Gefühle, die wir in unserem Körper bewusst herbeiführen können. Nutze diese Fragen, um Dich auf deine Dankbarkeit zu fokussieren und nutze sie vor allem in gestressten Zeiten und wenn Du das Gefühl hast, dass Dich Deine Angst zu überwältigen droht. Nimm Dir am besten gleich ein paar Minuten Zeit, und beantworte die folgenden Fragen:

Wofür bist Du heute besonders dankbar?

Wofür könntest Du heute besonders dankbar sein?

In welchen Momenten fühlst Du Dich besonders wohl und geborgen?

Worin siehst Du Deine persönlichen Stärken und wie kannst Du dafür dankbar sein?

Welche Erfahrungen oder Herausforderungen haben Dich wachsen lassen und wofür kannst Du dankbar sein, dass Du sie gemeistert hast?

Was hast Du in der Vergangenheit erreicht, worauf Du stolz und dankbar sein kannst?

DAS GEHEIMNIS VON DANKBARKEIT UND ZIIMT

Nachdem wir uns noch ein bisschen über Ängste und Dankbarkeit unterhalten haben, gehen wir wieder zurück in das Arbeitszimmer, weil Thomas die Grafik weiter ergänzen möchte.

»Dankbarkeit kann also sowohl aus deinen negativen Gefühlen aus der Vergangenheit als auch aus denen in der Zukunft positive Gefühle machen«, sagt Thomas, als er den weiteren Pfeil einzeichnet.

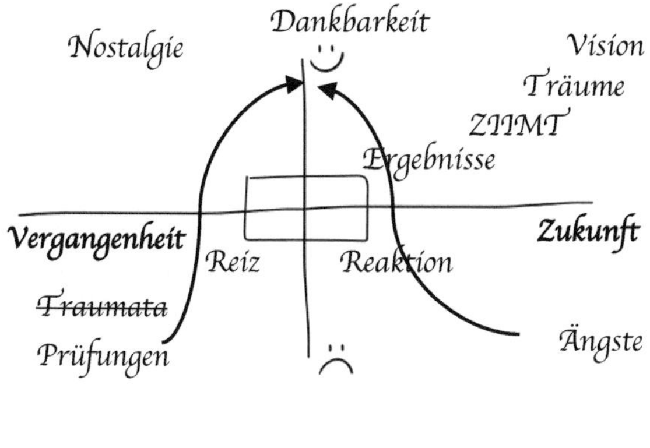

»Ich will dir jetzt noch ein Geheimnis verraten, dass meine Sichtweise auf den Erfolg und vor allem die Erfüllung in meinem Leben völlig verändert hat. Wir haben uns gestern und heute mit deiner AL und VL beschäftigt und mit ZIIMT einen Weg gefunden, wie du im Flow von hier nach dort kommst. Dir ist doch bis jetzt alles klar, was wir durchgegangen sind, oder?«, fragt mich Thomas.

»Ja, soweit ist mir alles klar.«

»Das Geheimnis ist, wie du mit der Dankbarkeit umgehen kannst, um eine tiefere Verbindung mit deinen Zielen zu bekommen«, sagt Thomas schon fast mystisch. »Ich hab es ja bereits angeschnitten, du kannst das Gefühl der Dankbarkeit nicht nur auf das beziehen, was du bis jetzt bereits alles erreicht hast. Sobald du nämlich beginnst, auch dankbar für das zu sein, was du in deinem Leben alles erreicht haben wirst, dann wird sich so einiges in dir verändern. Es mag sich vielleicht am Anfang komisch anfühlen, und vielleicht werden in dir auch innere Zweifel aufkommen. Ich hab aber aus eigener Erfahrung gelernt, dass wir mit dem Gefühl der Dankbarkeit für unsere Ziele, für unsere Träume und vor allem für den Menschen, der wir in Zukunft sein werden, ein Erreichen erst möglich machen.«

»Was? Das klingt irgendwie nach Voodoo«, zweifle ich.

Thomas lächelt und antwortet: »Ich verstehe, dass es ungewöhnlich klingt. Es gibt gute Gründe, warum Dankbarkeit auch für die Zukunft so wirkungsvoll ist. Wenn du dankbar bist für das, was noch kommen wird, schaffst du eine positive Erwartungshaltung und Vertrauen in deine

Fähigkeiten, diese Ziele zu erreichen. Mehr noch, es fühlt sich so an, als ob du das Ziel bereits erreicht hast. Als wärst du bereits dieser Mensch. Deine Gedanken und Gefühle werden sich darauf ausrichten, und das wirkt sich wiederum auf deine Handlungen und Entscheidungen aus. Du lebst nicht mehr im Mangel, sondern in einem Leben voller Fülle.«

»Das erzeugt einen ziemlichen Knoten in meinem Kopf.«

»Lass mich dir ein Beispiel geben«, fährt Thomas fort. »Du hast ja das Ziel, abzunehmen und einen gesünderen Lebensstil zu führen. Indem du heute bereits dankbar für dein künftiges Gewicht, deine zukünftige körperliche Gesundheit und die positiven Veränderungen bist, verändert sich dein Selbstbild. Du entwickelst eine optimistischere und proaktive Herangehensweise und beginnst, gesündere Entscheidungen zu treffen. Es wird dir leichter fallen, regelmäßig Sport zu treiben und Herausforderungen anzunehmen, weil du an das positive Ergebnis glaubst, mehr noch, weil du davon überzeugt bist, es bereits erreicht zu haben. Dadurch baust du nach und nach eine emotionale Verbindung zu deinen Zielen auf. Anders übrigens, wenn du es als Wunsch formulierst. So ist es immer aus der Haltung von Mangel, und dadurch erzeugst du ein anderes Energieniveau, als es eben durch Dankbarkeit möglich ist.«

»So gesehen klingt es ziemlich vernünftig. Aber ich kann doch nicht so tun, als wäre ich bereits dünn«, sage ich und greife mir dabei an meinen schwabbeligen Bauch.

»Doch, das kannst du. Du musst es einfach nur machen und daran glauben. Dankbarkeit für deine Zukunft hilft dir übrigens auch dabei, Rückschläge und Hindernisse besser zu bewältigen. Ich sag es nochmal, egal ob du glaubst, dass du es kannst oder ob du glaubst, dass du es nicht kannst, du hast immer recht. Dein Gehirn will dich nämlich nicht als Lügner dastehen lassen«, erklärt Thomas weiter. »Wenn du bereits dankbar für die Lektionen bist, die du auf deinem Weg lernen wirst, kannst du Schwierigkeiten eher als Gelegenheiten zur persönlichen Entwicklung betrachten, anstatt sie bedrohlich oder entmutigend zu empfinden. Gib dem einfach mal eine Chance, David. Du wirst überrascht sein, wie viel Einfluss diese Denkweise auf dein Leben haben kann.«

Während ich Thomas so zuhöre und der Begeisterung in seiner Stimme lausche, beginne ich, die Kraft der Dankbarkeit für die Zukunft besser zu verstehen. Es mag zunächst ungewöhnlich erscheinen, aber wenn ich darüber nachdenke, sehe ich das Potenzial, dass es mein Denken und Handeln positiv beeinflussen kann.

»Ich kann mir noch nicht so ganz vorstellen, wie ich das machen soll«, sage ich zu Thomas.

»Lass es uns einfach gleich mal ausprobieren und eine Meditation machen. Nach dieser Dankbarkeitsmeditation wirst du vielleicht bemerken, dass dein Geisteszustand bereits positiver ist und dass du mehr Vertrauen in deine Fähigkeit hast, deine Ziele zu erreichen. Diese Übung kannst du regelmäßig durchführen, um Dankbarkeit auch für deine Zukunft zu lernen und deine Motivation und Entschlossenheit zu stärken. Setz dich einfach aufrecht hin, schließ deine Augen und hör auf meine Stimme.«

Ich setze mich also wieder aufrecht hin und bin gespannt, was jetzt kommen wird.

»Konzentriere dich auf deine Atmung. Atme tief ein und aus. Du spürst, wie sich dein Körper mit jedem Atemzug entspannt. Gib dir ein paar Momente, um vollständig im Hier und Jetzt anzukommen.«

Ich richte mich auf und schließe meine Augen. Die Neugierde prickelt in mir und ich bin gespannt auf das, was mich erwartet. Ich folge den Anweisungen von Thomas, fokussiere mich auf meine Atmung und bemerke, wie mein Körper sich allmählich entspannt. Meine Gedanken sind nicht mehr ganz so ungezähmt wie gestern, und doch schweife ich hin und wieder ab. Seine Worte bringen mich jedoch immer wieder zurück.

»Jetzt stell dir dein zukünftiges Ziel vor, das du erreichen möchtest. Aus welchem Lebensbereich stammt das Ziel?

Male es dir in lebendigen Farben und möglichst vielen Details aus. Du siehst ein klares Bild davon, wie es aussieht, wenn du dieses Ziel erreicht hast: Du spürst intensiv diesen Moment. Vielleicht hörst und riechst du etwas. Die Menschen um dich reagieren positiv auf deine Erfolge.«

Ich folge seinen Worten und stelle mir mein zukünftiges Ziel vor. Es ist, als ob sich ein Bild in meinem Geist malt, in leuchtenden Farben und sehr detailliert. Ich versuche, alles zu spüren, zu sehen, zu hören und zu riechen, was ich in diesem erfüllten Moment erleben würde. Mir gelingt es bei dieser Übung ziemlich gut, meine Gedanken zu fokussieren. Ich fühle eine Welle der Aufregung, während ich mir vorstelle, wie die Menschen um mich herum auf meinen Erfolg reagieren.

»Nun lade ich dich ein, ein tiefes Gefühl der Dankbarkeit für diese zukünftige Erfahrung zu fühlen. Das Gefühl der Dankbarkeit durchströmt jede Faser in dir. Fühle die Dankbarkeit in deinem Herzen. Es ist bereits geschehen. Lass diese Emotion in deinem gesamten Körper fließen. Sei dankbar für die Menschen, die dich unterstützen. Fühle die Dankbarkeit für die Herausforderungen, die du gemeistert hast. Intensiviere nun die Dankbarkeit für die wertvollen Lektionen, die du auf deinem Weg gelernt hast.«

Während ich immer noch in meinem imaginären Erfolg verweile, folge ich der Einladung, Dankbarkeit zu empfinden. Ich fühle, wie ein warmes, beruhigendes Gefühl mich durchströmt, ich fühle die Dankbarkeit in meinem Herzen, für die vielen Menschen, die mich unterstützen, für die Herausforderungen, die ich gemeistert habe und für die wertvollen Lektionen, die ich gelernt habe.

»Widme jetzt einen Moment der Stille, um diese Dankbarkeit vollständig zu erfassen. Verinnerliche die Dankbarkeit und verbinde dich mit ihr. Fühle, wie die Dankbarkeit dein Selbstvertrauen, deine Entschlossenheit und deine Zuversicht stärkt. Du hast dein Ziel bereits erreicht. Atme tief in die Dankbarkeit.«

Ich verbringe einen Moment in Stille, lasse die Dankbarkeit sich vollkommen in mir ausbreiten. Es ist, als ob die Dankbarkeit mein Selbstvertrauen, meine Entschlossenheit und mein Vertrauen in die Zukunft stärkt. Mir kommen neue Bilder und Gedanken, die ich einfach beobachte und sein lasse.

»Wenn du bereit bist, bringe langsam deine Aufmerksamkeit zurück auf deine Atmung, und spüre, wie dein Körper auf dem Stuhl sitzt. Atme noch ein paar Mal tief ein und aus, bevor du deine Augen wieder öffnest und hier in den Raum zurückkehrst.«

Langsam richte ich meine Aufmerksamkeit wieder auf meine Atmung. Ich spüre, wie ich auf dem Stuhl sitze, tief einatme und wieder ausatme. Als ich meine Augen öffne, fühle ich, dass sich etwas in meinem Inneren verändert hat.

Ich konnte mir tatsächlich vorstellen, wie ich mit meinem Idealgewicht ausschaue, und ich hab mich extrem dankbar dafür gefühlt, dass ich so sportlich und fit aussehe. Es war auch kein kurzfristiges Erfolgserlebnis, dass sich vielleicht durch eine Diät einstellt. Nein, es war ein tiefes Gefühl der Gewissheit und der Dankbarkeit, dass ich dieses Gewicht halte und mich damit einfach großartig fühle. Ich lasse die Erfahrung noch einen Moment lang auf mich wirken.

»Wow, das war wirklich eine einzigartige Erfahrung«, sage ich zu Thomas. »Ich hätte nicht gedacht, dass ich mich so sehr in die Zukunft hineinversetzen und bereits jetzt Dankbarkeit für etwas empfinden kann, das noch nicht eingetreten ist. Es fühlt sich an, als hätte ich schon jetzt eine größere Motivation, um meine Ziele zu verfolgen. Zwar hab ich immer mal wieder Zweifel gespürt, dennoch konnte ich mit meinem Fokus auf die Dankbarkeit den Zweifel überschreiben. Vielen Dank, Thomas, dass du mir diese Übung gezeigt hast. Ich denke, das wird mir wirklich dabei helfen, fokussierter und entschlossener auf meinem Weg zu sein.«

Thomas lächelt und nickt zustimmend. »Es freut mich zu hören, dass du diese Erfahrung wertvoll fandest. Denke daran, dass du diese Dankbarkeitsmeditation immer wieder durchführen kannst, um deine positive Energie aufrechtzuerhalten und dich auf deine Ziele auszurichten. Die Zukunft gehört uns! Hab die richtige innere Einstellung und sei dankbar für das, was war, was ist und was sein wird.«

Zwischenspiel

Integriere die Dankbarkeitsübung in Deinen Alltag und nutze diese Übung, um sowohl dankbar für das zu sein, was du bereits alles erreicht hast als auch für das, was du in deiner Zukunft alles erreicht haben wirst. So stärkst Du das Gefühl der Fülle und reduzierst das Gefühl des Mangels.

Wofür bist Du aus Deiner Vergangenheit dankbar?

____

____

____

Wofür bist Du in Deiner Gegenwart dankbar?

____

____

____

Wofür bist Du in Deiner Zukunft dankbar?

Für welche Menschen bist Du besonders dankbar?

EIN PROZENT, DAS DEN UNTERSCHIED MACHT

»Lieber David, wir kommen an das Ende von unseren zwei Tagen. Ich hab dir sehr viel von dem mitgegeben, das dich auf dem Weg zu deinem neuen Leben unterstützen und bereichern wird. Es war anstrengend und inspirierend. Du bist dir deiner Ziele bewusster geworden, du hast auch dank ZIIMT Maßnahmen definiert und bist dir über deine Intension und deine künftige Identität klar geworden.«

Thomas schaut mir tief in die Augen, als er mir das sagt. Ich fühle mich einerseits traurig, dass sich das Wochenende mit Thomas dem Ende neigt. Aber auch eine zuversichtliche Freude auf das, was noch kommen wird.

»Natürlich wird sich morgen und in den kommenden Tagen nichts ändern«, sagt Thomas. »Es sei denn, du integrierst deine Ziele, Träume, Wünsche, Maßnahmen und Ideen in deinen Alltag.«

»Ja, da hast du vermutlich recht«, pflichte ich ihm bei. »Es ist wirklich sehr viel. Ich weiß jetzt aber ganz genau, wie mein neues Leben aussehen soll. Natürlich kommt jetzt eine spannende Zeit auf mich zu. Gibt es denn einen Weg, dass ich automatisch an meinen Zielen ankomme und zu dem Menschen werde, der ich sein möchte?«

»Da fällt mir gerade noch etwas ein, dass ich gestern vergessen habe. Es hängt genau mit dieser Frage zusammen. Gut, dass du mich das jetzt gefragt hast. Das ist nämlich schon sehr wichtig. Es hat was damit zu tun, auf welchen Ebenen Veränderungen stattfinden. Wir haben es gestern schon angeschnitten, und es findet sich auch im ZIIMT-Modell. Du erinnerst dich ja noch, wofür ZIIMT steht.«

»Ja, natürlich. Z für Ziele, I für Intension, I für Identität, M für Maßnahmen und T für Team.«

»Genau, so ist es. Und jetzt ist die Frage, worauf du dich in deinem Alltag fokussieren sollst und welche Auswirkungen die verschiedenen Möglichkeiten haben. Bei mir war das früher zum Beispiel so, dass ich immer nur dann laufen war, wenn ich für einen Wettkampf angemeldet war. Nach dem Wettkampf, wenn ich also das Ziel erreicht habe, konnte ich mich meist nicht mehr für das Training motivieren.«

»Du warst also nicht immer so fokussiert und erfolgreich?«, frage ich Thomas.

»Nein, nicht immer. Nur wenn ich ein Ziel hatte, habe ich dafür gearbeitet. Ansonsten habe ich mich ziemlich hängen lassen. Ich bin dann irgendwann auf ein interessantes Konzept zum Thema Gewohnheiten gestoßen. Nach diesem war ich früher zielmotiviert und nicht identitätsmotiviert. Es kommt nämlich darauf an, ob du dich in deinem Alltag auf dein Ziel fokussierst, auf Basis dessen deine Maßnahmen definierst und dann nach und nach deine Identität veränderst. Oder ob du es eben andersrum machst.«

Thomas nutzt ein weiteres Mal eine neue Seite des digitalen Whiteboards und zeichnet folgende Grafik auf.

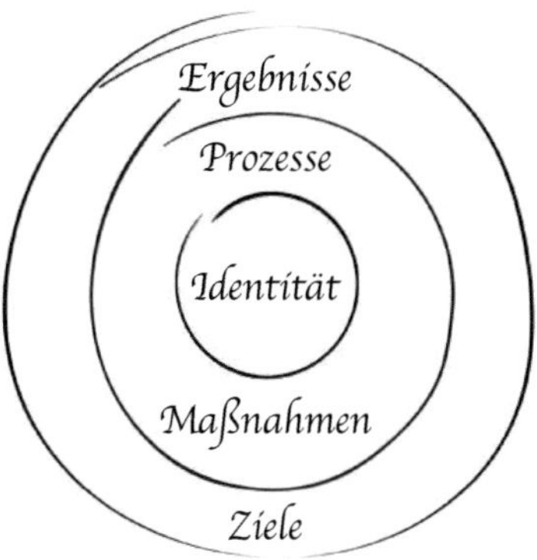

»Ich habe diese Grafik das erste Mal in dem Buch von James Clear ›Die 1% Methode‹ gesehen« sagt Thomas. Ich schreibe mir wieder sehr viel mit. »Sehr viel von dem, was jetzt kommt, basiert auf seiner Arbeit. Er benutzt für Maßnahmen den Begriff Prozesse und Ergebnisse für die Ziele.«

»Die Begriffe sind ja auch ziemlich ähnlich«, antworte ich.

»So ist es. Nehmen wir einfach einmal an, du hast dir das Ziel gesteckt, 5 Kilo abzunehmen. Als Maßnahme definierst du, deutlich weniger zu essen. Du erstellst dir einen strengen Ernährungsplan und isst nach 15 Uhr keine Kohlenhydrate mehr. Du bleibst in den äußeren Ringen und änderst nichts an deiner Identität. Bald hast du dein Ziel erreicht und feierst dich mit einem großzügigen Abendessen und einer extra Portion Schokoladeneis mit Schlagsahne zur Nachspeise. Du hast ja in den letzten Wochen auf so einiges verzichtet und vor allem hast du dir gezeigt, dass du standhaft sein kannst und dein Ziel erreichst. Da du aber weiterhin die Identität eines dicken Menschen hast, wird sich das Ergebnis im Außen, also dein Gewicht, sehr schnell wieder an dein Inneres anpassen. Es kann natürlich sein, dass du so lange weniger isst, dass sich auch deine Identität verändert, aber das ist eher die Seltenheit.«

»Oh Mann, ich hab schon so viele Diäten hinter mir, bei der ich danach jedes Mal mehr auf den Rippen hatte als davor. Ich weiß ganz genau, wovon du sprichst.«

»Und jetzt stell dir mal vor, du gehst von innen nach außen vor. Du veränderst dein Selbstbild von dir, indem du dir zum Beispiel jeden Tag über die Dankbarkeitsmeditation sagst: ›Ich bin dankbar dafür, ein schlanker Fitnessfanatiker zu sein. Denn es schmeckt am besten, einen gesunden und schlanken Körper zu haben. Ich bin dankbar, dass ich auf meinen Körper achte und mich gesund ernähre, mich viel bewege, fit und beweglich bin.‹ Das sagst du dir jeden

Tag in der Früh für fünf Minuten, nachdem du dir die Zähne geputzt hast. Und schau dir dabei im Spiegel direkt in die Augen. Kannst du dir vorstellen, was das für einen Impact auf dich haben wird, wenn du dir das regelmäßig mit Leidenschaft und Gewissheit sagst? Glaubst du nicht auch, dass du dann automatisch anfängst, dich gesund zu ernähren, dass sich dadurch deine Gewohnheiten und Handlungen verändern und dass du dann problemlos deine Traumfigur erreichst? Und zwar egal, ob du dich täglich auf die Waage stellst oder nicht? «

»Ja, vorstellen kann ich mir das schon. Ich hab mir genau das vorhin bei der Meditation vorgestellt, wie dankbar ich mich fühlen werde, wenn ich bereits schlank bin.«

»Dann liegt es nur an dir, dass du damit beginnst, dein Leben zu ändern, oder?«

»Ganz meiner Meinung. Aber warum haben wir denn gestern so viel Zeit investiert, überhaupt Ziele zu definieren, wenn sie jetzt doch nicht so sinnvoll sind?«

»Ganz einfach. Mein Ansatz beginnt in den äußeren Ergebnissen und Resultaten, damit du dir bewusst wirst, was du konkret anders sein, tun, geben und haben möchtest. Dann machst du dir klar, wozu du das sein, tun, geben und haben möchtest, damit du nicht irgendwann an einem Ziel ankommst und dann feststellst, dass es sich nicht gelohnt hat. Dann erst, wenn du weißt, wohin und wozu, kannst du dir

Gedanken darüber machen, welcher Mensch du sein möchtest, um eben diese Resultate in deinem Leben zu manifestieren. Und dann arbeitest du daran, zu dieser Identität zu werden. So wie es eben im ZIIMT-Modell aufgebaut ist«, sagt Thomas und ergänzt die Grafik.

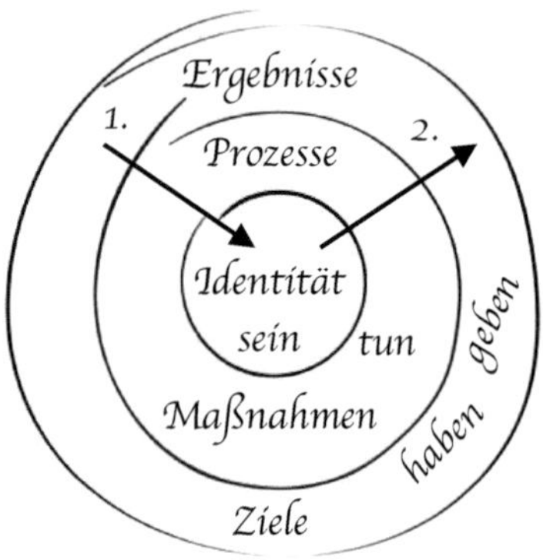

»Ich arbeite also zunächst in der Theorie von außen nach innen und dann in der Praxis von innen nach außen. Heißt das, ich muss mich dann gar nicht mehr auf mein Ziel fokussieren?«

»Ja und nein. Ich empfehle, sich alle drei, maximal sechs Monate mit den Zielen, der Intension und den Maßnahmen, also mit ZIIMT, im Detail auseinanderzusetzen. Aber mit diesem Ansatz reicht es, dein Ziel bei Seite zu legen, nachdem du es mit ZIIMT ausgearbeitet hast. Ziele haben nämlich auch ein paar Nachteile!«

Nachteile von Zielen

»Jetzt bin ich aber mal gespannt. Gestern erst hast du mir ja eine ziemlich überzeugende Liste von Vorteilen genannt«, antworte ich schockiert.

»Ja, ich weiß. Und Ziele haben auch sehr viele Vorteile. Aber wie bei so vielem im Leben haben auch Ziele mindestens zwei Seiten. Nachteil eins, ein Ziel allein bringt Dir keinen Erfolg. Schau, Gewinner und Verlierer verfolgen oft dieselben Ziele. Fast alle, die bei den Olympischen Spielen antreten, wollen Gold gewinnen. Alle Bewerber und Bewerberinnen wollen den Job. Alle Musiker und Musikerinnen träumen von Ruhm. Alle Unternehmensgründer und -gründerinnen wollen erfolgreich sein. Es reicht also nicht, sich nur auf das Ziel zu konzentrieren. Die richtige Einstellung, Identität, Durchhaltevermögen, Ausdauer und manchmal dann halt doch auch ein bisschen Glück sind entscheidend, um wirklich Großartiges zu erreichen. Stell Dir vor, wie viel Du erreichen kannst, wenn Du zuerst an der richtigen Identität arbeitest!«

»Meintest du nicht irgendwann, so etwas wie Glück gibt es nicht?«

»Ja, das kann gut sein, dass ich so etwas mal gesagt habe. Alles geschieht aus einem bestimmten Grund. Und es kommt ganz darauf an, wie du Glück definierst. Ich halte mich da immer sehr stark an den Gedanken, dass Glück passiert, wenn Vorbereitung auf eine Gelegenheit stößt. Oder wie Louis Pasteur[13] es gesagt haben soll, der Zufall begünstigt den vorbereiteten Geist.«

»Gestern klang das mit den Vorteilen von Zielen noch absolut schlüssig. Und jetzt bringst du eine komplett neue Perspektive ins Spiel. Ich finde das absolut spannend. Ich bin echt neugierig, welche Nachteile es noch gibt.«

»Wie gesagt, alles hat seine Vor- und Nachteile. Mir ist wichtig, Dinge nicht zu verurteilen, sondern alles möglichst neutral zu betrachten. Und dafür ist es nun einmal wichtig, mehrere Perspektiven einzunehmen. Kommen wir also zum Nachteil zwei, Ziele können manchmal dein Potenzial limitieren. Ziele sind zwar wichtig, um in Aktion zu treten und die richtige Richtung einzuschlagen, aber sie können auch dazu führen, dass wir aufhören zu handeln, sobald wir das Ziel erreicht haben.«

»Aber ist es nicht großartig, ein Ziel zu erreichen?«

Thomas antwortet: »Natürlich ist es das, aber denk an die Verkaufsexperten in deiner Firma. Stell dir vor, sie haben ein Jahresziel von einer Million Euro Umsatz. Sie arbeiten

---

[13] Louis Pasteur (1822-1895) war ein französischer Chemiker und Mikrobiologe, der für seine herausragenden Beiträge zur Wissenschaft, Medizin und Industrie weltweit anerkannt ist. Er ist vor allem bekannt für die Entwicklung der Pasteurisierung, ein Verfahren, das Milch und andere Lebensmittel durch Erhitzung von Krankheitserregern befreit, was die Haltbarkeit verlängert und die Lebensmittelsicherheit erhöht.

hart und erreichen das Ziel bereits im September. Anstatt weiterzumachen, könnten sie ihre Aktivitäten reduzieren oder kommende Aufträge ins nächste Jahr verschieben, um sich einen Puffer zu erhalten. Denn wenn sie dieses Jahr eineinhalb Millionen Euro Umsatz erzielen würden, würdest du doch mit Sicherheit ihr Ziel für das nächste Jahr anpassen, oder?«

»Ja, vermutlich schon. Sie haben ja gezeigt, dass sie es erreichen und übererfüllen. Und um sie weiter anzuspornen, brauchen sie dann eben ein größeres Ziel.«

»Ich will jetzt an dieser Stelle gar nicht in das Thema Führung einsteigen, dazu hätte ich auch extrem viel zu erzählen. Es gibt auch noch andere Beispiele. Stell dir einen Bautrupp vor, der für eine Baustelle drei Tage Zeit hat, die Arbeiten aber in zwei Tagen erledigen könnte. Warum sollten sie sich beeilen? Sie würden sich damit nur selbst schaden.

Oder in der Softwareentwicklung, in der ein Entwickler ein Projekt in vier Wochen abschließen könnte, obwohl sechs Wochen dafür zugestanden wurden. Wenn das Projekt zu früh beendet wird, könnte die Erwartungen entstehen, zukünftig schneller zu arbeiten oder mehr Aufgaben in derselben Zeit zu bewältigen. Daher wird sich dazu entscheiden, langsamer zu arbeiten und das Projekt erst nach sechs Wochen abzuschließen. Daher gibt es aus der Softwareentwicklung sehr spannende Ansätze, um in kurzen Zyklen schnelle Ergebnisse zu liefern, um eben solchen Phänomenen vorzubeugen und flexibler mit Zielen umzugehen.

Aber wie gesagt, es geht mir hier jetzt nicht um Führungsprinzipien oder um Organisationentwicklung. Darüber können wir uns gerne ein anderes Mal unterhalten. Es geht uns ja jetzt erstmal um deine persönliche Weiterentwicklung. Was ich dir damit sagen will, in all diesen Fällen begrenzen Ziele das wahre Potenzial der Menschen.«

»So gesehen macht das irgendwie Sinn«, antworte ich. »Jetzt verstehe ich, was du meinst. Es ist wichtig, sich nicht nur auf Ziele zu konzentrieren, sondern auch auf das kontinuierliche Wachstum und die Weiterentwicklung, um unser volles Potenzial auszuschöpfen.«

»Es macht mit Blick auf deine persönliche Entwicklung einen großen Unterschied, wie du deine Tätigkeiten definierst. Du kannst dir zum Beispiel sagen: ›Ich trainiere für einen Marathon und halte mich strickt an meinen Trainingsplan.‹ Das ist von außen nach innen formuliert. Du kannst dir aber auch sagen: ›Ich bin Marathonläufer. Vor einem Wettkampf unterstützt mich ein Trainingsplan, ansonsten laufe ich regelmäßig und viel.‹ Hier geht alles von der Identität aus. Selbst wenn du dich einmal verletzten solltest, an der Identität wird sich nichts ändern. Und sobald auch nur ein bisschen Bewegung möglich sein sollte, wirst du dich schnell wieder aufraffen und deiner Identität gemäß handeln. Dass du dann regelmäßig an Marathons und anderen Wettkämpfen teilnimmst, ist selbstverständlich und kongruent mit deiner Selbstwahrnehmung.

Der dritte Nachteil ist fast schon ein Problem im Umgang mit Zielen. Ziele machen nicht glücklich. Im ZIIMT-Modell ist zum Glück eine Lösung für dieses Problem eingebaut, da du dich gleich nach der Zieldefinition fragst, wozu du es erreichen möchtest und worum es dir wirklich geht. Aber die Gefahr ist dennoch sehr groß, dass du dich kurz nach dem Erreichen eines Zieles leer und unerfüllt fühlst. Du hast mit Sicherheit schon einmal ein Ziel erreicht und dich dann gefragt, ob das jetzt etwa alles gewesen sein soll, oder?«, fragt mich Thomas.

»Ja, in der Tat«, antworte ich nach kurzem Überlegen. »Es gibt da tatsächlich so einiges, dass ich in meinem Leben erreicht habe und mich danach gefragt habe, ob es das jetzt gewesen sein soll.«

»Schade eigentlich. Da jagen wir mit viel Energie und Leidenschaft etwas hinterher. Die Jagd fühlt sich dabei extrem gut an, das Ankommen dann überhaupt nicht. Als würde ein Vegetarier gerne jagen, aber das Fleisch nicht mögen.

»Interessanter Vergleich«, schmunzle ich.

»Schon, oder? Es ist also viel wichtiger, sich auf den Prozess zu konzentrieren, der mit deiner Identität übereinstimmt, als auf das Ziel. Und je leidenschaftlicher und beharrlicher du das machst wird, desto garantierter wird dein langfristiger Erfolg. Das lässt sich mathematisch übrigens sehr schön darstellen. Es lässt sich dann auch erklären, wieso zu viele zu früh aufhören, vor allem wenn sie sich auf ein ›realistisches‹ Ziel konzentrieren«, sagt Thomas und zeichnet folgendes[14] auf das Whiteboard.

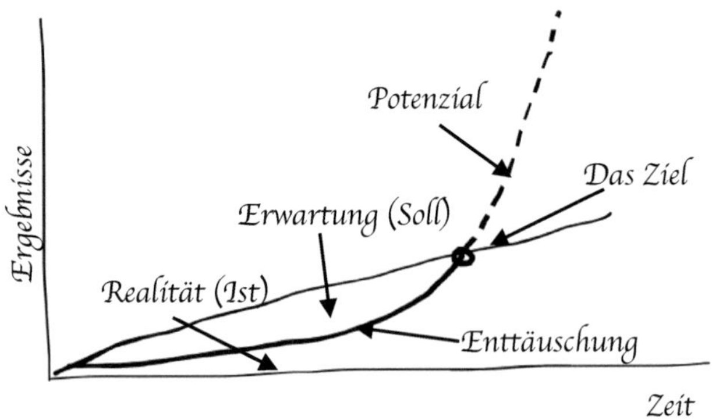

[14] Die Grafik stammt ursprünglich von James Clear aus seinem Buch Die 1% Methode.

Zwischenspiel

Bevor wir in der Geschichte zwischen David und Thomas weiter lesen, hier wieder ein paar Fragen, die Du beantworten kannst.

Gibt es ein Ziel, dass Dir zunächst als unmöglich erschien, Du es doch noch irgendwie erreicht hast und dann aber nicht wirklich glücklicher warst als zuvor?

____

____

____

Gibt es etwas in Deinem Leben, wo du Rückblickend zu früh aufgehört hast?

____

____

____

Vielleicht lasst Du Dich an dieser Stelle auf ein Gedankenexperiment ein, auch wenn es keinen Unterschied machen wird. Wir können die Vergangenheit nicht ändern. Wir können nur ändern, wie wir uns im Hier und Jetzt fühlen, welche Entscheidungen wir treffen und wie wir handeln, um unsere Zukunft zu gestalten.

Wo könntest Du heute sein, wenn Du nicht aufgehört hättest, als Du ein Ziel erreicht hast, sondern weiter gemacht und deine Anstrengungen vielleicht noch intensiviert hättest?

»Krass«, antworte ich. »In dieser Grafik steckt ja unglaublich viel. Lass mich mal versuchen, sie zu beschreiben. Vor allem der Verlauf erinnert mich an ein Beispiel, das ich einmal in einem Finanzratgeber gelesen habe, irgendwas mit Babylon.«

»Du meinst bestimmt das Buch ›Der reichste Mann von Babylon‹ von George S. Clason. Das ist wirklich sehr lesenswert. Da wird der Effekt des Zinseszinses sehr gut erklärt«, antwortet Thomas und zeigt dabei auf sein Bücherregal. Es ist schon erstaunlich, wie viele Bücher er nicht nur hat, sondern auch kennt. Vermutlich hat er alle davon schon gelesen.

»Ja genau, so hieß es. Also, ich stecke mir ein Ziel in der Zukunft und beginne, mich in die Richtung zu bewegen. Ich handle und mache erste Fortschritte. Meine Erwartung ist, dass sich die Ergebnisse mehr oder weniger linear zu meinem Zeiteinsatz entwickeln. Das ist die gerade Linie.«

»So ist es«, sagt Thomas.

»Da sich aber oft nicht so schnell die Ergebnisse einstellen und ich nicht so schnell an meinem Ziel ankomme, wie ich es gerne hätte, werde ich enttäuscht. Bleibe ich dran, werde ich über kurz oder lang mein Ziel erreichen. Viele hören entweder zu früh oder am Ziel angekommen auf, weiterzumachen. Sie haben die Motivation verloren und verschenken nach der Grafik unglaublich viel Potenzial. Würden sie weitermachen und sich nur auf ihre Entwicklung konzentrieren, und eben nicht auf das Ziel, würden sie ihre Ergebnisse mit Abstand überflügeln. Kommt das in etwa hin, was die Grafik ausdrückt?«

»Ja, das hast du sehr gut erfasst«, antwortet Thomas. »Was glaubst du, um wie viel Prozent würdest du dich in einem Lebensbereich verbessern, wenn du für ein Jahr lang jeden Tag ein Prozent besser wirst.«

»Hättest du mich das früher gefragt, hätte ich vermutlich geantwortet, um 365 Prozent. Aber das wird wahrscheinlich nicht so sein. Dann rate ich um 1.000 Prozent«, antworte ich, weil ich es einfach nicht weiß.

»Ok, die erste Antwort höre ich tatsächlich oft, und auch bei einer Schätzung liegen sehr viele daneben. Es sind nämlich ungefähr 3.800 Prozent!«, erklärt Thomas. »Das liegt am Zinseszinseffekt. Wenn du jeden Tag um ein Prozent besser wirst, multiplizierst du dein Können am ersten Tag mit 1,01, am zweiten Tag das Ergebnis vom ersten mit 1,01, am dritten Tag den Stand vom zweiten wieder mit 1,01 und so weiter. Nach 365 Tagen hast du dich um 1,01 hoch 365 verbessert, was ungefähr 37,78 ergibt. Das bedeutet eine Steigerung von 3.778 Prozent! Dieses Prinzip zeigt, wie wichtig es ist, kontinuierlich an sich zu arbeiten und sich jeden Tag ein kleines bisschen zu verbessern. Der langfristige Effekt ist enorm.«

Aus einem Euro wird eine Trilliarde

»Wir Menschen tun uns sowieso sehr schwer mit exponentiellen Entwicklungen«, sagt Thomas. »Wenn wir zum Beispiel in jeder Sekunde einen Euro bekommen würden, wie lange brauchen wir dann bis zu 1.000 Euro? Lass es mich dir einfach beantworten, ungefähr 16 Minuten. Und wie lange bis zur ersten Million? Rate einfach mal?«

Ich muss natürlich etwas nachdenken und antworte: »Ich glaube, es sind zwei Tage.«

»Weit gefehlt, es sind insgesamt elf Tage. Du würdest also bei einer Rate von einem Euro pro Sekunde elf Tage brauchen, um eine Millionen Euro zu verdienen. Wie lange braucht es dann noch bis zur Milliarde?«

»Puh, das ist schwer, ein Jahr?«

»Weit gefehlt, es wären 32 Jahre bei einem Euro pro Sekunde, natürlich nur, wenn das Finanzamt nicht dazwischenfunkt. Übrigens, bei zur Trillion müsstest du 32.000 Jahre warten. Und jetzt die spannende Frage. Wenn du jeden Tag einen Euro verdoppeln würdest, also einen Euro an Tag eins, zwei Euro an Tag zwei, viel Euro an Tag drei usw. Wie lange würdest du dann bis zu Eintausend, Million, Milliarde und Trillion brauchen?«

»Komm schon, sag es mir einfach. Ich bin echt neugierig.«

»Verdoppelst du jeden Tag einen Euro, dann dauert es zehn Tage bis zu eintausend Euro. Also viel länger als bei den einen Euro pro Sekunde, da wärst du nämlich schon fast Millionär. Und so sehen es leider viel zu viele, die sich auf ein lineares Wachstum und auf ihre Ziele konzentrieren, die immer das gleiche machen und nie über sich hinauswachsen. Viele würden mit Sicherheit den Euro pro Sekunde bevorzugen, weil es einfach nach viel mehr klingt.

Aber jetzt aufgepasst! Es dauert weitere zehn Tage bis zur ersten Million. An Tag 30 hast du dann deine erste Milliarde! Und nach nur 40 Tagen bist du Trilliardär, also eine eins mit 21 Nullen. So schnell kommt das Finanzamt gar nicht hinterher, um sich davon etwas abzuzwacken. Mit dieser Trilliarde könntest du die Schulden in Deutschland halbieren. Oder du wartest noch zwei Tage länger, dann könntest du die Schulden komplett auflösen und hättest immer noch mehr als genug zum Leben.«

»Das hätte ich nicht für möglich gehalten. Da kann ich gut verstehen, dass unser Gehirn damit nicht klarkommt«, antworte ich mehr als verblüfft.

Zwischenspiel

Ein Tag im Fitnessstudio macht keinen Unterschied. Danach wird dein Körper genauso aussehen wie davor. Auch nach dem zweiten Tag im Fitnessstudio wird sich nichts verändert haben. Außer natürlich, Du hast es übertrieben und bekommst einen ausgeprägten Muskelkater. Hörst Du auf oder machst Du weiter? Diese Frage ist entscheidend für Deinen Erfolg. Es macht ebenso wenig einen Unterschied, an einem einzigen Tag etwas Gesundes zu essen, wie einen Tag etwas Ungesundes zu essen. Es ist das, was wir kontinuierlich machen, was einen Unterschied macht.

Welche Gewohnheiten solltest Du in Dein Leben integrieren, um einen Unterschied zu machen?

Was davon wirst Du in Deinen Alltag integrieren?

Wie sorgst Du dafür, dass Du am Ball bleibst?

DIE MACHT DER GEWOHNHEIT

»Eine Verdopplung jeden Tag ist ja unrealistisch. Und was kann ich jetzt konkret machen?«, frage ich Thomas.

»Genau darüber möchte ich jetzt noch mit dir sprechen, es geht um das Thema Gewohnheiten und was du jeden Tag machen kannst, um genau das zu erreichen, was du möchtest, ohne dich dabei zu überfordern. Im Grunde schließt sich hier auch der Kreis, wo wir gestern angefangen haben. Zwischen Reiz und Reaktion ist ja bekanntlich ein...«

»... Raum. Und je größer dieser Raum, desto größer unsere Wahlfreiheit«, unterbreche ich Thomas.

»Nun ist dieser Raum aber nicht einfach nur leer, sondern hier passiert einiges. Und auch zwischen Reaktion und Reiz passiert etwas. Es ist tatsächlich eine zyklische Verbindung. Jedes menschliche Verhalten wird von dem grundlegenden Muster geprägt, dass wir im Grunde Schmerzen vermeiden und Freude empfinden wollen«, beginnt Thomas und macht eine kurze Pause, bevor er weiterredet.

»Vor jeder Handlung entsteht ein Verlangen nach Veränderung des aktuellen Zustands, das durch einen bestimmten Reiz ausgelöst wurde. Wir wollen entweder einen Schmerz reduzieren oder Freude steigern. Ist das Verlangen groß genug, handeln wir. Das auf die Handlung resultierende Ergebnis wirkt als Rückmeldung auf den Reiz, der das Verlangen ausgelöst hat. Wenn die Folgen positiv sind, empfinden wir diese als Belohnung, was unser Verlangen bei zukünftigem Auftreten desselben Auslösers erhöht. Auf diese Weise bilden wir eine Gewohnheit.«

Thomas zeichnet das Gesagte auf eine neue leere Seite vom digitalen Whiteboard.

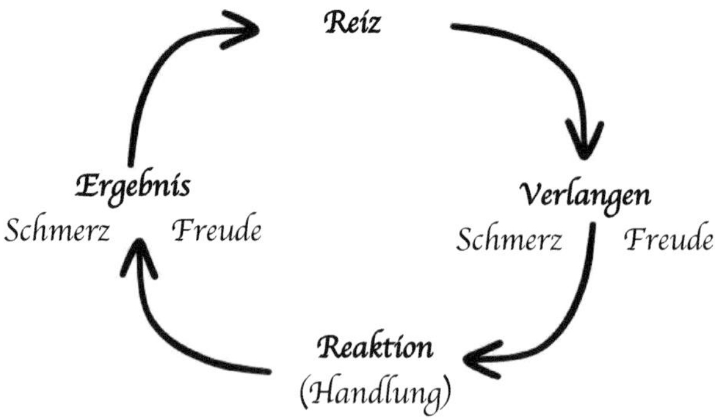

Thomas führt ein Beispiel an: »Nehmen wir ein einfaches Beispiel. Ein Kind berührt zum ersten Mal eine heiße Herdplatte. Der Reiz, der die Aktion auslöst, ist ein unbekannter roter Kreis, den das Kind sieht. Weil das Kind neugierig ist, möchte es herausfinden, was das ist. Es verspürt also ein Verlangen, mehr darüber zu erfahren. Als Reaktion fasst es neugierig auf die Herdplatte und verbrennt sich die

Hand. Das Ergebnis ist natürlich Schmerz, vielleicht fängt das Kind auch an zu weinen. Es verknüpft den roten Kreis mit dem Schmerz und lernt so extrem schnell, dass ein roter Kreis auf einer Herdplatte schmerzhaft ist. Wenn das Kind das nächste Mal einen solchen roten Kreis sieht, also der Reiz, dann hat sich das Verlangen geändert zu ›Achtung, Finger weg, das ist schmerzhaft‹ und es wird als Reaktion vielleicht sogar anfangen zu weinen, wenn das abgespeicherte Gefühl stark genug war.«

»Hast du vielleicht auch ein Beispiel aus dem Alltag?«

»Im Alltag geraten wir manchmal in negative Gewohnheitsspiralen«, antwortet Thomas. »Nach einem anstrengenden Arbeitstag fühlen wir uns müde und ausgelaugt. Wir haben das Verlangen, uns zu erholen und neue Energie zu tanken. Eine gängige Reaktion ist, sich auf die Couch zu legen, Bier zu trinken und Fertigpizza zu essen. Das schnelle und einfache Belohnungsgefühl verstärkt diese Gewohnheit bis hin zu einer Sucht. Eine Sucht ist ja im Grunde nichts anderes als eine sehr stark verankerte Gewohnheit.«

»Ich lege mich also nach der Arbeit auf die Couch, weil mein Körper süchtig nach diesem Gefühl ist? Gibt es denn auch andere Herangehensweisen?«

»Ja, du hättest ja auch eine andere Handlung wählen können, um dein Ziel zu erreichen«, erklärt Thomas. »Du könntest beispielsweise joggen gehen und dich danach körperlich und geistig fit fühlen. Anschließend könntest du Wasser trinken, einen Salat essen, ein gutes Buch lesen und früh schlafen gehen. Einmal joggen und früh schlafen gehen macht keinen Unterschied, genauso wie einmal Pizza essen und faulenzen. Es sind die Dinge, die du regelmäßig tust, die den Unterschied zwischen einem erfolgreichen und einem erfolglosen Leben ausmachen.«

»Puh, das macht absolut Sinn. Und jetzt verstehe ich auch, was du mit den Maßnahmen im ZIIMT-Modell meinst. Hier geht es nicht nur um einmalige Aktivitäten, sondern um eine grundlegende Veränderung meiner Gewohnheiten. Wenn ich mehr Geld haben möchte, muss ich anfangen, die Differenz zwischen Ein- und Ausgaben zu vergrößern, in dem ich einerseits mehr Geld verdiene und andererseits weniger Geld ausgebe. Das weiß ich ja, nur fällt es mir im Alltag einfach zu schwer, mich daran zu halten. Ich weiß auch, dass es nicht ausreicht, einmalig auf Diät zu gehen. Ich muss beginnen, meine Identität zu verändern, regelmäßig weniger essen und kontinuierlich mehr Sport machen. Ich muss mehr Energie verbrauchen, als ich zu mir nehme. Dann nehme ich automatisch ab. Ich brauche mich auch nicht täglich auf die Waage stellen, denn dadurch könnte ich mich sogar kurzfristig demotiviert fühlen, weil das gewünschte Ergebnis eben nicht über Nacht kommt. Außer ich betreibe Raubbau an meinem Körper mit einer Diät, die aber langfristig nichts verändert.«

Thomas nickt mir zu und hört mir weiter gespannt zu.

»Ich muss wissen, was ich möchte, also welche Belohnung ich erhalten will. Dann muss ich mir Gedanken machen, wie ich da am besten hinkomme. Dadurch, dass ich mir auch bewusst mache, wozu ich es erreichen will, steigere ich das Verlangen danach. Und weil ich das mit meiner Identität verknüpfe, erhalte ich die nötigen Reize, um ins Handeln zu kommen. Ich werde mir gleich noch einmal Zeit nehmen und meine Maßnahmen von gestern überarbeiten. Danke dir Thomas, ich glaube, ich hatte gerade einen ziemlichen Durchbruch.«

»Das klingt sehr gut. Nimm dir so viel Zeit, wie du brauchst. Vorher will ich dir noch kurz erklären, was den Unterschied zwischen einer negativen und einer positiven Gewohnheit ausmacht und wie du aus der einen eine andere machst.«

»Jetzt bin ich aber wirklich gespannt«, antworte ich.

»Im Grunde ist es ziemlich einfach«, sagt Thomas. »Zunächst werden wir definieren, wie wir die Einzelnen der vier Phasen, also Reiz, Verlangen, Reaktion und Ergebnis, bewerten wollen.«

»Das wird jetzt hoffentlich nicht allzu kompliziert«, denke ich laut.

»Nein, keine Angst. Für den Reiz fragen wir uns, ob er offensichtlich oder unsichtbar für uns ist. Das Verlangen kann entweder absolut anziehend oder total abstoßend sein, oder attraktiv und unattraktiv, wie du willst. Die Handlung messen wir, indem wir uns fragen, ob sie einfach oder schwierig für uns ist. Nur beim Ergebnis wird es ein bisschen umfangreicher. Wir könnten uns zwar auch einfach nur fragen, ob es befriedigend ist oder nicht, aber das kommt meines Erachtens zu kurz. Wir könnten dann zwar definieren, was eine Gewohnheit ausmacht, aber eben nicht, ob sie gut oder schlecht für uns und andere ist.«

»Ich muss gerade irgendwie ans Rauchen denken, das ich vor Jahren aufgehört habe. Damals war der Reiz offensichtlich, weil ich immer husten musste oder mich gereizt gefühlt habe, wenn ich länger keine mehr geraucht habe. Das Verlangen war anziehend, weil ich wusste, dass es mir dank einer Zigarette schnell wieder besser gehen würde. Es war immer sehr einfach für mich, weil ich halt immer eine rauchen konnte. Und das Ergebnis war sehr befriedigend, weil der Husten dann weg war und ich mich einfach besser gefühlt habe. Meinst du das, wenn du sagst, dass wir beim Ergebnis etwas mehr ins Detail gehen müssen?«, frage ich Thomas neugierig.

»Ja, um eben eine positive von einer negativen Gewohnheit unterscheiden zu können, müssen wir uns ein paar mehr Fragen stellen. Und weil wir ja auch keinen Raubbau machen wollen, erweitern wir auch noch die Kriterien für die

Handlung. Zunächst fragen wir uns, ob sich das Ergebnis jetzt gut anfühlt. Und dann evaluieren wir, ob sowohl die Handlung als auch das Ergebnis kurz-, mittel- und langfristig gut für mich, andere und die Welt sind.«

»Die ideale Gewohnheit ist also eine, die einen offensichtlichen Reiz hat, den wir vielleicht sogar bewusst steuern können; bei der das Verlangen äußerst anziehend für mich ist; dessen Handlung und Ergebnis nicht nur einfach und befriedigend sind, sondern sich eben auch gut anfühlen und kurz-, mittel- und langfristig gut für mich, andere und die Welt sind. Wow, was für ein einfaches und doch geniales Konzept. Und weil Rauchen nur ein kurzfristiges gutes Gefühl für mich erzeugt, aber weder mittel- noch langfristige positive Wirkungen zeigt, ist es eher eine negative Gewohnheit?«

»Ja, so ist es«, antwortet Thomas. »Und wenn du einen oder mehrere dieser Kriterien umdrehst, findest du auch eine Lösung, um eine Gewohnheit zu durchbrechen.«

»Also wenn ich dafür Sorge, dass der Reiz verschwindet, der das Verlangen auslöst. Ich könnte aber auch dafür sorgen, dass das Verlangen absolut unattraktiv wird. Oder indem ich die Handlung immer schwerer und schwerer mache oder die Attraktivität des Ergebnisses zerstöre? Ich drehe also einfach die Kriterien um, damit ich eine Gewohnheit durchbreche, das ist genial! «

»Du hast es verstanden!« Thomas klopft mir auf die Schulter, mein ganzer Körper vibriert vor Energie und Tatendrang. Ich will jetzt endlich anfangen, dass alles umzusetzen.

Ich mache mir noch einige Notizen und verabschiede mich dann von Thomas. Wir umarmen uns und ich bedanke mich bei ihm. Er bedankt sich ebenfalls bei mir und fragt mich, ob wir noch eine kurze Übung machen wollen. Ich bejahe und freue mich darüber, dass diese zwei Tage so anders waren als alles, was ich bis jetzt erlebt habe.

Zwischenspiel

Mach Dir jetzt wie David Gedanken darüber, wie Du Deine Maßnahmen überarbeiten kannst.

Welche Gewohnheiten könntest du entwickeln, um automatisch an Deine Ziele zu kommen?

Welche bereits bestehenden Reize könntest du mit dem Verlangen nach Deinen Zielen verknüpfen?

Wie könntest Du dafür sorgen, dass das Verlangen und eine einfache Handlung automatisch ausgelöst werden, wenn der bereits bestehende Reiz auftritt?

____

____

____

Zum Beispiel: Immer, wenn ich *den Reiz* sehe, höre oder rieche, dann steigt in mir das Verlangen nach *meinem Ziel* und ich mache *diese einfache Handlung*.

Wie könntest Du dieses Muster noch verstärken?

____

____

____

EIN INTENSIVER TAG GEHT ZU ENDE

Unglaublich, wie schnell der heutige Tag wieder zu Ende ging. Es ist zwar nicht so spät wie gestern geworden, dennoch bin ich nach der letzten Übung dann doch recht schnell nach Hause gefahren. Thomas hat nach der Übung noch eine geführte Meditation mit mir gemacht, um noch einmal alles zusammenzufassen und mich mit meiner neuen Identität zu verknüpfen.

Ich habe das Gefühl, dass ich sofort ins Handeln kommen möchte und einiges in meinem Leben ändern muss. Bei der kompletten Heimfahrt in der S-Bahn habe ich mir unzählige Notizen gemacht. Ich kann mich noch gut an die Hinfahrt erinnern, wo ich die Kinder beim Spielen beobachtet habe. Genauso wie die habe ich bei der Heimfahrt nichts von meiner Umwelt mitbekommen. Ich war das erste Mal seit sehr langer Zeit wieder voll im Flow. Ich bin echt gespannt, wie sich die nächsten Wochen und Monate entwickeln werden und freue mich schon auf die geniale Zeit, die jetzt vor mir liegt.

KAPITEL 4

EIN ERFOLG

*»Träume groß, arbeite hart und
lass dich nicht von dem,
was andere für möglich halten,
einschränken und limitieren.«*
Elon Musk

Inzwischen sind einige Monate vergangen, seit ich bei Thomas war und dort den ersten Schritt in mein neues Leben gemacht habe. In der Zwischenzeit habe ich mehrere Kilo abgenommen und fühle mich vor allem im Vergleich zu damals deutlich fitter, gesünder und energiegeladener. Dank der Unterstützung eines Leistungsmediziners habe ich zum Beispiel meine Ernährung umgestellt und einen auf mich abgestimmten Trainingsplan erstellt.

Meine Firma habe ich erfolgreich umstrukturiert und konnte dadurch sowohl die Effizienz als auch die Mitarbeiterzufriedenheit steigern. Diese Veränderungen haben sich auch positiv auf das Betriebsklima ausgewirkt, und ich spüre, dass alle in meinem Team motivierter und zufriedener sind.

Recht früh nach dem Termin bei Thomas habe ich allen in meiner Firma das ZIIMT-Modell näher gebracht und es nach und nach in unsere neuen Prozesse und Abläufe integriert, soweit es möglich war. Besonders die Frage nach der Identität war spannend. Hier habe ich es nach einem Telefonat mit Thomas die Identität genommen, die der Mitarbeitende benötigt, um den jeweiligen Prozess abzuarbeiten bzw. das Ziel zu erreichen. Es ist ein ziemlich durchdachtes Führungsinstrument. Vor allem, weil ich mit der regelmäßigen Beschäftigung endlich eine klare Mission für meine Firma definieren konnte.

Je mehr ich mit dem ZIIMT-Modell arbeite, desto tiefer durchdringe ich es und immer wieder entdecke ich Neues, das mir Thomas theoretisch nicht in der kurzen Zeit mitgeben konnte.

Und meinen Schreibtisch und meine Wohnung habe ich auch endlich so richtig aufgeräumt und Ordnung in das ganze Chaos gebracht. Das hat fast ein komplettes Wochenende gedauert. Seitdem fühle ich mich um einiges produktiver. Natürlich habe ich mir auch so einen coolen Monitor gekauft, wie ihn Thomas bei sich auf seinem Schreibtisch stehen hat.

Ich habe auch das Gespräch mit meiner Exfreundin Lena gesucht und konnte einige offene Fragen klären. Obwohl wir uns entschieden haben, getrennte Wege zu gehen, bin ich dankbar für die Chance, unsere Beziehung abzuschließen und Frieden zu finden.

Durch die Umsetzung der Veränderungen und das kontinuierliche Arbeiten an meinen Zielen habe ich so viel mehr Energie und Lebensfreude gewonnen. Mein Leben fühlt sich erfüllter und ausgeglichener an, und ich genieße jeden Tag, den ich auf diesem neuen Weg verbringe.

Rückblickend kann ich sagen, dass die Begegnung mit Thomas einer der wichtigsten Wendepunkte in meinem Leben war. Sie hat mir gezeigt, dass ich selbst die Verantwortung für meine Zukunft trage und dass ich das Leben gestalten kann, von dem ich immer geträumt habe. Es ist noch ein langer Weg vor mir, aber ich bin entschlossen, weiter an mir und meinen Zielen zu arbeiten und das Beste aus meinem Leben zu machen.

Nach diesen Monaten intensiver Veränderung und persönlichen Wachstums ist mir klar geworden, dass dieser Prozess kein Endziel hat, sondern ein kontinuierlicher Weg. Um weiterhin Erfolg und Zufriedenheit in meinem Leben zu erlangen, ist es wichtig, stets an mir und meinen Gewohnheiten zu arbeiten, neue Herausforderungen anzunehmen und immer offen für Veränderungen zu sein.

Ich habe begonnen, mein soziales Netzwerk auszubauen und mich mit inspirierenden Menschen zu umgeben, die mich unterstützen und mir neue Perspektiven eröffnen. Dabei habe ich festgestellt, dass es eine Vielzahl von Menschen gibt, die ähnliche Erfahrungen gemacht haben und bereit sind, ihre Erkenntnisse und Ratschläge zu teilen. Das gemeinsame Wachstum und der Austausch mit Gleichgesinnten sind für mich zu einer wichtigen Quelle der Motivation geworden.

Auch im beruflichen Bereich setze ich meine neu gewonnene Energie und meine verbesserten Fähigkeiten ein, um innovative Ideen zu entwickeln und mein Unternehmen weiter voranzubringen. Dabei versuche ich stets, mein Team in Entscheidungsprozesse einzubinden und sie in ihrer persönlichen und beruflichen Entwicklung zu fördern. Dank dem, was ich bei Thomas bis jetzt alles gelernt habe, bin ich zu einer besseren Führungspersönlichkeit herangereift. Ich kann meinem Team inzwischen eine klare Richtung vorgeben, Konflikte in meiner Firma sind inzwischen deutlich zurückgegangen und insgesamt herrscht eine grandiose Stimmung.

Darüber hinaus habe ich erkannt, wie wichtig es ist, mir regelmäßig Zeit für mich selbst und meine Bedürfnisse zu nehmen. Ich achte darauf, mein Leben nicht nur aus Arbeit und Verpflichtungen bestehen zu lassen, sondern auch Raum für Entspannung, Freizeit und Hobbys zu schaffen. Durch diesen ausgewogenen Lebensstil fühle ich mich insgesamt ausgeglichener und zufriedener.

Insgesamt habe ich gelernt, dass ein erfülltes und erfolgreiches Leben kein Zufallsprodukt ist, sondern das Ergebnis kontinuierlicher Arbeit an sich selbst, der eigenen Einstellung und den eigenen Gewohnheiten. Es ist ein lebenslanger Prozess, der jedoch von unschätzbarem Wert ist, um ein Leben zu führen, das von Freude, Erfolg und persönlicher Erfüllung geprägt ist.

An einem sonnigen Nachmittag entscheide ich mich, Thomas anzurufen, um mich bei ihm für seine wertvollen Ratschläge zu bedanken und ihm von meinen Fortschritten zu erzählen. Ich sitze im Park und genieße die Zeit in der Natur. Wir haben schon länger nicht mehr miteinander gesprochen und ich freue mich darauf, ihn wiederzusehen. Ich überlege nicht lang und rufe ihn an. Es ist ein kurzes und vertrautes Telefonat. Inzwischen sind wir wirklich gute Freunde geworden. Thomas ist begeistert von meinen Erfolgen, von denen ich ihm am Telefon berichte und er schlägt vor, dass wir uns persönlich irgendwo in meiner Nähe treffen, um ausführlicher darüber zu sprechen und um gemeinsam etwas zu unternehmen.

Wir vereinbaren einen Termin für das kommende Wochenende und beschließen, zuerst eine Runde laufen zu gehen. Denn Laufen ist inzwischen zu einer meiner liebsten Aktivitäten geworden, um Stress abzubauen, meine Gedanken zu klären und meine Fitness zu verbessern. Zudem bietet es ja auch eine großartige Gelegenheit, sich mit Thomas auszutauschen und gemeinsam aktiv zu sein.

Am Tag unseres Treffens begrüßen wir uns herzlich und beginnen unsere Laufrunde im nahegelegenen Park. Während wir durch die wunderschöne Landschaft laufen, unterhalten wir uns angeregt über unsere Erfahrungen, Ziele und Pläne. Thomas teilt einige seiner eigenen Erfolgsgeschichten und gibt mir weitere wertvolle Tipps, die ich in meinem Leben anwenden kann.

Das gemeinsame Laufen stärkt unsere Verbindung noch weiter und ermöglicht es uns, offen und ehrlich miteinander zu sprechen. Wir entscheiden, uns in ein kleines Café zu setzen, um weiter zu.

Wir betreten das Café und tauchen in die beruhigende Atmosphäre ein. Die Geräusche der Stadt werden hinter der Tür leiser, wir atmen den Duft von frischem Kaffee und Gebäck ein. Schon beim Reingehen hat uns die Bedienung gesehen und ist auch gleich zu uns gekommen. Thomas bestellt sich natürlich eine Tasse Grünen Tee, nur leider haben sie keinen mehr da. Daher entscheidet er sich für ein Glas Wasser mit Zitrone. Ich nehme auch eines und dazu noch einen Espresso. Früher hätte ich mit Sicherheit ein großes Stück Kuchen und eine Limonade bestellt. Aber die Zeiten sind vorbei, und es fühlt sich richtig gut an.

»Thomas, ich bin so dankbar für die Ratschläge und die Unterstützung, die du mir mitgegeben hast. Du hast mir wirklich geholfen, mein Leben zu verändern«, beginne ich und schaue ihn dankbar an.

Thomas lächelt bescheiden und erwidert: »Es freut mich sehr, dass ich dir helfen konnte. Aber vergiss nicht, dass du derjenige bist, der die ganze Arbeit geleistet hat. Du hast die Entscheidungen getroffen und die nötigen Schritte unternommen, um dein Leben zum Besseren zu wenden.«

Wir plaudern weiter über die verschiedenen Aspekte meines Fortschritts, wie meine gesteigerte Fitness oder die Umstrukturierung meiner Firma. Thomas zeigt sich interessiert an den Details und stellt mir Fragen, um besser zu verstehen, welche Strategien für mich am besten funktioniert haben. In der Zwischenzeit wurden auch unsere Getränke gebracht.

»Wie geht es dir denn?«, frage ich Thomas, um das Gespräch auch auf ihn zu lenken. Er erzählt mir von seinen eigenen Projekten, seinen Plänen und Erfahrungen. Es ist inspirierend zu hören, wie er stets danach strebt, sich selbst und andere weiterzuentwickeln. Er erzählt mir auch, wie die Reise seiner Frau und seiner Kinder war und dass sie schon dabei sind, die nächste Reise zu planen.

»Hab ich dir eigentlich damals von Affirmationen erzählt, als du die zwei Tage bei mir warst?«, fragt mich Thomas.

»Nein, ich glaube nicht. Was ist das?«

Thomas lehnt sich zurück und erklärt: »Ich dachte schon, dass wir das Thema angeschnitten haben. Wir sind es aber glaube ich nur kurz durchgegangen. Ich will es einfach noch einmal ein bisschen detaillierter erklären.

Affirmationen sind positive, selbstbestärkende Aussagen, die du regelmäßig wiederholst, um deine Denkweise und Einstellung zu beeinflussen. Sie können dir helfen, deine Erfolge und Veränderungen zu festigen und sogar noch weiter zu steigern.«

Ich höre interessiert zu, während Thomas fortfährt: »Affirmationen können dir helfen, dein Selbstvertrauen zu stärken, negative Gedankenmuster zu durchbrechen und deine Ziele klarer vor Augen zu haben. Du kannst sie nutzen, um dich auf bestimmte Aspekte deiner Lebensbereiche zu konzentrieren.«

»Klingt interessant«, sage ich. »Aber wie wende ich Affirmationen in der Praxis an?«

Thomas erklärt: »Du kannst damit beginnen, einige positive Aussagen zu formulieren, die deine Werte, Ziele und gewünschten Veränderungen widerspiegeln. Wiederhole diese Affirmationen täglich, am besten morgens und abends, um sie tief in dein Unterbewusstsein zu verankern. Du kannst sie laut aussprechen, in Gedanken wiederholen, sie aufnehmen oder aufschreiben. Wichtig ist, dass du sie regelmäßig nutzt und dabei an die positiven Veränderungen glaubst, die sie bewirken sollen. Ich zum Beispiel wiederhole die Affirmationen immer beim Laufen und verbinde so die Bewegung mit den positiven Gefühlen, die ich durch die Affirmationen bekomme.«

»Ah, ich glaube, ich erinnere mich wieder. Wir haben das mit der Dankbarkeitsübung gemacht, dass ich mir dabei in den Spiegel schauen konnte. Ich hab das komplett vergessen«, sage ich und nicke Thomas zu. »Hast du ein paar weitere Beispiele, die ich verwenden könnte?«

Thomas überlegt kurz und sagt dann: »Einige Beispiele könnten sein: ›Ich bin jeden Tag stärker und gesünder‹, ›Ich bin dankbar für meine Erfolge‹ oder ›Ich bin ein liebevoller Partner und Freund‹. Du kannst diese Affirmationen natürlich an deine persönlichen Bedürfnisse und Ziele anpassen.«

Ich danke Thomas für diesen wertvollen Tipp und beschließe, Affirmationen in meine tägliche Routine zu integrieren. Ich bin gespannt, wie sie mir helfen werden, meine Erfolge zu festigen und mein Leben noch weiter zu verbessern. Ich finde es genial, dass ich immer etwas Neues lerne, wenn ich Zeit mit Thomas verbringe. Wir trinken unseren Tee und verabschieden uns mit einer herzlichen Umarmung. Ich spüre, wie glücklich und erfüllt ich bin, auch dank der Unterstützung von Thomas. Ich bin entschlossen, weiter an mir zu arbeiten und mein Leben stetig zu verbessern.

Wir zahlen, natürlich lade ich Thomas ein. Das ist das mindeste, das ich für ihn tun kann. Ich bin schon gespannt, wie ich mich bei Thomas erkenntlich zeigen kann, für alles, was er für mich getan hat. Als wir das Café verlassen, kommt eine ziemlich hübsche Frau rein. Ich fasse meinen Mut und mein Selbstvertrauen, die ich in den letzten Monaten mit meinen Übungen enorm gesteigert habe, und spreche sie an. So wie sie reagiert, wird es wohl das nächste Abenteuer auf meiner Reise durch mein neues Leben.

Zwischenspiel

Hier eine Liste von Affirmationen, die Du in Deine täglichen Routinen integrieren kannst:

1. Ich hab jetzt das Sagen!
2. Ich bin jetzt am Zug!
3. Es liegt an mir, es zu ändern!
4. Alles ist bereits in mir!
5. Ich erreiche alles, was ich will!
6. Menschen profitieren von mir!
7. Ich wachse im Flow!
8. Mein inneres Licht leitet mich!
9. Meine Kraft ist grenzenlos!
10. Klarheit bestimmt meinen Weg!
11. Ich bin dankbar für alles, was ich bin und habe.
12. Ich liebe und achte mich!

KAPITEL 5

SCHLUSSWORTE

»Du musst die Person werden,
die du sein möchtest,
bevor du die Dinge haben kannst,
die du haben willst.«
Zig Ziglar

In diesem Buch hast Du einiges mitgenommen, um Deine aktuellen Hindernisse zu überwinden und Dich neuen und größeren Herausforderungen zu widmen. Ich selbst habe immer wieder die Entscheidung getroffen, meine aktuelle Lebenssituation zu überwinden und mich für mein persönliches Wachstum entschieden, in dem ich mir zumindest im Moment unrealistische Ziele gesteckt habe.

Meine Geschichte

Ich möchte ein Vorbild sein für die unzähligen Möglichkeiten im Leben.

Jetzt am Ende des Buchs möchte ich mich einmal vorstellen. Mein Name ist Andreas Kriwan und mein Weg war sehr steinig und gespickt mit sehr vielen Herausforderungen bis zu dem Punkt, dass ich dieses Buch schreiben konnte. Bis zu meinem Realschulabschluss habe ich bereits fünfmal die Schule gewechselt. Fünfmal! In drei verschiedenen Städten. Und mein Wechsel zur Realschule war nicht wie bei so vielen vom Gymnasium ein Abstieg, sondern von der Hauptschule ein hart erkämpfter Aufstieg. Insgesamt war ich bis zu meinem zweiten Masterabschluss auf 13 verschieden Schulen und Universitäten auf insgesamt drei Kontinenten.

Schon sehr früh musste ich beginnen schwere Entscheidungen zu treffen. Meine erste lebensverändernde Entscheidung musste ich bereits mit viereinhalb Jahren treffen. Meine Eltern haben sich Ostern 1991 scheiden lassen. Sie können sich nicht auf ein gemeinsames Sorgerecht einigen, also wurde dieser Punkt vor Gericht verhandelt. Du kannst Dir vermutlich vorstellen, dass das ein Erlebnis ist, dass sich einem ins Gedächtnis brennt. Der Richter, der die Scheidung damals verhandelt hat, führte mich zusammen mit meinem größeren Bruder in sein Richterzimmer und stellte uns einzeln die Frage: »Wer soll das Sorgerecht bekommen?«

Wie würdest Du Dich entscheiden?

Und noch viel wichtiger: Wie würdest Du zu einer Entscheidung kommen? Du kannst jetzt nicht Deinen Coach anrufen. Du kannst auch keine Nacht darüber schlafen oder Deine Erfahrungen zu Rate ziehen. Die hast du nämlich noch nicht! Ich musste damals ohne Erfahrung, ohne

Coach und ohne Zeitaufschub eine Entscheidung treffen, die mein Leben langfristig beeinflusst hat.

Ich kann mich noch sehr gut daran erinnern, wie ich zu einer Entscheidung gekommen bin, auch wenn es mehrere Jahrzehnte her ist. Ich blende alles um mich herum aus, ich mache die Augen zu, ich höre nichts mehr, ich sehe nichts mehr. Ich gehe alle Optionen durch, die sich mein kleines, vierjähriges Gehirn so ausmalen konnte. Und auf einmal ist sie da, die Entscheidung, ganz klar, eindeutig. Ich bin davon überzeugt, dass es die richtige Entscheidung ist und sage sie dem Richter. Hier spielt es übrigens keine Rolle, für wen ich mich entschieden habe. Das erzähle ich Dir gerne in einer anderen Runde.

Manchmal müssen wir Entscheidungen treffen, obwohl wir die Konsequenzen nicht kennen, obwohl uns Informationen fehlen, obwohl wir keine Berater:innen, Coaches oder Mentor:innen zu Rate ziehen können.

Ich hab also sehr früh gelernt, schwere Entscheidungen zu treffen und bin seitdem immer wieder freiwillig oder unfreiwillig in solche Situationen geraten. Und jede Entscheidung, die ich getroffen habe, hat mich zumindest persönlich wachsen lassen, auch wenn das Ergebnis zunächst nicht so war wie gewünscht.

Es gibt natürlich auch Momente, in denen sich die negativen Folgen unserer Entscheidungen nicht so leicht wiedergutmachen lassen. Zum Beispiel, als ich mir auf einer Urlaubsfahrt an den Kopf gefasst und meine Partnerin gefragt habe, ob denn das Blut sei. Sie hat sich meinen Kopf dann genauer angeschaut und dabei versucht, nicht gleich in Panik zu geraten. Wir sind dann natürlich sofort ins nächste Krankenhaus gefahren. In der Notaufnahme angekommen, bin ich dann auch recht schnell drangekommen. Der Arzt hatte sich die Verletzung angeschaut und kommentierte dann sehr gelassen: »Das ist ein erhabener Tumor, der sich von der Kopfhaut gelöst hat. Wir werden ihn abschneiden, einschicken und schauen, ob er gut- oder bösartig ist. Die Wunde auf deinem Kopf wird genäht, dazu müssen wir einen Teil deiner Haare abrasieren.«

Ich musste dreimal nachfragen, weil ich mich kaum konzentrieren konnte und irgendwie alles wie gedämpft war. In diesem Moment habe ich versucht, alles zu berücksichtigen, was ich bis dahin über Fokus und Achtsamkeit gelernt habe. Ruhe bewahren und Sicherheit ausstrahlen, noch ist nichts bestätigt. Erhabener Tumor klingt schrecklich. Was, wenn es wieder eine positive Krebsdiagnose ist? Meine Gedanken rasen, ich versuche mich durch eine Achtsamkeitsübungen zu beruhigen. Da nichts anderes getan werden konnte, als den Tumor abschneiden und die Wunde mit acht Stichen nähen zu lassen, sind wir nach dem kurzen ambulanten Aufenthalt weiter in den Urlaub gefahren und haben vier schöne Urlaubswochen erlebt.

Wir waren in Kroatien, dort habe ich mir auch die Nähte am Kopf entfernen lassen. Es war recht interessant, in der Arztpraxis auf englisch zu erklären, was passiert war. Als wir nach dem Urlaub wieder zuhause angekommen sind, war der Vorfall schon fast vergessen, nur der Brief vom Krankenhaus über den Befund hat das Erlebnis wieder ins Gedächtnis gerufen. Zum Glück war der Befund Negativ.

Dennoch wäre auch ein positiver Befund keine Überraschung gewesen, denn ich wurde bereits schon öfter positiv auf Hautkrebs getestet und versuche seit meiner ersten positiven Krebsdiagnose, durch viel Bewegung, Sport und gesunder Ernährung alles nur erdenklich Mögliche zu tun, um mich vor weiteren Krebserkrankungen zu schützen.

Außerdem engagiere ich mich seitdem als Fördermitglied beim Deutschen Krebsforschungszentrum, da hier 100 Prozent der Spenden in die Forschung und Krebsprävention investiert werden. Alle weiteren Kosten werden staatlich gefördert. Das heißt, dass die Spenden nicht für teure Flüge und Hotelaufenthalte ausgegeben werden.

Ich finde es immer wieder unglaublich, wenn ich mein Leben Revue passieren lasse und mir anschaue, wo ich noch vor 10, 20 oder 30 Jahren war. Inzwischen führe ich mein eigenes Unternehmen, habe ein starkes Team und begleite viele Menschen dabei, ihre Ängste zu transformieren, um ihre Träume zu verwirklichen und zum wahren Kern ihrer selbst zu gelangen. Ich bin der festen Überzeugung, dass wir Menschen zu sehr viel mehr in der Lage sind, als wir selbst uns zutrauen. Und zu noch viel mehr, als andere es uns zutrauen.

Ich setzte alles daran, andere Menschen zu inspirieren und zu unterstützen, ihre Lebensqualität immer wieder zu steigern, und dabei aus der Überforderung in den Flow zu kommen. Ich bin unglaublich dankbar für all die Möglichkeiten, die mir mein Leben bis heute gegeben hat und welche schönen Momente ich noch vor mir habe.

Wozu?

Wir leben in einer Welt in stetigem Wandel und Wachstum. Noch nie hat sich Wissen so schnell weiterentwickelt, noch nie gab es so viele Möglichkeiten wie in unserer Gesellschaft. In unserer heutigen Zeit ist es unerlässlich, dass wir uns selbst kontinuierlich weiterentwickeln, und wenn es jeden Tag auch nur ein bisschen ist. Schon lange ist die Zeit vorbei, dass wir nach der Schule aufhören konnten, Neues zu lernen oder bereits gelerntes kontinuierlich zu wiederholen, zu verfeinern und zu verbessern.

In dieser schnelllebigen Welt müssen wir uns anpassen, um Schritt zu halten und erfolgreich zu sein. Unser ständiges Lernen und unsere Selbstentwicklung sind entscheidend, um in dieser sich ständig verändernden Umgebung zu bestehen. Es ist der Prozess der Transformation, der uns befähigt, den Herausforderungen zu begegnen und unsere Träume und Ambitionen zu verwirklichen.

Du bist der Held bzw. die Heldin im Abenteuer Deines Lebens, also nimm es in Deine Hand. Ändere, was Du ändern kannst, beeinflusse, was Du beeinflussen kannst, und akzeptiere alles andere. Werde zu dem, der Du sein willst bzw. zu der, die Du sein willst. Erwecke Dein Potenzial und strebe nach persönlichem Wachstum! Erreiche, was Du erreichen willst, und werde zu der Person, die Du in Wahrheit bist. Gib Dir die Chance, Dich selbst zu entdecken und neu zu erfinden. Es ist ein Geschenk, dass Du Dich auf die Reise zu Deinem persönlichen Wachstum begeben hast und Dich so näher zu Deinen Zielen und zu anderen Menschen hinbewegen kannst. Du bist wertvoll, so wie Du bist, und sobald Du Dein wahres Selbst erweckst, eröffnen sich für Dich unendliche Möglichkeiten.

Persönliches Wachstum wird Dich dabei unterstützen, negative Verhaltensmuster zu erkennen und zu überwinden. Vielleicht kennst du ja jemanden, dessen Verhaltensmuster ihn oder sie daran hindern, selbst gesteckte Ziele zu erreichen, eine glückliche und erfüllte Beziehung zu anderen Menschen zu führen, finanziellen Wohlstand aufzubauen oder den lang ersehnten Traumberuf zu bekommen. Der Schlüssel dazu ist, sich auf persönliches Wachstum zu konzentrieren.

Wachsen und Potenzial entfalten

Dein persönliches Wachstum ist der Schlüssel, um Dein volles Potenzial auszuschöpfen und zu entfalten. Stell Dir das nicht so vor, als ob Du ein Stück Papier auseinanderfalten musst, weil es irgendwann zusammengefaltet wurde. Betrachte es vielmehr wie die Rose, die sich zu einer prachtvollen Rose entfaltet oder wie eine kleine Eichel, die mit der Zeit zu einer stattlichen Eiche heranwächst.

Genau wie eine Rose oder eine Eiche hat jeder Mensch ein Potenzial, das darauf wartet, entfaltet zu werden. Manchmal braucht es Zeit und Geduld, manchmal braucht es auch eine Herausforderung oder ein Hindernis, um uns zu stärken.

Wenn wir die Bedingungen schaffen, die uns nähren und stärken, wenn wir geduldig sind und uns die Zeit geben, um zu wachsen und uns zu entwickeln, dann können wir unser volles Potenzial entfalten und zu einer wunderschönen Blume aufblühen, die die Welt mit ihrer einzigartigen Schönheit und ihren Talenten bereichert oder zu einem erhabenen Baum heranwachsen, der anderen Schatten und Sauerstoff bietet.

Was uns daran hindert, zu wachsen

Doch wenn es so genial ist, was hindert uns daran, dass wir uns jeden Tag auf unser persönliches Wachstum konzentrieren, nach und nach unser volles Potential entfalten und über uns selbst hinauszuwachsen?

Wie bei so Vielem im Leben gibt es neben Sonnenschein auch Schatten: wir müssen uns vor dem herrlichen Ausblick auf einem Berggipfel anstrengen; ein schöner Garten benötigt viel Pflege; für einen wundervollen Regenbogen muss es regnen; ein Diamant entsteht nur unter Druck ... und um wirklich persönlich zu wachsen, müssen wir Hürden überwinden. Es gibt viele Hindernisse, die uns daran hindern können, uns weiterzuentwickeln und unser volles Potenzial zu entfalten. Diese Hindernisse können uns frustrieren und uns dazu bringen, unsere Ziele und Träume aufzugeben. Doch es ist wichtig zu erkennen, dass diese Hindernisse auch eine Chance für uns darstellen, um uns selbst besser kennenzulernen und unsere Stärken zu entfalten.

Oftmals fühlen sich Menschen, die ihre Lebensqualität erhöhen und mehr erreichen möchten, von großen Hürden blockiert. Sie möchten ihre Komfortzone verlassen, aber mindestens eine der drei Hürden Angst, Motivations- oder Zeitmangel halten sie zurück. Es gilt, diese wiederkehrenden Muster zu durchbrechen. Obwohl es im Allgemeinen einfach erscheint, ist es im Einzelfall stets herausfordernd für die jeweilige Person. Doch wenn diese Hürden überwunden sind, entfaltet sich eine ungeahnte Energie, die eine rasante Entwicklung ermöglicht und Erfolg in den verschiedenen Lebensbereichen ebnet.

1. Hindernis: Angst

Angst ist wohl das größte Hindernis. Jegliche Ängste können unser persönliches Wachstum limitieren und uns daran hindern, unser volles Potenzial zu entfalten. Sie können uns davon abhalten, Risiken einzugehen und uns neuen Herausforderungen zu stellen. Doch es ist wichtig zu erkennen, dass diese Ängste auch eine Chance für uns darstellen können, um uns selbst besser kennenzulernen und unsere Stärken zu entfalten. Persönliches Wachstum ist und bleibt eine lebenslange Reise, die Engagement, Geduld und Widerstandsfähigkeit erfordert. Doch es lohnt sich, diese Ängste zu überwinden, um das Leben zu bereichern und Ziele zu erreichen.

Angst ist eigentlich ein natürlicher Schutzmechanismus, der uns vor potenziellen Gefahren und Risiken schützt. Doch wenn eine unbegründete Angst zu stark wird, kann sie uns daran hindern, neue Dinge auszuprobieren, Risiken einzugehen und uns weiterzuentwickeln. Spätestens nach der Lektüre von GROW to FLOW weißt Du, dass Angst für ›**A**lternative **n**icht-**g**eprüfte **S**ituationen und **T**atsachen‹ stehen kann.

Viele Menschen haben das Gefühl, dass sie nicht gut genug sind, um ihre Ziele zu erreichen oder ihre Träume zu verwirklichen. Sie zweifeln an ihren Fähigkeiten und ihrem Potenzial. Sie haben Angst, zu scheitern oder abgelehnt zu werden. Diese Selbstzweifel können dazu führen, sich selbst zu sabotieren und sich nicht die Chance zu geben, sich weiterzuentwickeln. Vielleicht kennst Du ja jemanden mit solchen Selbstzweifeln. Vielleicht ist es ja jemand, der Dir sehr nahesteht.

2. Hindernis: Mangelnde Motivation

Neben Ängsten ist mangelnde Motivation ein weiteres Hindernis, das uns daran hindern kann, persönlich zu wachsen. Wenn Du demotiviert bist, Dich weiterzuentwickeln, dann wirst Du Dir niemals oder zu selten die Zeit nehmen, um Dich neuen Herausforderungen zu stellen und Deine Fähigkeiten zu verbessern. Ohne Motivation wirst Du es Dir gemütlich in Deiner Komfortzone einrichten und Dir keine Mühe mehr geben, etwas zu ändern. Solange der Schmerz der aktuellen Situation und die Freude für eine neue erstrebenswertere Situation noch zu gering sind, wird sich nichts ändern, außer vielleicht durch äußere Einflüsse, die Du nicht steuern oder kontrollieren kannst.

Im besten Fall wird es so bleiben wie bisher. Im schlimmsten Fall wird es von Tag zu Tag in einem schleichenden Prozess zu einem nie dagewesenen Leid, das sich vielleicht erst in Jahren oder Jahrzehnten manifestiert. Wieso sollte sich auch etwas ändern, wenn es jetzt gerade, in diesem Moment, nicht sehr schmerzhaft ist und das Neue nicht erfreulich genug erscheint?

Im Wort Motivation steckt das Wort Motiv. Sobald Du Dein Motiv kennst, kannst Du auch Deine Motivation steigern und Deine Ziele effektiver verfolgen. Das Verständnis Deines Motivs kann Dich dabei unterstützen, herauszufinden, was Dich wirklich antreibt und was Du wirklich willst. Es kann auch dazu beitragen, Dich auf Deine Prioritäten zu konzentrieren und Dir dabei helfen, Deine Zeit und Energie auf die Dinge zu fokussieren, die für Dich wirklich am wichtigsten sind.

Wenn Du Dein Motiv kennst, dann kannst Du auch gezielter wertvolle Maßnahmen ergreifen, um Deine Motivation zu steigern und Dich auf Deinem Weg zum Erfolg und zur Erfüllung zu unterstützen. Wenn Dein Motiv stark genug ist, kannst Du jede Widrigkeit, jede Abkürzung und jede Anstrengung ertragen! Doch wenn Du kein Motiv siehst, keine Vision hast und keinen Sinn verspürst, solange wirst Du in der jetzigen Situation verharren und das Hindernis der fehlenden Motivation wird unüberwindlich um Dich herum aufgebaut bleiben.

3. Hindernis: Zeit

Ein Problem von Persönlichkeitsentwicklung ist, dass es Zeit kostet. Und zwar manchmal viel Zeit: lesen, meditieren, Journal schreiben, Seminare besuchen, Coachings, Übungen und Reflexionen durchführen. All das erfordert Zeit und auch Energie.

Für viele Menschen kann es schwierig sein, sich die Zeit für ihr persönliches Wachstum zu nehmen. Sie fühlen sich oft überfordert und gestresst und glauben, dass sie keine Zeit haben, um an sich selbst zu arbeiten, weil sie mit der Arbeit, der Familie und anderen Verpflichtungen beschäftigt sind. Doch Zeit für Fernsehen, Nachrichten, Social-Media und sinnfreien Gesprächen ist jedoch irgendwie immer da. Das lenkt so schön ab vom unangenehmen und stumpfsinnigen Alltag.

Doch so werden diese Menschen weitermachen, ohne etwas zu verändern und unter dem Radar ihrer Möglichkeiten leben und handeln. Zwar mag es so aussehen, dass es kurzfristig Vorteile bringt. Doch langfristig wird es immer schlimmer und schlimmer, und der Schmerz wird sich vergrößern. Es heißt jetzt, so schnell wie nur irgend möglich aus diesem Teufelskreis auszubrechen, etwas zu ändern und nach und nach zu einem Vorbild für die unbegrenzten Möglichkeiten zu werden.

Ein Vorbild sein zu wollen erfordert übrigens kontinuierliche Arbeit an sich selbst, und das benötigt nun mal Zeit. Zu dieser Arbeit gehört es, sich ständig weiterzuentwickeln, neugierig und offen für Neues zu sein, über sich selbst hinauszuwachsen und die eigene Komfortzone immer wieder zu verlassen und diese dadurch zu vergrößern.

Du hast nun die drei größten Hindernisse kennengelernt, die uns daran hindern können, den Weg zum persönlichen Wachstum einzuschlagen. Mit den Inhalten in diesem Buch kannst Du diese Hindernisse überwinden und einen anderen Weg einschlagen. Du kannst anfangen, über Dich hinauszuwachsen und einen Unterschied in Deinem Leben und im Leben von anderen zu machen.

Mach Dein Leben zu einem Meisterwerk.

Bis dahin, lass es Dir gut gehen!

Dein Andreas Kriwan

Mantra für mehr Erfolg und Erfüllung

Mein wertvollster Besitz ist meine Zeit.

Daher gehe ich sorgsam mit ihr um und investiere sie in Dinge und Handlungen, die das Leben bereichern, die meine Lebensqualität steigern, und die auch das Leben anderer positiv beeinflussen.

Jeden Tag bin ich bemüht, mich selbst zu reflektieren und zu verbessern, damit ich mein volles Potenzial ausschöpfen kann und zu dem Menschen werde, der ich wirklich bin.

Zufriedenheit und Erfolg in meinem Leben sind meine Motivation, einen Unterschied in meinem Leben und im Leben von anderen zu machen.

Dabei werde ich alle in meiner Umgebung bestärken, um uns gegenseitig auf dem Weg zu mehr Erfolg und Erfüllung zu unterstützen.

Ich werde mich jeden Tag aufs Neue bemühen, mein Bestes zu geben, um einen Unterschied in meinem Leben und im Leben der Menschen um mich herum zu machen.

Ich bin dankbar für alles, was ich in meinem Leben bereits erreicht habe und für alles, was ich noch erreichen werde.

Buchempfehlungen und Referenzen

Hier eine Liste von Büchern, die ich Dir zum Lesen empfehle. Die meisten davon habe ich mehr als einmal gelesen und so manches von den Inhalten von GROW to FLOW® findest Du auch in diesen Büchern wieder. Einige der Autor:innen haben auch weitere lesenswerte Bücher veröffentlicht.

Adam Grant; Geben und Nehmen

Angela Duckworth; Leidenschaft und Ausdauer

Bodo Schäfer; Der Weg zur finanziellen Freiheit

Brené Brown; Die Gaben der Unvollkommenheit

Brian Tracy; Kümmere dich um die wichtigsten Aufgaben

Cal Newport; Konzentriert arbeiten

Carol Dweck; Selbstbild: Wie unser Denken Erfolge oder Niederlagen bewirkt

Charles Duhigg; Die Macht der Gewohnheit

Dale Carnegie; Wie man Freunde gewinnt

Daniel Kahneman; Schnelles Denken, langsames Denken

Don Edward Beck, Christopher C. Cowan; Spiral Dynamics - Leadership, Werte und Wandel: Eine Landkarte für Business und Gesellschaft im 21. Jahrhundert

Eckhart Tolle; Jetzt! Die Kraft der Gegenwart

Elizabeth Gilbert; Mut zum Erfolg

Gary Keller und Jay Papasan; Das Einzige, was wirklich zählt

James Clear; Die 1% Methode

John C. Maxwell; Die 21 unerlässlichen Führungsqualitäten

Marshall Rosenberg; Gewaltfreie Kommunikation

Mark Manson; Die subtile Kunst des darauf Scheißens

Mihály Csíkszentmihályi; Flow, das Geheimnis des Glücks

Napoleon Hill; Denke nach und werde reich

Rhonda Byrne; The Secret

Robert Kiyosaki; Reich werden und bleiben

Sheryl Sandberg; Lean In: Frauen und der Wille zum Erfolg

Simon Sinek; Frag immer erst: Warum

Stefan Merath; Der Weg zum erfolgreichen Unternehmer

Stephen Covey; Die 7 Wege zur Effektivität

Susan Cain; Still: Die Bedeutung von Introvertierten in einer lauten Welt

Tim Ferriss; Die 4-Stunden-Woche

Tony Robbins; Grenzenlose Energie

Viktor Frankl; Trotzdem Ja zum Leben sagen

Weitere Informationen zu diesem Buch sowie über die Workshops, Seminare und Vorträge von Andreas Kriwan in Deutschland, Österreich und der Schweiz findest Du im Internet auf www.andreaskriwan.com.